Jacqueline Dauxois
Der Alchimist von Prag –
Rudolf II. von Habsburg

Jacqueline Dauxois

Der Alchimist von Prag

Rudolf II. von Habsburg

Eine Biographie

Aus dem Französischen von
Annette Meyer-Prien

Artemis & Winkler

Titel der französischen Originalausgabe:
L'empereur des alchimistes. Rodolphe II de Habsbourg

Veröffentlicht mit Unterstützung des
Ministère Français de la Culture, Paris

Die Deutsche Bibliothek – CIP-Einheitsaufnahme
Dauxois, Jacqueline:
Der Alchimist von Prag: Rudolf II. von Habsburg; eine Biographie /
Jacqueline Dauxois. Aus dem Franz. von Annette Meyer-Prien. –
Düsseldorf; Zürich: Artemis und Winkler, 1997
Einheitssacht.: L'empereur des alchimistes <dt.>
Franz. Ausg. u. d. t.: Dauxois, Jacqueline: L'empereur des alchimistes
ISBN 3-538-07057-1

Satz: Josefine Urban – KompetenzCenter, Düsseldorf
Druck und Bindung: Bercker, Kevelaer
Printed in Germany
ISBN 3-538-07057-1

Inhalt

Der Enkel Karls V.

Der Magier von Prag

Der Löwe von Böhmen

Anhang

Für Joel Schmidt

Der Enkel Karls V.

Der Tod des Löwen

Im Januar ist der Löwe krank geworden. Sein Zustand hat sich ganz plötzlich verschlechtert. Die Mähne glänzt nicht mehr, der Blick ist stumpf geworden. Bei jedem müden Gähnen kommen die kränklich gelben Zähne zum Vorschein. Das Tier brüllt nicht mehr, es grunzt nur noch schwach und mag nichts mehr fressen. Und dabei wird es doch von kaiserlicher Hand gefüttert und liebkost.

Der Löwe erkennt seinen Herrn, hebt den Kopf und streckt ihm die Pfote hin, aber seine Augen sind verschleiert. Zwischen den zurückgezogenen Lefzen tritt Speichel aus und verläuft sich in den Haaren rings um sein Maul. Die Lippen werden weich. Die furchterregenden Kiefer schließen sich. Sie werden niemandem mehr Furcht einflößen.

Die Hand des Kaisers, die sich in der Löwenmähne vergraben und so vergeblich das Leben zurückzuhalten versucht hatte, zieht sich ganz langsam zurück, und seine hervortretenden Augen sind ähnlich gelb unterlaufen wie die verschleierten Augen des ihm so vertrauten wilden Tieres. In seinem Blick spiegelt sich Angst.

Wie hätte seine Majestät auch die Wahrsagung des finsteren Tycho Brahe vergessen können? Der Astrologe mit der Nase aus Gold hat Rudolf geweissagt, daß sein

Lieblingsraubtier ihm nur um weniges im Tod vorangehen würde. Und da liegt der Löwe nun zu seinen Füßen. Leblos. Ein großes, ungefährliches Plüschspielzeug.

Der Kaiser erhebt sich unter Schmerzen. Seine Nieren sind nicht mehr in Ordnung. Der Rücken tut ihm weh. Und wenn es wenigstens nur die Nieren wären! Seine geschwollenen Gelenke machen ihm zu schaffen. Mit seinen dicken Wurstfingern rückt er das falsche Kinn zurecht, auf das er nicht mehr verzichten kann, seit eine Ostitis seine Knochen zerstört.

Er verläßt rückwärts den Käfig und flüchtet, so schnell es seine geschwollenen Beine erlauben, durch die Gärten der Burg. Geblendet von der schrecklichen Aussicht auf sein nahendes Ende, hat er keinen Blick für seine Umgebung, weder für den tiefen Abgrund des Hirschgrabens, in dessen Bäumen noch die Käfige hängen, in denen er die Scharlatane verrecken ließ, die sich als Alchimisten ausgegeben hatten, noch für den Veitsdom auf der anderen Seite oder den Palast auf dem Hradschin, in dem jetzt sein verhaßter Bruder Matthias residiert, der ihn aus der Herrschaft vertrieben hat.

Er durchquert den winterlich kahlen Sommergarten. Der Mann, für den die Tulpen und der Flieder nie wieder blühen werden, weil er im Frühling nicht mehr leben wird, schleppt sich am singenden Brunnen vorbei und unter den italienischen Arkaden des königlichen Lustschlosses Belvedere entlang und bricht zusammen.

Domestiken und Kammerherren laufen herbei und tragen ihn in sein Zimmer.

Es sind seine letzten Stunden, und am 20. Januar 1612 stirbt Rudolf II. in Prag, das er zur Hauptstadt seines Kaiserreichs gemacht hatte.

Rudolf II., König von Böhmen und Ungarn, Kaiser des Heiligen Römischen Reichs Deutscher Nation, das von Karl dem Großen gegründet und von seinen Vorfahren vor ihm beherrscht wurde, ist nicht mehr.

Draußen geht der Wind.

Prag erstickt, weil Rudolf tot ist.

Zu Füßen der Burg duckt sich die Kleinseite, der Stadtteil Malá Strana. In den engen, gewundenen Straßen der Neuen Welt, des Stadtviertels unterhalb der Mauern des Kapuzinerklosters, brodeln die Destillierkolben. Beängstigende, übelriechende Dämpfe steigen in Schwaden zwischen den Häusern auf, über deren Dächer der Januarwind hinzieht. Man könnte meinen, daß die Hexenmeister und Astrologen, die Wahrsager, Nekromanten und Zauberer – kurz, all jene, die die Ewigkeit versprechen, in den schwarzen Wind weinen, der zwischen den Schornsteinen hindurchpfeift.

Auf der anderen Seite der Karlsbrücke, jener Nabelschnur über die Moldau, hüllt sich die Altstadt von Prag in Trauer.

Im mauernumschlossenen Ghetto zählt die Uhr der Synagoge die Zeit rückwärts, die geisterhaft gebeugten und flüsternden Bäume des Judenfriedhofs regen ihre frostklirrenden Stämme über den in bis zu zwölf Schichten übereinandergehäuften, zusammengedrängten Grabstellen, die ihre Stümpfe unheilkündend in die Nacht hinausrecken.

Die bemalten Fassaden hüllen sich in dichten Nebel.

Die hundert Türme der Stadt, der Weiße Turm mit seinen Verliesen, der Schwarze, der vergoldet war, bis ihn 1541 das Feuer verschlang, der Daliborka-Turm, der Pulverturm, die nadelfeinen, scharfgezackten Turmspitzen, die wie Spieße in die Höhe ragen, die Türme von

Maria vom Teyn mit dem seltsam angehängten Haus zum weißen Einhorn und von Sankt Veit, die noch nicht vollendet sind, und all die anderen über die Dächer der Stadt hinausragenden Kirchtürme umschweben trübe Schwaden, die das einfache Volk für die Ausdünstungen des Teufels hält.

In den Hügeln legt sich Eis auf die Türme der Klosterkirchen der Kapuziner und der Prämonstratenser.

Die Halteseile der großen Glocken spannen sich zwischen den geröteten Fingern der Patres zum kaiserlichen Totengeläut, denn Rudolf, König der Zukunftsdeuter und Horoskopleser, Kaiser der Alchimisten, Handleser und Geisterbeschwörer, wird ein Begräbnis nach römisch-katholischem Ritus erhalten, das Karls V., seines Großvaters mütterlicherseits, würdig gewesen wäre.

Rudolf hat sein Leben nach seinen Wünschen geführt, die Kirche wird ihn begraben, wie es sich für einen Kaiser des Heiligen Römischen Reichs geziemt.

Über dem Fluß schwebt ein schwerer Dunst, fängt sich zwischen den mächtigen Bögen der Brücke und steigt zum Schloß auf.

Der Hirschgraben verwandelt sich in einen Abgrund voll weißer Watte.

In den Mauern des Hradschin, die die Steinmassen der Burg umschließen, regen sich die Phantome. Im Goldmachergäßchen[1], dessen Ruhe von dem in klirrender Rüstung auf seiner Wachrunde auf und ab gehenden Landsknecht gestört wird, treffen noch nicht die Gespenster der Frau von Theben, einer Handleserin in Haus Nr. 4, die den Untergang Hitlers voraussagen wird, und von Kafka in Haus Nr. 22 unter dem Licht des Mondes zusammen, sondern Reiter ohne Kopf und zerstückelte Frauen.

In dem auf den Tod Rudolfs II. folgenden Sturm regen sich Phantome, bekannte und unbekannte, Gehenkte und vom Bären Gefressene, in den Gefängnissen Gefolterte und von der Axt Enthauptete. Olda, der trunksüchtige Barbier, wagt sich als erster heran. Seit ihn die Zoowärter lebend Rudolfs Löwen vorgeworfen haben, kommt er immer an stürmischen Abenden, wenn der Donner grollt, hierher. Passanten, die ihm nichts zu trinken kaufen wollen, nimmt er als Geiseln und zwingt sie, mit ihm durch das Schloß zu spuken.
Nach Olda kommt der Ritter Dalibor von Kozojedy, der in dem Turm, in dem er beinahe Hungers starb, bevor man ihn vor den Scharfrichter[2] führte, die Violine spielt. Wenn in der Nacht der Wind heult, entlockt er seinem Instrument herzzerreißende Klagelieder und bringt damit die feurige Comtesse zum Tanzen, die Satan selbst in den Höfen der Burg zum Tanz führt. Ihre Beine sind frech entblößt, um ihre Liebhaber zu locken, die Füße stecken in brennenden Schuhen, zur Strafe für ihre Lüsternheit.
Die Sarabande geht zu Ende, als die halb verweste Brigitta aus der Krypta der St.-Georgsbasilika entkommt. Brigitta war die Verlobte des Bildhauers Michal, der nicht glauben konnte, daß seine Schöne ihm, anders als er ihr, treu geblieben war, und sie erdrosselt hatte. Rudolf hatte den Mörder dazu verurteilt, vor seiner Hinrichtung die Überreste seiner Geliebten darzustellen, die halb verwest im Hirschgraben aufgefunden worden war. Seither stürzt sich Brigitta in Sturmnächten mit ihrem kröten- und schlangenwimmelnden Körper auf die Vorübergehenden und raubt ihnen die Lippen, weil sie den Mund ihres Geliebten darauf zu schmecken hofft.[3]

Rudolf II., dessen Hände zu frommer Geste gefaltet auf seiner Brust ruhen, kennt auf dieser Welt keine Furcht mehr.
Jetzt ist es Matthias, der zittert.
Matthias, sein jüngerer Bruder und der künftige Kaiser, der ihm zu Lebzeiten seine Herrscherkronen gestohlen hat, irrt durch die Gemächer, aus denen er ihn vertrieb, und kann sich dieses Todes, den er so sehr herbeigesehnt hat, nicht freuen. Es schüttelt ihn, wenn er auf der anderen Seite des Hirschgrabens die Lichter des Belvedere sieht.
Die Leiche ist noch nicht ganz kalt, als sich auch schon ein Totenräuber nähert. Eine ungeduldige Hand gleitet in den Ausschnitt des Hemdes, ergreift das Seidenband um den Hals des Toten und entreißt ihm nicht etwa ein Kreuz, sondern einen kleinen, in schwarzen Samt gehüllten Silberflakon. Der Leichnam bäumt sich auf. Der Kammerherr Kaspar Rutsky nimmt den Talisman mit dem Lebenselixier an sich, den der Verteidiger eines durch die Anfechtungen des Protestantismus und der Türken angeschlagenen Katholizismus auf dem Herzen trug, das Versprechen von Jugend und langem Leben.
Kaspar ist schon trunken, bevor er diesen Nektar an die Lippen führt. Er hält Rudolfs wertvollsten Schatz in Händen, die Quelle des Lebens. Er öffnet den Flakon, ohne sich zu sagen, daß es nichts nützen wird, dabei hat er doch selber das jämmerliche Ende des entmachteten und in seinem eigenen Schloß verhöhnten und erniedrigten Kaisers miterlebt. Er hat ihn ängstlich gesehen, gequält von tausend Dämonen, voller Mißtrauen dem Papst gegenüber, dem Nuntius und der gesamten Kurie, wie er vor einem Kruzifix in einen Trancezustand verfiel und vor allem zitterte, was eine Soutane trug, seit ihm

einmal in einem Horoskop geweissagt worden war, daß er wie Heinrich III. von Frankreich von der Hand eines Kirchenmannes sterben würde. Er hat diesen sechzigjährigen Monarchen ängstlich werden sehen wie ein kleines Kind, abergläubisch wie ein altes Weib, krank, zerbrechlich und unruhig und nicht bereit, bei jener Religion Hilfe zu suchen, auf der sein Thron ruht, und sich statt dessen lieber den Scharlatanen auslieferte. Er hat ihn von Anfällen schwarzer Melancholie gebeutelt gesehen, von unbezähmbarer Trübsal beherrscht und furchtbaren Visionen und morbiden Träumen ausgeliefert. Er hat gesehen, wie er an seinem verfaulenden Körper litt – weder Klistiere noch Aderlasse oder Tinkturen aus Weinsteinsalz, Krebsaugen und gemahlenen Hirschgeweihen konnten ihm Linderung bringen. Er hat den Niedergang des an Körper und Geist zerrütteten Kaisers mit eigenen Augen gesehen, und doch setzt er sein Leben aufs Spiel für ein Elixier, dessen Wirkungslosigkeit er selber beobachten konnte.

Er trinkt. Und stellt sich vor, er schlucke die Unsterblichkeit. In seiner Brust wächst neue Kraft, frisches Blut durchströmt seine Adern. Aber was hat man von der Jugend, wenn die Reichtümer ausbleiben? Und die Burg quillt vor Wertgegenständen, Gemälden und Schmuckstücken über. Rudolf hat sein Schloß in eine gigantische Schatztruhe verwandelt, eine riesige, mit unvorstellbaren, aus allen Ecken der Welt zusammengetragenen Reichtümern angefüllte Schatulle. Kein Monarch vor ihm hat je derartige Sammlungen besessen.

Wem wird es schon auffallen, wenn Kaspar den ganzen sagenhaften und barocken Trödel aus Kunstwerken und wertvollen, ungewöhnlichen oder unheilbringenden Gegenständen durchforstet? Vielleicht sind es die Schätze

des Teufels. Vielleicht haben die Alchimisten des Kaisers den Stein der Weisen gefunden und verstehen sich darauf, gewöhnliches Metall in reines Gold zu verwandeln. Auch die widernatürliche Vermählung von Schwefel und Quecksilber hatte etwas hervorgebracht. Wer konnte schon wissen, was sonst noch kam? Fürs erste jedenfalls bedient sich Kaspar, der die Schlüssel für die Vitrinenschränke mit den Geheimfächern besitzt, in denen der Kaiser seine Wunderwerke anhäufte. Noch zu Rudolfs Lebzeiten hat er seltene Stücke beiseite geschafft, um sie zu verkaufen und die Kommission einzustreichen. Er hat damit seinen Kopf riskiert, aber er ist nie gefaßt worden, und jetzt, wo er das Elixier geschluckt hat, kann der Tod ihm nichts mehr anhaben.
Auch der Gedanke an den Kammerherrn Philip Lang von Langenfels kann ihn nicht aufhalten.
Langenfels war Alchimist und Dieb und hatte antike Münzen, Juwelen, Vasen aus Jaspis und »indische« Seltenheiten entwendet. Am 7. Mai 1608 wurde er gefaßt und in den Weißen Turm geworfen, wo er sich ein Jahr später erhängte.
Aber damals hatte Rudolf II. gelebt, und Langenfels hatte auch nicht das Lebenselixier getrunken.
Jetzt herrscht Matthias, der zukünftige Kaiser.
Der Dieb bildet sich ein, daß in den Wirren um den Tod niemand etwas bemerken wird, um so mehr, als jeder auf seine Weise mit dem Vergangenen abrechnet. Alte Feindschaften brechen wieder auf, man hat ihnen ganz oben vorgemacht, was Haß bedeutet, der Wahnsinn bricht aus. Die Einbalsamierer entfernen Innereien, Hirn und Herz, als Chinský, ein weiterer Kammerherr, aufspringt, sie zur Seite stößt, ihnen das Herz entreißt und damit auf die Leiche einschlägt. Verglichen mit

einer solchen Schändung, was ist da schon ein Diebstahl? Und sitzt etwa nicht der größte Dieb von allen im Königspalast als uneingeschränkter Herrscher? Also schafft Kaspar auch weiterhin die Schätze Rudolfs II. beiseite. Er nutzt die allgemeine Verwirrung, um sich unter die Wehklager und Priester zu mischen, aber ihm bleibt keine Zeit, sie zu bestechen, zu verführen und zu bezahlen, und so scheren sie sich nicht um seinen Titel und sein öffentliches Ansehen und werden nicht davor zurückschrecken, ihn zu denunzieren, wenn sie ihn ertappen.

Und sie ertappen ihn.

Kaspar wird festgenommen und in den Weißen Turm gesperrt. Hier, zwischen diesen düsteren Wänden, kann er den dumpfen, quälenden Glockenschlägen des Totengeläuts nicht entkommen. Während er auf seinen Urteilsspruch wartet, hallen in seinem Kerker die Glokken der hundert Kirchen von Prag wider, wo der scheinheilige Klerus für den Kaiser der Zauberer betet, der das Vaterunser haßte, nicht mehr zur Beichte und an Ostern nicht zur Kommunion ging, wie ein Heide lebte und als Ungläubiger starb – der Papst ist nur zu froh, von einem solchen Kaiser befreit zu sein. Prag beweint dennoch seinen »guten Herrn«, und ganz Böhmen hüllt sich in Trauer. Der wirkliche Räuber wird zum Kaiser gekrönt, Kaspar aber werden sie hinrichten. Er lauscht seinem eigenen Totengeläut. Seine Richter werden ihn nicht verschonen. Er hat sich selbst verdammt, denn er hat einen großzügigen Herrn verraten und ein Teufelsgebräu getrunken. Aber es ist schon erniedrigend genug, nach einem Leben in Luxus und Freuden in einem dunklen Verlies gefangen zu sein wie ein Tier, das auf den Abdecker wartet. Die Verdammnis ist ihm gewiß,

warum also warten, bis er zu Judas in die Hölle fährt? Kaspar löst die Seidenschnur, die ihm als Gürtel dient, legt das eine Ende zu einer Schlinge zusammen und macht das andere am Fensterkreuz fest.
Dann erhängt er sich.
Der kaiserliche Katafalk wird in der kleinen Kapelle neben dem Vladislavsaal errichtet, der so groß ist, daß sogar schon Reiterspiele in ihm abgehalten worden sind.
Acht Monate lang wird Rudolf II. hier aufgebahrt bleiben, bis er am 1. Oktober 1612 schließlich zu Grabe getragen wird.
Matthias täuscht keine Trauer um ihn vor.
Seine Frau, die eine Zeitlang mit Rudolf II. verlobt war, bis er beschloß, sie doch nicht zu heiraten, betet stundenlang an seiner Bahre.
Der Henker wirft den Erhängten auf einen Karren und bringt ihn holpernd bis an die Pforten des Strahov-Klosters auf dem Zwillingshügel zum Burgberg. Er wird nicht eingelassen. Die geweihte Erde ist nicht für Selbstmörder bestimmt. Auf diese Ausgeburten der Hölle wartet eine seitwärts gelegene Grube. Der Henker wirft den Leichnam ab und beginnt, ihn zu zerlegen. Er trennt den Kopf vom Rumpf und sägt Arme und Beine ab. Dann reißt er ihm das Herz heraus und preßt es ihm in den offenen Mund. Den Rumpf trennt er in vier Teile und wirft sie in das mit ungelöschtem Kalk angefüllte Loch.
Kaspars Geist aber zieht spukend auf einem Feuerwagen über die Stadt hin, fährt durch die Gassen, umwirbelt die Destillierkolben der geschäftigen Alchimisten im Pulverturm Mihulkar de Vikarska, sucht die Passanten auf den Brücken heim, dringt nach Einbruch der Dunkelheit in die Häuser ein, schleicht um das Haus von Faust,

stampft vor dem Haus der sieben Teufel, drängt sich in die Kirchen, wo die Gläubigen für die Seele ihres verstorbenen Kaisers beten, prügelt sich mit dem von Rabbi Löw aus Lehm geformten Golem und bringt Matthias um seine Ruhe.

Matthias nimmt Wiedergänger nicht auf die leichte Schulter. Er ordnet die nötigen Maßnahmen an.

So gräbt denn der Henker in aller Verschwiegenheit die Leichenteile wieder aus, verbrennt sie und wirft die Asche in die Vltava, die Moldau, eine unfehlbare Methode, Gespenstern ein Ende zu bereiten.

Rudolf II. liegt im Vladislavsaal, und Kaspar ist nicht einmal mehr ein Phantom, aber sein Beispiel schreckt niemanden ab. Die Vertrauten des Kaisers bedienen sich hemmungslos. Hieronymus Machowski, der eine Gefängnisstrafe wegen Korruption absitzt, erkauft sich seine Freiheit, indem er seinen Wärtern die Standorte verschiedener Wandverstecke preisgibt. Er hatte es sich zur Gewohnheit gemacht, sich als der Kaiser auszugeben, und hielt hof im Halbdunkel der beinahe ebenso reich wie der Palast ausgeschmückten Stallungen inmitten der wie Kurtisanen herausgeputzten und mit Schmuckwerk angetanen Rassepferde, die ihren Hafer zwischen den Marmorkiefern zermalmen. Als Hüter der kaiserlichen Kleiderkammer hatte er sich mühelos der Kleider seines Herrn bemächtigen können und ließ sich ein glücklich zustande gekommenes Gespräch mit kleinen, runden Törtchen bezahlen – jedenfalls zu Anfang.

Diese kleinen, vereinzelten Diebereien können einem der sagenhaftesten Schätze, die je zusammengetragen wurden, kaum etwas anhaben, aber sie sind doch ein Vorzeichen für einen der gigantischsten Raubzüge unserer Geschichte.

Über Jahrhunderte hinweg werden die in Prag angehäuften Sammlungen Rudolfs II. zerstört und auseinandergerissen. Es ist, als rächte sich das Gold, das zwei Generationen zuvor den Inkas entrissen wurde; als ob sich Huitzilopochtli und Tezcatlipoca, die beiden Ermordeten der Neuen Welt, einer unendlichen Rache hingeben wollten; als hätte Cortéz für nichts und wieder nichts getötet. Montezumas Blut, das Gold der gefiederten Schlange, das – zu Barren geschmolzen, deren Handelswert an sechshunderttausend Goldpesos heranreichte – in Tenochitláns Grab gefunden wurde, und das Gold aus der Plünderung des Schatzes von Axayacatzin verschwinden wieder im Nichts.
Rudolf II. wurde schon zu Lebzeiten von Kammerherren bestohlen; die eigentlichen Raubzüge begannen aber erst nach seinem Tod.
In einer Inventarliste aus dem Jahr 1619, sieben Jahre nach seinem Tod, werden dreitausend Gemälde von Michelangelo, Leonardo da Vinci, Raffael, Giorgione, Dürer, Holbein, Cranach, Brueghel, Tizian, Tintoretto, Veronese und Rubens gezählt, zweitausendfünfhundert Skulpturen und Tausende von Objekten, die auf eine damals unvorstellbare Summe geschätzt werden: siebzehn Millionen Florin.
Rudolf II. interessierte sich für alle Hervorbringungen des Menschen und wollte sein Leben mit Schönheit füllen. Die Wissenschaften übten ebensolche Anziehungskraft auf ihn aus wie die Künste, und die Künste faszinierten ihn ebenso wie die Eigentümlichkeiten der Natur. Er wollte alles besitzen. Statuen und Leinwände der größten Meister, die die Schönheit in allen ihren Ausformungen verewigten, aber auch Juwelen, Tafelgeschirr, Waffen, Meßinstrumente, Globen, Kuriositäten.

Er wollte zu Kunstwerken anregen, und während er seine Gesandten in alle vier Ecken der Welt reisen ließ, entwickelte sich Prag zu einem Zentrum künstlerischen Schaffens.
Seine Begierde war grenzenlos. Den Türkenkrieg empfand er als ruinös, aber für den Kauf eines Kunstwerks oder eines Gegenstands und den Unterhalt eines Hofstaats aus Alchimisten, Künstlern und Kunsthandwerkern war ihm das Geld nie zu schade. So hat er sich in der Kunst einen Namen gemacht, und wenn man seiner auch nicht als eines großen Kaisers gedenkt, so bleibt er doch als außerordentlich bedeutender Mäzen in Erinnerung. Er baute nichts (außer den Abwasserkanälen von Prag unter der Moldau), und die Künstler, die er an seinen Hof berief, gehörten nicht zu jenen unbestrittenen Genies, deren Namen die Zeiten überdauert und sich in das Gedächtnis der Menschen geprägt haben. Die manieristische und preziöse Prager Schule erregt mehr Neugier als Bewunderung.
Die Sammlerleidenschaft Rudolfs II. konnte seltsame, krankhafte, eigenbrötlerisch obsessive und morbide Formen annehmen. Er interessierte sich sogar für Monstrositäten.
So ließ er einen Bezoar, eine hinreichend abstoßende Versteinerung, die sich im Magen eines großen Säugetiers, zumeist eines Steinbocks, findet und die sehr groß ausfallen kann, auf einen in Gold mit Emaileinlagen gefaßten Fuß montieren und mit einem Deckel versehen, auf dem sich florale Muster mit geflügelten Fabelwesen abwechseln. In den kaiserlichen Ateliers wurde aus einer Kokosnuß von den Seychellen eine herrliche, von zwei aneinandergelehnten Flußgöttern aus vergoldetem Silber gehaltene Kanne. Auf der ringsum mit Schnitze-

reien verzierten Nuß sitzt ein ebenfalls aus vergoldetem Silber gearbeiteter Deckel, auf dem der siegreiche Neptun auf einem Meeresungeheuer mit Schwimmflossen reitet. Den Henkel bildet eine Sirene.[4]

Der Alchimistenkaiser hat sich immer von der dunklen und unheilvollen Seite des Universums angezogen gefühlt. Er hat zweiköpfige Mißgeburten in Glasbehältern konserviert. Statt ein sagenhaftes Buch Gottes, einen *orbis pictus*, nachschöpfen zu wollen, hat er im Gegenteil versucht, sich der Kräfte des Übernatürlichen zu bemächtigen, der *huaca* der Inkas, des Steins der Weisen und der ewiges Leben versprechenden Zaubertränke.

Die ersten ernstzunehmenden Schäden erleiden die Sammlungen Rudolfs II. nach dem zweiten Prager Fenstersturz. Repräsentanten der Macht aus dem Fenster zu werfen entspricht altem tschechischen Brauch. Am 23. Mai 1618, der die dreißigjährige Phase des gegenseitigen Mordens zwischen Katholiken und Protestanten einläutet, werfen die protestantischen Ständevertreter in ihrer Erregung, weil Ferdinand II. (der Nachfolger von Matthias, der seinerseits auf Rudolf II. gefolgt war) die ihnen durch einen Majestätsbrief Rudolfs II. zuerkannten Rechte nicht respektiert, die beiden kaiserlichen Statthalter zum Fenster hinaus, denen man später kleine Gedenksäulen errichtet hat, obwohl ihnen nicht das geringste passiert ist. Die beiden landeten nämlich auf einem Misthaufen. Aber im Kampf ist jedes Mittel recht, und so fliegen mit den Statthaltern auch in gemeine Wurfgeschosse umfunktionierte Kunstgegenstände aus dem Fenster und zerschellen sechzehn Meter weiter unten auf der Erde.

Im folgenden Jahr wird eine Inventarliste zusammengestellt, und gleich darauf folgt eine erschreckende Plün-

derung. Nach der Schlacht am Weißen Berge am 17. November 1620 belädt Herzog Maximilian I. von Bayern tausendfünfhundert Karren mit Kunstwerken und anderen Wertgegenständen als Bezahlung dafür, daß er Ferdinand II. zu Hilfe gekommen ist.
Und so verlassen tausendfünfhundert Karren die Burg, deren Achsen sich unter ihrer Last krümmen und biegen. Seit die Königin von Saba König Salomon die Schätze Äthiopiens überbrachte, hat man einen solchen Transport von Wunderwerken nicht mehr gesehen. Nach dieser Plünderung hätte man meinen können, daß von Rudolfs II. Schätzen nichts mehr übrig war.
Elf Jahre später, im Jahre 1631, macht sich der Kurfürst von Sachsen mit weiteren fünfzig bis zum Rand gefüllten Wagen davon.
Am 26. Juli 1648 erobert Graf Königsmarck das sagenhafte Schloß, das auch tausendfünfhundertfünfzig Karren nicht aller seiner Reichtümer berauben konnten. Zur Kriegsbeute, die er an Königin Christine schickt, gehören auch fünf für ihn selbst bestimmte Fuhrwerke voller Gold und Silber.
Nach dreißigjährigem Religionskrieg findet die mit der Schätzung der Überreste beauftragte Kommission nur noch zerbrochene Statuen, leere Rahmen und verdorbene Leinwände.
Als Maria Theresia den Königspalast im Jahre 1749 von Grund auf erneuern läßt und damit für immer die Umgebung zerstört, in der Rudolf II. gelebt hat, verkauft sie mehrere Gemälde an die Dresdner Pinakothek.
Und als Friedrich II. von Preußen die Burg mit Beschuß belegt, läßt er auf Kunstwerke schießen. Die verschreckten Bediensteten packen soviel sie können in Kisten, die sie zum Schutz in die Keller hinunterschleppen. Drau-

ßen rollt der Kanonendonner. Die Kronleuchter wakkeln. Die Kugeln fallen auf die Esplanade nieder. Die Domestiken haben es eilig und zerbrechen in ihrer Ungeschicklichkeit zahllose Statuen, Porzellan- und Kristallstücke.

Aber das Schlimmste steht noch bevor: Joseph II.

Am 13. und 14. Mai 1782 beschließt er, das alte Schloß, den ganzen Stolz des tschechischen Volks, in eine Artilleriekaserne umzufunktionieren. Um Platz zu schaffen und die Säle, in denen Rudolf II. seine Herrlichkeiten auftürmte, als Munitionslager nutzen zu können, läßt er eine Versteigerung abhalten.

Am Vortag erhalten die Domestiken Anweisung, die letzten Überbleibsel der Schätze Rudolfs II. (wie durch ein Wunder unversehrt gebliebene, spinnwebenüberzogene antike Statuen, Gemälde, die von der Feuchtigkeit zerfressen sind, um die sich schon niemand mehr Gedanken macht, nachdem die Räume so viele Male verwüstet wurden) zu reinigen und alles in Säcke, Körbe und Kiepen zu füllen, was als wertlos eingeschätzt wird: Zahllose Statuetten, Münzen, Muscheln, Fossilien, Medaillen, Steine und Gipsformen werden wie Abfall vom Pulverturm aus in den Hirschgraben gekippt – mehr als fünfzig Jahre lang werden immer neue Funde in diesem Schutthaufen gemacht.

Am Verkaufstag gibt Joseph II. Meisterwerke weg, wie man einen Speicher von Gerümpel befreit. Aber was hier verscherbelt wird, ist Dürers *Rosenkranzfest.* Dieses Meisterwerk, das Rudolf II. wie eine Heiligenreliquie auf dem Rücken eines Menschen über die Alpen tragen ließ, wird für ein paar Heller fortgeschleppt. Die Jungfrau unter ihrem Baldachin, das dicke Jesuskind, das dem Papst unter den Blicken des heiligen Dominikus, des

Erfinders des Rosenkranzgebets, eine Krone hinhält, rechts im Hintergrund Dürer selbst, seine Frau, der er das Bild schenkte und der er im Vordergrund Körper und Antlitz eines musizierenden Engels verlieh, sie alle scheinen vor Kummer zu weinen. Die Statue des *Ilioneus*, für die Rudolf II. zehntausend Dukaten gezahlt hatte, geht für dreißig Heller weg.

Doch selbst diese Verwüstungen bedeuten immer noch nicht das Ende der Sammlungen, denn im Jahre 1876 findet ein aus Wien hergeschickter Aufsichtsbeamter weitere Gemälde und sorgt dafür, daß sie in aller Stille von einer Hauptstadt zur anderen überführt werden. Zur letzten Plünderung kommt es unter den nationalsozialistischen Besatzern. Kisten werden nach Deutschland geschickt, und der Reichsprotektor von Böhmen und Mähren, Reinhard Heydrich, läßt die Wenzelskrone des Schutzheiligen Böhmens einmauern. Sie hätte für immer in den Kellergemäuern des alten gotischen Palastes verschwinden können, wenn nicht Karl Hermann Frank bei seinem Prozeß nach dem Krieg dem Gericht den Standort des Verstecks verraten hätte.

Auch heute noch tauchen zuweilen Gemälde und Kunstgegenstände aus den Kellergeschossen des Palastes auf.

Diese nicht endenwollende Zerstreuung der Schätze Rudolfs II. ist die letzte Transmutation des von den Konquistadoren vergossenen Inkablutes, der Fluch, der einen Monarchen verfolgt, der sein Szepter fahren ließ, um sich besser der Anhäufung von Herrlichkeiten widmen zu können, die heute in Wien, Dresden, München und Stockholm verstreut sind. In dem systematisch ausgeraubten Prag beherbergt das Palais Sternberg das, was noch zusammengetragen werden konnte, aber keine der von berühmten Museen veranstalteten Ausstellungen kann einen angemessenen Eindruck der Fülle der Schätze geben, die Rudolf II. mit solcher Leidenschaft anhäufte, daß er dafür sein Schloß vergrößern lassen mußte.

Die Geburt eines Erzherzogs

Drei Wochen vor der Geburt Rudolfs II. wird Ferdinand mit kaum einem Jahr zur letzten Ruhe gebettet. Doña Maria, die Tochter Karls V., ist untröstlich über den Tod ihres ersten Sohnes und läuft weinend durch die dunklen Säle und endlosen Flure der Alten Hofburg. Achtundzwanzig Jahre alt und zum drittenmal schwanger, trägt sie ihren Sohn zu Grabe. Ihre zweijährige Tochter Anna ist ihr kein Trost. Spanien allein könnte sie trösten. Aber Spanien ist weit, und die Enkelin von Johanna der Wahnsinnigen verfällt wie sie der Versuchung, sich in ihrer Hoffnungslosigkeit zu verschließen. Sie wendet sich von der Stadt ab, die ihr Sohn, wenn er Kaiser sein wird, verlassen wird, um Prag zu seiner Hauptstadt zu machen.

Maria wird bis zum letzten Atemzug eine Infantin bleiben. Alles an ihr ist spanisch: sie ist klein und dunkel, als fließe in ihren Adern nicht auch burgundisches Blut und das Philipps von Österreich, der so blond und schön war, daß man ihm den Beinamen ›der Schöne‹ gab – so schön, daß Johanna die Wahnsinnige sich weigerte, einen Ehemann begraben zu lassen, den sie so inbrünstig liebte, daß auch der Tod ihre Leidenschaft nicht zum Erlöschen bringen konnte.

Alles, was sie liebt, ist spanisch – und sie liebt alles, was spanisch ist. Jede Übertreibung ist ihr recht; wo es um Spanien geht, hat sie für alles Verständnis. Sie war glücklich in ihrem Land. Die Hitzeperioden, die die mehrere Kilogramm schweren Kleider zu einer unerträglichen Last werden lassen, haben ihr ebensowenig je etwas ausgemacht wie die quälend steifen Roben, die den Brustkorb bis zum Ersticken zusammendrücken, die Halskrausen, die jede natürliche Bewegung unmöglich machen, oder die bleischweren Juwelen. Sie hat sich weder vor den tödlichen Stierkämpfen gefürchtet noch hat sie Angst vor Autodafés gehabt. Ihre Angst galt seit jeher der Ketzerei, nicht der Inquisition. Wie hätte sie, die Infantin eines Landes, das acht Jahrhunderte gebraucht hat, um zur Einheit zu gelangen, es hinnehmen können, daß es nun von einer neuen Pest von innen her zerfressen wurde?

Die Lepra jedoch wütet in ihrem eigenen Heim.

Maria ist mit einem Mann verheiratet worden, der dem Reformglauben verfallen ist und auf den Lutheranismus zugleitet, während in ihren Adern spürbar das Blut der katholischen Könige pulsiert: das Blut von Isabella von Kastilien und Ferdinand von Aragon, ihren Urgroßeltern, die die Dynastien derer von Trastámare und zu Habsburg miteinander verbanden. Maria fühlt sich als Erbin jener Könige, die die Größe Spaniens begründet haben. Sie ist eine glühende Katholikin und liebt Vespergottesdienste, Messen und Prozessionen.

Von Karl V., ihrem Vater, hat sie gelernt, daß der Religionskrieg unlösbar mit dem Gedanken politischer Hegemonie verbunden ist und daß die Verteidigung der Krone für ihre Familie gleichbedeutend ist mit der Verteidigung der römischen Kirche. Wie er hofft sie auf eine Einigung Europas unter der Oberhoheit der Habsburger. Maria fühlt sich dieser Macht zugehörig. Sie empfindet sich als ein Glied in der Kette, die zwei Generationen miteinander verbindet, und aus dieser Überzeugung schöpft sie die Kraft, ihr Leid zu überwinden. Für ihr drittes Kind und für die anderen Sprößlinge, die sie gebären wird, ringt sie um neue Kraft. Vielleicht wird dieses Kind, das sie unter dem Herzen trägt, der Einiger des Reichs sein und die von Ketzerei gespaltene Kirche wieder zusammenfügen.

Mit dieser Hoffnung im Sinn hat ihr Vater sie verheiratet, ohne für sie zu fürchten, was er auch für sich selber in Kauf genommen hat: eine Verwandtenehe. In der Familie ist sie an der Tagesordnung. Man braucht nur jedesmal einen päpstlichen Dispens, und man bekommt ihn immer. Natürlich sind gewisse Risiken für die Nachkommenschaft damit verbunden, aber nicht mehr als bei der Syphilis. Karl V. hat seine Cousine ersten Grades geheiratet, die Infantin Isabella von Portugal und Tochter Marias von Aragon, wie Maria ihrem Vetter ersten Grades vermählt ist: Maximilian.

Beide Ehepartner teilen dasselbe, ebenso glanzvolle wie beängstigende Erbe. Beide sind Enkel Philipps des Schönen und Johannas der Wahnsinnigen und dazu fast im selben Alter. Maria wurde 1528 geboren, Maximilian 1527 – im selben Jahr wie sein Vetter, der zukünftige Philipp II. Aus diesen Verbindungen zwischen Verwandten ergibt sich denn zum Beispiel auch die seltsame Tatsache, daß Rudolfs Großväter, Karl V. und Ferdinand I., Brüder sind.

Als ihr Vater sie mit ihm verlobte, wußte Maria so gut wie nichts vom Erzherzog, außer daß er Streiche liebte, was sie für verzeihlich hielt, und einen Hang zur Ketzerei hatte, was verdammenswert war.

Als Sohn Ferdinands I., König über Böhmen und Ungarn, interessierte sich Maximilian leidenschaftlich für Wissenschaften, Literatur und Kunst. Schon als Jugendlicher sprach er sieben Sprachen fließend, darunter Latein; er musizierte und hatte ein liebenswürdiges und überbordendes Wesen. Mit zunehmendem Alter entdeckte er das Trinken und die Liebe. Aber nichts von alledem, auch nicht das Kind, das er der Gräfin von Ostfriesland bescherte – eine kleine Nebensächlichkeit, über die Maria nicht informiert zu werden brauchte –, war dazu angetan, einen Skandal auszulösen.
Aber es gab da noch etwas anderes. Wolfgang Schieffer, Schüler und Freund Luthers und Hauslehrer Maximilians, steckte ihn mit den Ideen der Reformation an. Diese Entdeckung war für Ferdinand ein Desaster. Zu jener Zeit sah er gerade der Krone des Heiligen Römischen Reichs Deutscher Nation entgegen, die sein Bruder Karl an ihn weiterzugeben versprach. Aber Karl V. wünschte, daß das Reich nach seinem Bruder wieder an seinen Sohn zurückfallen sollte, den Infanten Philipp. Ferdinand wiederum hoffte, es an seinen eigenen Sohn Maximilian weiterzugeben. Wenn Maximilian konvertierte, würde sich das Problem von alleine lösen: Das Reich fiele dann an Philipp, denn die sieben Kurfürsten würden niemals einen Protestanten zum römischen König wählen. Und wer römischer König war, wurde Kaiser.
Maximilians Vetter und Rivale Philipp hatte das tugendreiche Spanien hinter sich, dessen ganze Leidenschaft der katholischen Religion galt, und das durch die Reconquista zu einem strengen, von Dogmen bestimmten Land geworden war, das, nachdem es endlich die Mauren vertrieben und die Juden zwangskonvertiert hatte, keinen Häretiker mehr in seinen Grenzen duldete.

Um seinen Sohn zu »heilen«, schickte Ferdinand ihn nach Spanien, das ihm als das ideale Gegenmittel zu Luthers Ideen erschien. Und so tauschte Maximilian den liebenswerten väterlichen Hof zu Wien gegen den gestrengen und pedantischen seines Onkels ein. Sofort fühlte er sich von einem düsteren Mystizismus erdrückt, dem er nichts abgewinnen konnte. Der junge Erzherzog verstand dieses stolze und wilde Land, dem Karl V. so tief verbunden war und das sich so wunderbar in seinen Kindern, Doña Maria und Don Philipp, widerspiegelte, nicht.
Die beiden Vettern konnten keine Sympathie füreinander aufbringen; jeder sah im anderen den herrschenden Monarchen und den Rivalen im Wettlauf um die Kaiserkrone. Der zukünftige Philipp II., Witwer von Maria von Portugal und Vater des Infanten Don Carlos, versteifte sich auf seine Rolle, trug ausschließlich schwarz und empfand Maximilian als frivol. Maximilian langweilte sich in seiner Gesellschaft und schmückte sich inmitten dieses nüchtern-strengen Hofes mit bunten Farben und frechen Bändern.
Karl V. sah ein, daß der Aufenthalt seines Neffen ein Reinfall war. Um aus Maximilian einen guten Katholiken zu machen, hätte er eine Energie aufbringen müssen, an der es ihm schon allein deshalb mangelte, weil ein Erfolg die Chancen seines Neffen auf das Kaiserreich verbessern und damit gleichzeitig die seines eigenen Sohnes schmälern würde. Er besaß nicht mehr die Kraft, für ein solches Ziel zu kämpfen, und gab Maximilian, worum er gebeten hatte: ein Militärkommando. Danach eröffnete er den Reichstag zu Augsburg, wo er den Gedanken an eine Wiedervereinigung zwischen Protestanten und Katholiken zu befördern und seine Nachfolge zu regeln versuchte.

Karl V. betrachtete sich bereits als tot, Ferdinand war nur drei Jahre jünger als er; die größte Sorge galt also der Frage, was nach ihnen kommen würde. Wer würde das Kaiserreich erben: Philipp oder Maximilian? Einmal mehr weigerte sich Ferdinand, Karl irgendwelche Versicherungen zu geben. Nach einem ganzen Leben voller Eintracht stritten sich die Brüder nun für ihre Kinder um das Kaiserreich.

Karl V. hatte die unschönen Züge der Familie geerbt. Da er als Kind zart und schmächtig war, hatten seine Angehörigen stets um sein Leben gefürchtet. Als Erwachsener hatte sich seine schweigsame und grämliche Art noch durch die heftigen Gichtanfälle verstärkt, die für einen Herrscher, der unentwegt seine Lande durchreiste, seine Leute in den Krieg führte und einmal sogar sein Bein am Sattel festbinden ließ, um weiter gegen die Protestanten reiten zu können, die er in seinen Memoiren die »Feinde« nennt, eine wahre Heimsuchung waren.

Seit seinem dreißigsten Lebensjahr litt er an der Syphilis, die dem Volksglauben zufolge die Rache der karibischen Völker war, die von den Konquistadoren hingemetzelt worden waren. Auch Franz I. war von dieser Krankheit befallen, und wenn die beiden Monarchen gegeneinander Krieg führten, tauschten sie in den Schlachtpausen Rezepte zu ihrer Heilung aus.

Karl war trotz seiner finster-intelligenten Ausstrahlung häßlich. Er hatte eine lange Hakennase, ein vorstehendes Kinn, hängende Mundwinkel und Lippen, die nach innen gewölbt schienen. Sein Haar war eher braun als blond. Den größten Fehler dieses Gesichts – zwei nicht zusammenpassende Kiefer, von denen der untere unnatürlich vorstand – konnten aber auch Kinn- und Schnurrbart nicht völlig verdecken.

Ferdinand, der den Vornamen seines Großvaters, des allerkatholischsten Königs trug, hatte das blonde, strahlende Äußere Philipps des Schönen. Von gut gebauter, männlicher Gestalt, war er ebenso fröhlich wie Karl melancholisch. Die bei ihm kaum ausgeprägte Habsburger Unterlippe machte einen Bart überflüssig. Das Haar fiel ihm in einem Pony ins Gesicht, über die Ohren und bis in den Nacken. In der Jugend war er blond, aber auf dem Dürerbild von 1519 mit schwarzem Barett und rotem Samtmantel mit Nerzbesatz ist er ergraut. Karl zu Ehren hält er einen aufgeschnittenen Granatapfel.

Ihre Kindheit verbrachten die beiden Brüder voneinander getrennt. Der in Gent geborene Karl wuchs in Brüssel auf und Ferdinand in Spanien bei seinem Großvater Ferdinand von Aragon, der ihm seine spanischen Lande hinterlassen und Karl die Kaiserkrone und die Herrschaft über die österreichischen Erzherzogtümer und die Niederlande übertragen wollte. Diese Verfügungen, die sich eher an den Gegebenheiten als an den Regeln der Erbfolge orientierten, wurden zunächst durch die Rechtsgelehrten des Kronrats und später auch durch den Reichstag zu Worms abgelehnt, und so bekam Karl, der Burgunder und Flame, Spanien, dessen Sprache er nicht einmal ansatzweise beherrschte, und Ferdinand erbte die fünf österreichischen Erzherzogtümer, die zum Kaiserreich gehörigen habsburgischen Lande und fünf weitere Länder: Württemberg, Tirol, Vorarlberg, Sundgau und Elsaß. Die beiden hätten sich hassen können, nachdem jeder die Kronen erbte, die der andere für sich erhofft hatte, aber dazu waren sie zu intelligent. Sie unterwarfen sich den Gesetzen des Kaiserreichs.

Und so antwortete denn Karl, der 1517 kaum ein Wort auf kastilisch herausbrachte, 1536 dem französischen

Botschafter, der es beklagt hatte, daß er seine Reden auf spanisch hielt: *»Senor obispo, entiéndame si quiere; y no espere de mi otras palabras que de mi lengua espanola. La qual es tan noble que merece ser sabida y entendida de toda la gente christiana.«*[1] (Hören Sie mir zu, wenn es Ihnen beliebt, Bischof; und erwarten Sie keine anderen Worte von mir als in meiner spanischen Sprache, denn sie ist schön und von hohem Adel und hat es verdient, von der ganzen Christenheit gehört und verstanden zu werden.)

Als sich für Karl V. in Augsburg abzeichnete, daß Ferdinand Philipps Anspruch auf das Kaiserreich niemals anerkennen würde, drohten alle Mühen seiner Regierungszeit vergeblich gewesen zu sein. Aber er wollte sich den Lebensabend nicht durch eine offene Auseinandersetzung vergällen lassen und kittete den Bruch durch die Vermählung seiner Tochter mit diesem Neffen, der nicht etwa nur ein Ketzer war, sondern Philipp möglicherweise auch noch das Kaiserreich rauben würde. Durch diese Verbindung würde, wenn seinem Sohn das kaiserliche Erbe vorenthalten bleiben sollte, wenigstens seine Tochter Kaiserin werden. Ständig krank und von Anfällen heimgesucht, die ihn schließlich lähmen sollten, war er dieser Welt müde. Deshalb trieb er die Heirat nach Kräften voran.

Maria und Maximilian wurden von ihrer bevorstehenden Vermählung in Kenntnis gesetzt. Sie waren beide zum Regieren erzogen worden, und man hatte ihnen Pflichtgefühl ihren Untertanen und ihren Ländern gegenüber eingetrichtert; die Heirat gehörte zu ihren Pflichten.

Maria hatte noch Glück. Ihr Vater gedachte ihr einen Verlobten in ihrem Alter zu: den ketzerischen und ausschweifenden Vetter, den sie wenige Jahre zuvor schon

einmal gesehen hatte.[2] Sie erwartete ihn voller Neugier und Ungeduld, aber Maximilian hatte es nicht eilig. Spanien hatte ihm gründlich mißfallen. Bevor er zu seiner Cousine reiste, gab er sich derart ausgiebig seinen Freuden hin, daß sein Vater ihn an Karl V. erinnern mußte; Maximilian hatte den Kaiser nicht mehr als nachsichtigen Onkel, sondern als zukünftigen Schwiegervater zu betrachten, der dem notorisch schlechten Betragen des Verlobten seiner Tochter nicht lange zusehen würde.
Karl reagierte weder wütend noch streng (er selber war zwar angeblich jungfräulich in die Ehe gegangen, hatte die verlorene Zeit später jedoch ausgiebig nachgeholt), aber er wählte einige Adlige aus seinem Gefolge, Spanier, die seinen Schwiegersohn ausspionieren sollten, und Deutsche, deren Aufgabe darin bestand, ihm über das Vorgehen der Spanier zu berichten. Nun blieb Maximilian nichts anderes mehr übrig, als sich endlich auf den Weg zu machen.
Unterwegs vergaß der zukünftige Vater Rudolfs II. jene Keuschheit, die sein Vater ihm so sehr ans Herz gelegt hatte. Trotz der grassierenden Syphilis ließ er sich an jeder Etappe bezahlte Liebesdienerinnen kommen. Er glaubte sich immun gegen die Krankheit und verstreute, um die Spanier in seinem Gefolge zu ärgern, die Rechnungen für seine amourösen Ausschweifungen in seiner gesamten Umgebung.
Irgendwann aber erreichte er Genua doch. Während der Überfahrt wurde er krank, und so ging er stolpernd in Barcelona an Land und kam mehr schwankend als aufrecht am 14. September 1548 zu seiner Vermählung in Valladolid an.
Die königlichen Hochzeitsfeierlichkeiten verliefen nach dem erbarmungslosen Ritual des alten Kastilien. Das

Paar verschwand in seinem Gemach, während die Granden darauf warteten, daß man ihnen »nach angemessener Zeit« die ehelichen Bettücher überbrachte. Der Brauch war dazu angetan, ganze Generationen von kleinen Jungfrauen vor Schreck erstarren zu lassen, daß sie dem Minotaurus dargebracht werden sollten. Heinrich IV. verbannte die Granden bei seiner zweiten Hochzeit, aber die empörten Höflinge verlangten die sofortige Wiedereinführung des Brauchs.

In der Nacht vom 14. auf den 15. September harrten also die Granden vor der Tür aus. Die Laken wurden gebracht, und man war fassungslos. Maximilian, der fröhliche Spaßmacher, überbrachte ihnen das Leinen frisch und jungfräulich – ebenso wie seine Braut.

Die Geschichte von diesem schlüpfrigen Scherz verbreitete sich schnell, gelangte im Nu nach Prag und Wien, flog über die deutschen Lande, erreichte schließlich Brüssel und rief überall größte Heiterkeit hervor. Karl und Ferdinand aber waren konsterniert. Die nicht vollzogene Ehe verhieß eine dynastische Katastrophe. Wenn man überdauern wollte, mußte man Kinder zeugen.

Da das Paar schließlich fünfzehn Kinder bekam, kann man sich leicht denken, worin das Geheimnis seiner ersten Nacht bestanden haben mag.

Für Maria ist die Gegenwart der Granden hinter der Tür am unangenehmsten. Andererseits hat sie ihr Leben lang bewiesen, daß ihr nichts wichtiger ist als die Größe ihres Hauses. Sie ist es nicht, die sich der Sinnenlust ihres Ehemanns widersetzt. Maximilian selbst ist das Ehehindernis.

Er ist zwar krank, aber man kann schwerlich glauben, daß er versagt haben sollte. Er hat einen Entschluß gefaßt: er boykottiert die öffentliche Defloration und bietet seiner Frau an, noch ein wenig zu warten, bevor er sie in seine Arme schließt. Maria ist entzückt, und in dieser zärtlichen Nacht, in der der Erzherzog ein einziges Mal im Leben keuscher einschläft, als es seinem Vater lieb ist, wird der Grundstein für eine liebende Vertrautheit gelegt, die ein Leben lang andauern soll.

Aber auch die Ehe konnte Maximilian nicht mit Spanien versöhnen. Er haßte dieses Land mit seinem Zeremoniell, seinen Bräuchen, der Kirche, den Mönchen, der dürren Landschaft mit ihren verwachsenen Olivenbäumen, den ausgetrockneten oder unter Schnee begrabenen Sierras, seine Farben in Ocker und Violett, diesen Wind aus den Wüsten Afrikas, seine Mantillen und Kastagnetten, Stierkämpfe und Autodafés ebenso inbrünstig, wie Maria das grüne Österreich und seine Almen verabscheuen wird.

Die spanische Eigenart forderte Maximilian zu nur noch größerem Ketzertum heraus. Zufrieden damit, seine Frau aus der Ruhe zu bringen, tat er Äußerungen, die sie bis in die tiefste Seele erschütterten. Doch statt sich zu beklagen, reichte Maria ihrem Gatten mit den verabscheuungswürdigen Ideen die Hand. Schon bald sollten die gerundeten Formen unter den schweren Falten ihrer Kleider die bösen Zungen Lügen strafen, die behaupteten, sie sei mit einem Impotenten verheiratet.

Am 2. November 1548 schenkte sie der Erzherzogin Anna, Rudolf II. älterer Schwester, das Leben, die später durch die Heirat mit Philipp II. die Schwägerin ihrer eigenen Mutter und Mutter Philipps III. von Spanien werden sollte.

Nach Annas Geburt brachte im Jahre 1551 ein in Augsburg einberufener Familienrat von neuem die Frage der Erbfolge ins Gespräch.

Wie üblich gab es Widerspruch zwischen der deutschen und der spanischen Linie. Sie waren alle zugegen: Karl und Ferdinand, die beiden Brüder, und die Vettern Maximilian und Philipp. Maximilian war in der schwächeren Position: Philipp hatte mit seinem Sohn, dem Infanten Don Carlos, im Wettkampf um die bessere Wiege gewonnen, während er selbst nur eine Tochter, die Erzherzogin Anna, vorweisen konnte. Und dann wurde Maximilian mitten in diesen heftigen Auseinandersetzungen die Nachricht überbracht, daß Maria ihm einen Sohn geschenkt hatte. Nun war er wieder mit Philipp auf gleichem Stand, der Wettlauf ums Kaiserreich wurde langsam spannend. Der Vorname des Kindes war eine Absichtserklärung; zu Ehren seines Großvaters väterlicherseits wurde er Ferdinand getauft und nicht etwa Karl, um Karl V. zu ehren. Die Blicke waren also nicht auf den gegenwärtigen, sondern den zukünftigen Kaiser gerichtet.
Ferdinand I., der nun seinerseits zwei Generationen männlicher Nachfolger nach sich heranwachsen sah, verteidigte Maximilians Ansprüche mit Verbissenheit. Er gab vor, sich der Entrüstung des kaiserlichen Bruders zu beugen, aber doch nicht ohne Hintergedanken: Ohne die Kurfürsten konnte ohnehin nichts entschieden werden, und Philipp hatte bei seinem Besuch im Norden bei keinem einzigen von ihnen Anklang finden können. Maximilian aber war ihnen recht, solange er nur katholisch blieb.
Als der Reichstag beendet war, machten sich die beiden Vettern, die sich seit der Geburt des kleinen Ferdinands offen haßten, gemeinsam auf die Rückreise nach Spanien. Maximilian fuhr nur noch einmal dorthin, um seine Koffer zu packen und Frau und Kinder mitzunehmen.

Er würde in Wien, seiner zukünftigen Hauptstadt, auf die Kaiserkrone warten.
Die Reise nahm einen schlechten Anfang. Nach einem Abendessen bei Kardinal de Madruzzo, der ihrer Ehe den Segen gegeben hatte, erkrankte Maximilian derart schwer, daß er um sein Leben fürchtete. Er verdächtigte Philipp, ihn ins Jenseits befördert haben zu wollen. Vielleicht war nicht zum erstenmal mit Gift hantiert worden in dieser Familie, in der gemunkelt wurde, daß Philipp der Schöne auf Veranlassung seines Schwiegervaters, Ferdinands von Aragon, aus der Welt geschafft worden war.
Nur halb genesen, machte sich der abgemagerte und ausgezehrte Maximilian schon wieder auf den Weg.
Im April bereitete Wien seinem Erzherzog, seiner Frau und ihren beiden Kindern Anna und Ferdinand einen triumphalen Empfang. Die Nachricht von dem Giftanschlag hatte auch Wien erreicht, und die Freude war deshalb um so größer. Strahlend vor Freude, mit soviel Begeisterung gefeiert zu werden, präsidierte Maximilian bei Festen und Bällen und nahm an verschiedenen Ehrungen mit musikalischen Darbietungen, Blumenwagen und Gesangsvorträgen teil. Man schenkte ihm Rassepferde in prunkvollstem Geschirr und Tiere, die die allgemeine Aufmerksamkeit erregten, wie beispielsweise Biber oder Wölfe, vor denen sich alle fürchteten, exotische Vögel aus Amerika, Papageien, die die Raben Indiens genannt wurden, und schließlich ein geradezu mystisches Tier, das die Wiener noch nie zuvor gesehen hatten: einen Elefanten.
Die von der Reise während ihrer dritten Schwangerschaft erschöpfte und noch immer von der Schuld, die Maximilian auf ihren Bruder geladen hatte, niederge-

drückte Maria schöpfte angesichts dieses herzlichen Empfangs neue Kraft. Aber kaum hatte sie begonnen, sich an die Heimat ihres Mannes zu gewöhnen, da starb Ferdinand, noch nicht ein Jahr alt.

Drei Wochen später, am 18. Juli 1552, brachte sie inmitten eines in tiefer Trauer befangenen Hofes einen weiteren Sohn zur Welt. Man taufte ihn auf den Namen Rudolf. Alle Hoffnungen der Dynastie waren von nun an auf ihn konzentriert.

Das Erbe Karls V.

Rudolf II., der in einen trauernden Hof hineingeboren wurde, verbringt seine früheste Kindheit im Schatten einer Tragödie, die ganz Europa in Atem hält und sich in drei Akten vollzieht: des Todes seines Großvaters, Karl V.

Er stirbt symbolisch mit seiner Abdankung als Herrscher über die Niederlande am 25. Oktober 1555, virtuell durch seinen Rücktritt vom Herrscheramt in Spanien am 16. Januar 1556 und *de facto* am 21. September 1558 um zwei Uhr morgens, wenn er mit seinem letzten Atemzug die Worte haucht: »*Ya es tiempo*«, es ist Zeit, »*Ay*, Jesus!«

Rudolf II. wird sein ganzes Leben dazu brauchen, das Werk seines Großvaters wieder zunichte zu machen und sein Erbe zu zerstreuen.

Dem unerschütterlichen Glauben Karls V., der vor einem ihm verhaßten Papst niederkniete und sich vor dem Nachfolger Petri, dem Stellvertreter Christi auf Erden, verneigte, wird Rudolf II. seine ungezügelte Neigung zum Ketzertum entgegensetzen. Er wird seinen Glauben aufgeben und damit sein Krönungsgelübde verletzen, um sich den Zauberern, Alchimisten, Spiritisten, Astrologen und Geistersehern anzuvertrauen.[1]

Während Karl V. oft dreimal am Tag zur Messe ging, wird Rudolf schon beim Anblick eines Kruzifixes in hysterische Trancezustände verfallen. Karl V. war geduldig, wohlwollend und höflich. Rudolf wird sich später einmal mit dem Dolch in der Hand auf einen seiner Kammerherren stürzen. Karl V. schätzte seinen Bruder Ferdinand, Rudolf II. und Matthias werden sich hassen bis in den Tod. Karl V. vertraute auf den Fortbestand seines Hauses, um die Vorherrschaft der Habsburger in Europa zu sichern. Rudolf II., dem einmal geweissagt wurde, daß sein Nachfolger ihm das Kaiserreich entreißen würde, weigert sich zu heiraten und legitime Söhne zu zeugen. Als Karl V. starb, ließ er sein Reich im Frieden zurück; beim Tod Rudolfs II. stand der Dreißigjährige Krieg unmittelbar bevor.

Diejenigen, die im Oktober 1555 die Abdankung Karls V. miterleben, wissen genau, warum sich dieser Akt so viele Jahre hingezogen hat. Karl V., der mit siebzehn Jahren die Regierung übernommen hat und mit zwanzig Kaiser geworden ist, um diese Aufgabe die nächsten neununddreißig Jahre hindurch zu erfüllen, findet seinen Sohn Don Philipp mit seinen achtundzwanzig Jahren zu jung, um das höchste Amt anzutreten. Er, der in vorderster Linie aller Schlachten seiner Zeit seine Kräfte verbraucht und seine Gesundheit dem Ruhm und dem Dienst am Kaiserreich geopfert hat, der gleichzeitig als absolutistischer Fürst von der göttlichen Bestimmung seines Amts überzeugt war und als Renaissanceherrscher dem Drang nach Wissen folgte, hinterläßt nur zögerlich seinem Sohn den Thron. Er hat gegen Franzosen, Türken, Afrikaner und Lutheraner Krieg geführt.

Sein politisches Genie hat er nicht an Philipp weitergegeben, aber er hat ihm seine Auffassung von Integrität und Machtfülle vermittelt. Seine Instruktionen für Philipp überarbeitet Karl V. zweimal, am 5. November 1539 und am 18. Januar 1548. Beim erstenmal wendet er sich noch an einen zwölfjährigen Knaben, beim zweitenmal an einen jungen Mann. Er erteilt Ratschläge, und alle seine Empfehlungen weisen in dieselbe Richtung: »Ich bete zu Gott in seiner Weisheit und Güte, der er den Königen die Herrschaft überträgt, daß er nun wie in allen anderen Dingen Euer Herz lenken möge, auf daß Ihr seine Interessen im heiligen Dienst am Allerhöchsten nie aus den Augen verlieret.« Seiner Auffassung nach verdankt der von den Kurfürsten bestimmte Kaiser seine Macht der »Gnade Gottes«.

Seit den letzten Instruktionen sind acht Jahre vergangen. Karl V. hat zwar angekündigt, daß er abdanken wolle, kann sich aber nicht entschließen. Sein Bruder in Wien hofft auf die Kaiserkrone, in Madrid wartet sein Sohn auf das spanische Königreich. Am 25. Oktober 1555 schließlich verzichtet der erschöpfte Kaiser, der sich inzwischen in einer Sänfte herumtragen lassen muß, im großen Saal des Brüsseler Schlosses auf die Niederlande.

Am Morgen legt Karl V. Trauerkleidung an und hängt sich über dem schwarzen Gewand die große Kette des Ordens vom Goldenen Vlies um. Nachdem er der Messe für Simon und Judas, die Heiligen dieses Tages, beigewohnt hat, überträgt er seinem Sohn Großmeistertum und Herrschaftsgebiet des Ordens vom Goldenen Vlies, eines Ritterordens des Hauses Burgund, der im Jahre 1429 von Philipp dem Guten in Brügge gegründet worden war: »Um die Kirche zu erhalten, die Gott Heimstatt gibt, übergebe ich hiermit den edlen Orden derer vom Goldenen Vlies.« Dann begibt er sich in den großen Saal, wo er von mehr als tausend Menschen erwartet wird. Er nimmt auf einem erhobenen Sessel Platz, sein Sohn Philipp und Königin Maria, seine Schwester, setzen sich ihm zur Seite. Philibert Emanuel von Savoyen ist ebenso zugegen wie der Prinz von Oranien, Wilhelm von Nassau, und alle Fürsten, Edlen und Gesandten bei Hofe und die parlamentarischen Vertreter.

Philibert von Brüssel, der Präsident des Rates von Flandern, verliest die Rede, mit welcher der Kaiser, den er als Cäsar tituliert, seinen Entschluß bekanntgibt. Es ist ein langer Text. Karl V. tritt von vornherein den Einwänden derer entgegen, die ihn bedrängen werden, nicht ausgerechnet in einem Moment die Herrschaft abzutreten, in dem Frankreich wieder gefährlich wird.

Philiberts Stimme verhallt in einer erdrückenden Stille. Auch Karl V. hört zu.

In den von Tizian in einem Gemälde festgehaltenen, von Falten umgebenen dunklen Augen spiegeln sich zwei Welten: die alte und die neue. Nach Heiterkeit oder Hochmut würde man hier vergeblich suchen; aus ihnen spricht nur eine an Verzweiflung grenzende Trauer. So blickt kein Fünfundfünfzigjähriger. Es ist der Blick eines desillusionierten alten Mannes, eines Patriarchen, der zusehen mußte, wie alle Hoffnung, gegen den Feind von innen und von außen eine einige Christenheit zu erhalten, zusammenbrach, und der unter den Angriffen der Türken und Luthers zerbricht; der Blick eines Mannes, der geduldig und ohne Angst sein Ende erwartet, ein resignierter Blick, der ein langsames Ende verspricht und keine Hoffnung mehr kennt außer der auf Gott.

Die tonlose Stimme liest immer weiter. Über die Zuhörer legt sich eine unerträglich beklemmende Unruhe. Karl V. kann nicht länger einen anderen für sich sprechen lassen. Er erhebt sich und wendet sich, die linke Hand um einen Gehstock gekrallt und sich mit der rechten auf die Schulter des Prinzen von Oranien stützend, an die tausend Anwesenden und die gesamte Nachwelt. Er wendet sich sowohl an sein Jahrhundert, dem er wie ein Siegel seinen Stempel aufgedrückt hat, als auch an die Jahrhunderte, die folgen werden. Er erzählt sein Leben, spricht von seinen Werken, seinen Zielen, Fehlern und Siegen. Noch weiß er nicht, wie sich sein Erbe in alle Winde zerstreuen wird, aber er ist jetzt schon unruhig. Doch sein Entschluß steht fest. Er dankt ab, um nicht an seiner Aufgabe zu scheitern:

»Meine Freunde, Philibert von Brüssel hat euch die Gründe, die mich dazu veranlaßt haben, auf diese Staaten zu verzichten und sie an meinen Sohn, den König Don Philipp, weiterzugeben, auf daß er sie besitze und erhalte und über sie regiere, bereits ausreichend geschildert, und doch möchte ich euch auch aus eigenem Munde gewisse Dinge erklären. Dafür müßt ihr euch des 5. Februar vor vierzig Jahren erinnern, als mein Großvater, Kaiser Maximilian I., Kaiser des Heiligen Römischen Reichs, mich an eben diesem Ort und zur selben Zeit im Alter von fünfzehn Jahren für volljährig erklärt, aus der bis dahin bestehenden Vormundschaft befreit und zum Herrn meiner selbst gemacht hat. Im darauffolgenden Jahr, meinem sechzehnten Lebensjahr also, starb mein Großvater König Ferdinand der Katholische, Vater meiner Mutter, über dessen Königreich ich als Knabe von siebzehn Jahren zu regieren begann, weil meine erst vor kurzem verstorbene, innig geliebte Mutter Johanna die Wahnsinnige nach dem Tod meines Vaters so verwirrten Geistes war, daß sie die Herrschaft nie übernehmen konnte. Und so kam es, daß ich im Alter von siebzehn Jahren nach Spanien aufbrach. Als ich neunzehn Jahre alt war, also vor nunmehr sechsunddreißig Jahren, starb mein Großvater Kaiser Maximilian I., und so verlieh man mir damals trotz meiner Jugend die Kaiserwürde an seiner Statt. Nicht etwa zügelloser Ehrgeiz, über zahlreiche Königreiche zu bestimmen, ließ mich danach streben, sondern der Wunsch, über das allgemeine Wohl und Wehe der deutschen Nation, meines geliebten Vaterlandes, und meiner anderen Königreiche, insbesondere Flanderns, und über Frieden und Eintracht der Christenheit zu wachen, die ich mit aller Kraft anstreben mußte, und um all meine Kraft und die meiner Königreiche zusammenzuführen, damit die christliche Religion vor den Anfeindungen der Türken geschützt werde. Doch auch wenn mein Streben nichts anderem galt, konnte ich es dennoch nicht verwirklichen, wie ich es gewünscht hätte, wegen der Wirren und Bedrängnisse, die mir einerseits von Luthers Ketzern und andererseits von benachbarten und anderen Fürsten auferlegt wurden, die mir aus Haß oder aus Eifersucht immer feindlich gesinnt waren und mich in gefährliche Kriege verwickelten, die ich dank Gottes Güte bis heute glücklich überstanden habe. Auch haben verschiedene, mit anderen Fürsten geschlossene Abkommen und Bündnisse wegen der Machenschaften gewisser rühriger Männer oft nicht lange bestanden, so daß ich gezwungen war, erneut loszuziehen und noch mehr Reisen im Dienste von Krieg oder Frieden zu unternehmen.«

Dann spricht Karl V. von seinen Unternehmungen. Seinen Zuschauern sind sie wohlbekannt, und dennoch sind sie auch für sie in der Aufzählung beeindruckend:

»Neunmal bin ich nach Oberdeutschland gereist, sechsmal hielt ich mich in Spanien auf, siebenmal in Italien,

zehnmal kam ich hierher nach Flandern, viermal war ich in Friedens- wie in Kriegszeiten in Frankreich, zweimal in England, zwei weitere Male zog ich gegen Afrika, was eine Zahl von vierzig Reisen ergibt, ohne die weniger wichtigen Reisen einzubeziehen, die ich unternahm, um meine Länder zu besuchen. Ich habe zu diesem Zweck achtmal das Mittelmeer befahren und dreimal den spanischen Ozean, und nun werde ich mich zum vierten Mal darauf einschiffen, um mich begraben zu lassen... So habe ich denn zwölfmal die Unannehmlichkeiten auf hoher See ertragen. Und ich zähle nicht einmal die Reise, die ich hierher unternommen habe, um keiner Belanglosigkeit, sondern einer sehr ernsten Angelegenheit willen, wie ihr alle wißt. Ich bin auch oft und für lange Zeit aus Flandern fort gewesen und habe meine Schwester als Regentin zurückgelassen. Diese Staaten wissen so gut wie ich, auf welche Weise sie regiert und ihre Kräfte eingesetzt hat, um euch zu verteidigen. Die Hälfte der Zeit war ich in große und bedrohliche Kriege verwickelt, von denen ich getrost sagen kann, daß ich sie mehr aus Zwang und gegen meinen Willen führte, als daß ich sie gesucht oder ausgelöst hätte. Und denen, die mir von meinen Feinden aufgedrängt wurden, habe ich so unverzagt widerstanden, wie mich alle kennen. Und nun sage ich euch, daß mir keine dieser Aufgaben schmerzlicher war und meine Seele mehr erschüttert hat als das, was ich am heutigen Tag empfinde, an dem ich euch verlasse, denn ich verlasse euch...«
Er wiederholt die Trennungsworte, um sie unwiderruflich zu machen, als wollte er vor der Zuhörerschar sich selbst überzeugen.
»...an dem ich euch verlasse, denn ich verlasse euch ohne den Frieden und die Ruhe, die ich mir gewünscht

hätte. Und den Grund hierfür hat euch meine Schwester Maria bei der letzten Zusammenkunft mit euch mitgeteilt, und es wissen alle, daß ich mich heute diesen Dingen nicht mehr widmen kann, ohne unendlich viel Kraft aufbringen zu müssen, denn eine solche Aufgabe, die Anstrengungen, meine Gebrechen und meine körperliche Schwäche würden mir in kürzester Zeit ein Ende bereiten, denn sie würden auch die Gesündesten und Ausgeruhtesten ermüden, und die Gicht allein reicht schon aus, um einen zu verzehren und umzubringen. Ich weiß, daß ich schon jetzt nicht mehr genug Kraft besitze, um diese Staaten und auch die anderen, die Gott mir übertragen hat, zu regieren und zu lenken, und daß das wenige, was mir noch bleibt, bald erschöpft sein wird. Aus diesem Grund hätte ich mich dieser Aufgabe entledigt und mich zurückgezogen, wenn nicht das jugendliche Alter meines Sohnes und die Unfähigkeit meiner Mutter, die Regierungsgeschäfte zu übernehmen, mich dazu gezwungen hätten, diese Bürde bis zu diesem Augenblick zu ertragen, um euch nicht allein zu lassen und euch auch nicht in einer so schwierigen Zeit voller Feinde meiner Verteidigung zu berauben. Schon bei meiner letzten Reise nach Deutschland hatte ich beschlossen, was sich heute vor euren Augen abspielt, aber ich konnte mich nicht dazu durchringen und habe die Entscheidung immer wieder hinausgeschoben, weil es mich schmerzte, das Land in einem derart erbärmlichen Zustand zu sehen, mit soviel Aufruhr, so vielen Neuerungen, Glaubensauffassungen, vermessener Ketzerei und schändlichen Kriegen, kurz in einem beklagenswerten Zustand der Verwirrung ...«
Die Erschöpfung des Kaisers ist unübersehbar. Er wirkt angeschlagen und ausgezehrt, seine Haut ist blaß und wächsern. Alles weist auf sein Leiden hin:

»Ich bin auch geblieben, weil das Gebrechen, unter dem ich heute leide, mich noch nicht so heftig quälte und weil ich hoffte, daß wir zu einem Abkommen finden könnten, das uns den von mir so sehr herbeigewünschten Frieden bringen würde. In dieser Hoffnung blieb ich, um mich meinen Pflichten nicht zu entziehen, um nämlich all meine Kraft, mein Hab und Gut, meinen Seelenfrieden und selbst mein Leben zum Wohl der Christenheit und der Verteidigung meiner Vasallen einzusetzen ... Und als ich das Ersehnte zu einem Teil erreicht hatte, brachen der König von Frankreich und einige Deutsche den Frieden und die Eintracht, die wir einander geschworen hatten, und zogen gegen mich, um mich zu überfallen. Die Franzosen brachten die Stadt Metz in ihre Gewalt, und so zog ich mitten im Winter und bei eisiger Kälte mit einer auf meine Kosten ausgehobenen, mächtigen Armee dorthin, um sie zu befreien und dem Kaiserreich zurückzugeben; und die Deutschen haben erkannt, daß sich mein Kaiserreich nicht berauben läßt und auch seine seit jeher gewohnte Autorität und Erhabenheit nicht verloren hat. Durch meinen Einfall über den Hennegau und Arras mit einer sehr großen Streitmacht habe ich den König der Franzosen zu einem sehr schnellen Rückzug in sein Königreich gezwungen; ich bin ihm bis nach Valenciennes gefolgt und habe ihn in die Flucht geschlagen wie einen Briganten oder einen Wegelagerer, nicht etwa wie einen Kämpfer. Und nachdem im letzten Jahr dieser selbe König Marienburg eingenommen und seine Armee über den Hennegau und Arras zurückgeführt hat, bin ich ihm bis nach Namur gefolgt, wo ich gegen ihn in die Schlacht ziehen und ihn ein für allemal besiegen wollte, um euch von den Unbilden des Krieges zu befreien; aber der Franzose hat sich in Sicherheit gebracht, und ich folgte ihm nach Rentin, wo er auch nicht auf mich warten wollte und sich unter Verlust seines Ansehens in sein Königreich zurückgezogen hat, und ich habe es sehr bedauert, daß es mir nicht vergönnt war, seiner habhaft zu werden.«

Einige Zuhörer weinen. Die Zukunft erscheint ihnen düster ohne ihren Kaiser. Philipp besitzt ihr Vertrauen nicht.

Für Karl V. aber ist die Vergangenheit, das annähernd halbe Jahrhundert, in dem er Geschichte geschrieben hat, tot. Er empfiehlt sich der Gnade Gottes:

»Am Ende handelte ich nach Gottes Willen, denn der Ausgang eines Krieges liegt nicht immer in den Händen der Menschen, sondern wird von Gott bestimmt; wir besitzen die Kraft der Intelligenz, je nach unseren Möglichkeiten, und Gott gewährt uns den Sieg und teilt uns die Niederlage zu. Mit Gottes Hilfe habe ich getan, was ich konnte, und wir schulden ihm unendlichen Dank, weil er mir in den schwersten Prüfungen und in größter Gefahr immer zur Seite gestanden hat. Und wir schulden unserem himmlischen Herrscher Dank, weil wir uns weder über eine große Niederlage noch über großen Schaden beklagen können, sondern ihm im Gegenteil für die erstaunlich zahlreichen Siege verpflichtet sind, die wir aus seiner großzügigen Hand empfangen durften. Und da ich mich nun so schwach fühle, daß ich euch nicht mehr nützlich sein kann, so verbraucht und geschlagen, wie ihr mich hier seht, könnte ich mich schwerlich vor Gott und den Menschen verantworten, handelte ich nicht nach meinem Entschluß und gäbe die Macht auf, nun, da meine Mutter nicht mehr ist, und mein Sohn, König Philipp, dem Himmel sei Dank, alt genug ist für das Herrscheramt, und ich erwarte von ihm, daß er allen meinen gelieb-

ten Untertanen ein guter Fürst sein wird. Also habe ich beschlossen, und mein Entschluß steht aus den vorangegangenen Gründen unwiderruflich fest, auf diese Staaten zu verzichten. Und ihr sollt nicht denken, ich täte es, um mich der Belastungen, Sorgen und Beschwernisse zu entledigen; es geschieht, weil ich befürchte, daß ihr sonst unter den ernsten Plagen leiden müßtet, die euch aus meinen Krankheiten erwachsen könnten.
Deshalb habe ich beschlossen, unverzüglich nach Spanien aufzubrechen und meinem Sohn Philipp das Besitzrecht über diese Länder und meinem Bruder Ferdinand, König der Römer, das Kaiserreich zu überlassen.
Ich empfehle euch meinen Sohn an und bitte euch, ihm aus Liebe zu mir dieselbe Liebe entgegenzubringen, wie ihr sie mir immer geschenkt habt, und daß ihr auch untereinander stets dieselbe Liebe und Brüderlichkeit erhaltet und euch der Gerechtigkeit ergeben zeigt und begierig, die Gesetze zu achten, daß ihr ihnen allen schuldigen Respekt zollt und ihnen die Autorität und Macht verschafft, die ihnen zusteht; und vor allem müßt ihr auf der Hut sein, daß nicht die Neuerungen und Ketzereien der Nachbarstaaten euren Glauben befallen und ins Wanken bringen; und wenn sich auch bei euch die ersten Wurzeln bilden sollten, reißt sie aus, so schnell ihr könnt, wollt ihr nicht, daß euer Land zerfällt und dahinsiecht, daß alles drunter und drüber geht und ihr in tausendfaches Unglück und Gefahren gestürzt werdet.«
Der Zukunftsvision folgt ein inbrünstiger Schwur:
»Was meine Regierung betrifft, bekenne ich, daß ich mich oft geirrt habe, weil ich der Heftigkeit und dem Ungestüm der Jugend erlag, weil mir die Erfahrung fehlte oder weil mich eine andere menschliche Schwäche traf. Und ich versichere euch, daß ich niemals, weder

willentlich noch unbewußt, irgend etwas getan habe, um einem meiner Vasallen zu schaden, noch zugelassen habe, daß man ihnen unrecht tat; und wenn nun jemand Grund zur Klage hat, bekenne und versichere ich hiermit vor allen, daß seine Rechte ohne mein Wissen und sicherlich gegen meinen Willen beeinträchtigt worden sind, und bitte alle hier Anwesenden, mir zu verzeihen und mir für diesen Irrtum und jede andere Klage, die gegen mich erhoben werden könnte, Absolution zu erteilen.«[2]

Wilhelm von Nassau hilft dem Kaiser zurück in seinen Stuhl. Karl V. segnet die ihn Umgebenden, die ihm gedient haben, und empfiehlt sie der Gnade Gottes.

Nach Karl V. spricht König Philipp. Aber während sich Karl fließend auf französisch, flämisch, deutsch, italienisch und spanisch verständigen kann, spricht Philipp nur spanisch und bittet den Bischof von Arras, Antoine Perrenot, sich für ihn an die Versammlung zu wenden.

Nach dem Bischof spricht Königin Maria, die Schwester des Kaisers, die für ihn einundzwanzig Jahre über Flandern regiert hat und sich mit ihm nach Spanien zurückziehen wird.

Karl V. hat zwar erklärt, er wolle unverzüglich nach Spanien aufbrechen, aber es bleibt bei einer Absichtserklärung. Auf die Herrschaft über die Niederlande hat er verzichtet, nun muß er sich noch der Herrschaft über Spanien entledigen.

Ein Brief bestimmt die zweite Phase des angekündigten Todes. Bevor er zum Kloster von Yuste aufbricht, unterzeichnet der Kaiser eine Verzichtserklärung, in der er, Don Carlos, von Gottes Gnaden römischer Kaiser und König von Spanien, zugunsten seines Sohnes auf die Macht verzichtet:

»*Yo el Rey*, ich, der König, erkläre hiermit, daß ich aus freiem Willen zurücktrete und meinem Sohn Philipp die Staaten von Flandern übertrage und ihn zum Fürsten und Herrscher mache. Mit vorliegendem Brief trete ich zurück und verleihe ihm die absolute Macht über alle Herzogtümer, Marquisate, Fürstentümer, Grafschaften, Baronate, Ländereien, Städte, Siedlungen, Dörfer, Schlösser, Burgen und Wehranlagen, die mir *de jure hereditario* oder aus anderen Gründen unterstehen, und verleihe ihm alle Hoheitsrechte und Herrschaftsansprüche ...«
Die kräftige und gleichmäßige Handschrift fließt präzise und entschlossen und ohne jedes Zittern Zeile für Zeile über die Seite. Jeder Buchstabe ist perfekt, jedes Wort folgt mit gleichsam mechanischer Regelmäßigkeit auf das andere. Dies ist das endgültige Abdankungsschreiben des größten Monarchen seiner Zeit. Aufbewahrt wird dieses Dokument im Museum von Simancas, elf Kilometer von Valladolid entfernt.
Am 13. September 1556 verläßt Karl V. Flandern, um nach Spanien zu reisen. Es wird der letzte Abschied sein. Die Reise dauert vier Monate. Philipp ist in Brüssel geblieben. Ihm fehlt noch der Tod des Vaters, damit der dritte Akt abgeschlossen werden kann, denn wie soll er sich als König fühlen, solange sein Vater noch lebt?

Der spätere Rudolf II. ist vier Jahre alt. Sein Großvater mütterlicherseits, Karl, war neununddreißig Jahre lang Kaiser, von 1519 bis 1558. Nun trägt Ferdinand I., sein Großvater väterlicherseits, die Kaiserkrone. Er wird sechs Jahre lang Kaiser sein, von 1558 bis 1564, dem Jahr seines Todes.
Nun, da die Kaiserkrone auf die deutsche Linie des Hau-

ses Habsburg übergegangen ist, wird sie kaum mehr an die spanische zurückfallen. Maximilian, der seinem Vater nachzufolgen hofft, spekuliert schon auf die Kaiserkrone für seinen eigenen Sohn Rudolf.

Am 16. Januar 1557 kommt Karl V. im Kloster San Jeronimo de Yuste an.

Rudolf ist fünf Jahre alt.

Bestattungsfeierlichkeiten

Als Karl V. stirbt, ist der spätere Rudolf II. sechs Jahre alt.

Es ist das Zeitalter der Renaissance, aber das Ende seines Großvaters gleicht dem eines mittelalterlichen Ritters. Aufgrund dieses Mißverhältnisses wurde behauptet, daß Karl im Kloster San Jeronimo de Yuste verrückt geworden sei – eine sehr willkommene Theorie, wenn man belegen wollte, daß die Geisteskrankheit erblich bedingt sei und sich von seiner Mutter, Johanna der Wahnsinnigen, auf Karl übertragen habe, um schließlich auch Rudolf zu treffen. Betrachtet man aber die letzten siebzehn Monate seines Lebens im Zusammenhang mit der glühenden Religiosität, die damals im Abendland herrschte, so stellt man fest, daß sein Geist keinesfalls verwirrt war. Zu dieser Zeit nämlich war der Glaube im Abendland so glühend und unerbittlich und so fern jeder Toleranz, daß man sich im Namen Gottes ohne alle Skrupel gegenseitig massakrierte.

Nachdem er seinem Kaiserreich ein Herrscher mit Blick für die Realitäten gewesen ist, stirbt Karl V. als Mystiker wie der heilige Ludwig oder Alexander Newskij, der nach seiner Rückkehr von der Goldenen Horde Mönch wurde. Im Privatleben sind es nur einige Seitensprünge, für die er um Vergebung bitten muß. Die im Namen des

Staates begangenen Sünden aber haben entsetzlich viel Blut gekostet. Unter seiner Herrschaft ist es zu Massakern auf zwei Kontinenten gekommen; entgegen seinen Anweisungen sind die Bewohner der Neuen Welt wie Arbeitstiere benutzt und ausgerottet worden; und in der Alten Welt hat er selbst für die Einführung einiger strenger Repressalien wie der von Gent gesorgt. Um sich von dieser schweren Last zu befreien, zieht er sich ins Kloster zurück, hadert mit sich, wägt Gut und Böse gegeneinander ab, schafft Ordnung in seiner Vergangenheit, stellt sein Leben als Kaiser insgesamt in Frage und bittet seinen Schöpfer so inbrünstig um Gnade, daß er eines Tages beim Meditieren vor einer Darstellung des Jüngsten Gerichts ohnmächtig wird.

Siebzehn Monate lang verfolgt auch der fünfjährige Erzherzog Rudolf zusammen mit dem Wiener Hof aus der Ferne den Todeskampf seines Großvaters, betet und teilt mit seiner Mutter die Trauer um ihn.

Zu diesem Zeitpunkt trifft aus Yuste die Nachricht ein, daß Karl V. nach einjährigem Noviziat als Mönch in den Orden der Hieronymiten eingetreten ist und das Gelübde der Armut abgelegt hat. Seine Zeitgenossen sind zwar erstaunt über diese Wendung, aber sehen darin kein Zeichen des Schwachsinns. Alle, die noch zu ihm kommen, um ihn über Staatsgeschäfte zu befragen, weist er ab. Es bleibt ihm nur noch wenig Zeit. Er bereitet sich unentwegt auf die Begegnung mit Gott vor.

Das Kloster von Yuste liegt im Herzen der Sierra in einer hügeligen Landschaft. Karl V., der sich kaum mehr aufrecht halten kann, ist in einer Sänfte angekommen. An Paläste gewöhnt, lebt er nun in einer Umgebung, die zum Dienst an Gott geschaffen wurde. Da er, von Krankheitsschüben geplagt, oft ans Bett gefesselt ist, hat

man einen Durchbruch in der Verbindungswand zwischen seinem Schlafzimmer und der Kirche schaffen lassen, damit er – zwei- oder dreimal am Tag – an der Liturgiefeier teilnehmen kann.
Er läßt Totenmessen abhalten. Einige davon für seine Eltern und seine Frau, die verstorbene Kaiserin, andere auch für sich selbst. Das allerdings setzt ihn erneut dem Verdacht aus, wahnsinnig geworden zu sein. Zu Unrecht. Der eigenen Totenmesse beizuwohnen ist eine mystische Handlung, mit der er zum Ausdruck bringt, daß Gottes Zeit offensichtlich nach anderen Regeln abläuft als die unsere, und gleichzeitig seinen Glauben an die Gemeinschaft der Heiligen, der toten wie der lebenden, bekräftigt. Er hat Armut und Christenliebe gewählt und geht nun in der Anrufung Gottes auf.
Obwohl er den fanatischen Dünkel der Protestanten, sich direkt an den Schöpfer zu wenden, immer verachtet hat, beichtet Karl V. nun unablässig. Er küßt inbrünstig das Kreuz, geht häufig zur Kommunion und beklagt die Protestanten, die aus dieser heiligen Handlung eine schlichte Gedenkfeier gemacht haben. Seine Einstellung hat sich seit Worms nicht geändert, wo er im April 1521 ausrief: »Wenn Luther etwas Praktisches vorzubringen hat, um die Disziplin in der Heiligen Kirche wiederherzustellen, werden wir ihn anhören, will er aber auch weiter unseren Glauben angreifen, den Glauben unserer Ahnen, so verdammen wir ihn.«
Während seiner letzten Tage ist er so schwach und seines Gottes so brennend bedürftig, daß er den Papst um Erlaubnis bittet, ein wenig Nahrung zu sich nehmen zu dürfen, bevor er sich dem Abendmahl nähert, um nicht vor der Einsegnung zusammenzubrechen. Seine Kräfte

schwinden zusehends. Bis zum letzten Augenblick bleibt er bei klarem Verstand.

»Und Seine Majestät rang bereits mit dem Tode; und der Erzbischof machte sich daran, Seiner Majestät Mut zuzusprechen; und da er eine recht tiefe Stimme besaß, sagte ihm Luis Quijada nach kurzer Zeit, er möge ganz leise sprechen, denn Seine Majestät werde von Ängsten geplagt; da zog sich der Erzbischof mit den genannten Herren in seine Ecke zurück, und es blieben bei Seiner Majestät nur der sanfte Prediger Seiner Majestät, Bruder Francisco de Villalva, und mit ihm andere Mönche des Ordens. Und mit seiner leisen, so einschmeichelnden Stimme sprach er die folgenden Worte: ›Eure Majestät möge sich glücklich schätzen, daß heute der Tag des heiligen Apostels Matthäus ist! Als Eure Majestät zur Welt kamen, war es der Apostel Markus; und nun, da Ihr sie wieder verlassen sollt, ist es Matthäus; beide Apostel und beide Brüder und beide beinahe desselben Namens, und beide Jünger Jesu Christi; mit solchen Fürsprechern gibt es nichts zu befürchten; möge Eure Majestät sich aufrichten und ihr Herz dem Himmel zuwenden im Vertrauen auf den allerhöchsten Herrn, denn er wird ihm den Ruhm zukommen lassen, der ihm vorbestimmt ist!‹ Und andere sanfte, mitfühlende und sehr empfindsame Worte dazu, wie nur er sie zu sagen wußte und die, wie sich sogar seinem Gesicht ablesen ließ, Seine Majestät sehr beeindruckten. Währenddessen wachte Doktor Mathys am Fußende des Bettes und beobachtete genauestens alle Stadien der Krankheit, und gleichzeitig suchte die Seele des Cäsaren einen Ausgang, durch den sie entweichen konnte, und Seine Majestät in ihrer großen Angst gab ein Stöhnen von sich und sagte ›Ah!‹. Da hob der gelehrte Mediziner die Stimme und sagte *›Iam*

moritur‹, und bei diesen Worten kamen sie alle angelaufen, und Seine Majestät rang, in der einen Hand eine Kerze, in der anderen ein Kreuz, bei vollem Bewußtsein mit dem Tode; bis zu dem Moment, in dem er seinen letzten Seufzer tun wollte und für alle hörbar sagte: *Jesus;* dann hauchte er, exakt um zwei Uhr dreißig morgens, seine Seele aus, und die Frühmesse für den Apostel endete unter Tränen.«[1]
Boten verbreiten zu Pferde die Nachricht in der Alten Welt, Schiffe tragen sie bis in die Neue Welt, wo die Konquistadoren Kruzifixe aus Blut errichtet haben.
Oft ist der Verlust des Großvaters die erste Begegnung mit dem Tod, aber für Rudolf mit seinen sechs Jahren wird dieses Erlebnis auch noch durch das öffentliche Ereignis begleitet, das weltweit seine Schatten wirft. Die Menschen weinen, klagen, beten und halten Totenmessen ab. Groß ist die allgemeine Trauer, die der Ordensmann, der der letzten Stunde des Monarchen beigewohnt hat, in seinem Bericht festhält:
»Ich wüßte nichts Besseres über die Hingabe dieses katholischen, christlichen Kaisers an den Leib des Herrn zu sagen, als daß es sein einziger Wunsch war, bei ihm und an seiner Seite zu sein. Deshalb hat Seine Majestät angeordnet, daß sein Leichnam nach seinem Tod unter dem Hauptaltar des Klosters bestattet werde, auf daß der Priester zur Messe die Füße auf seine Brust und sein Haupt stelle, wie man es in seinem Testament wird lesen können und wie es auch bei seiner Beerdigung noch gesagt werden wird. Und als sein Leichnam aufgenommen und nach San Lorenzo gebracht wurde, legte man ihn unter das Allerheiligste; und dort ist er noch heute und wird bis zum Tag des Jüngsten Gerichts dort sein, unter dem Allerheiligsten, im Sanktuarium von San

Lorenzo el Real. O reichgesegneter Kaiser, der dir selbst Gott auf dieser Erde Ehre und Respekt erweisen wollte, wie du sie Ihm entgegenbrachtest, möge Er dich immer in seiner Nähe bewahren können!«[2]

In allen Hauptstädten Habsburgs werden Trauerfeierlichkeiten abgehalten. Philipp II. erfährt vom Tod seines Vaters in Brüssel, wo Karl V. drei Jahre zuvor als Herrscher über die Niederlande abgedankt hat und am 13. September 1556 aufgebrochen ist, um am 3. Februar 1557 in Yuste einzutreffen und siebzehn Monate später, am 21. September 1558 im Alter von achtundfünfzig Jahren und sechs Monaten zu sterben. Drei Jahre lang ist Philipp König von seines Vaters Gnaden gewesen; seit dem 21. September 1558 verdankt er sein Königtum der Gnade Gottes. Am 29. und 30. Dezember führt er einen Trauerzug an, der gleichzeitig dem verblichenen, großen Kaiser, seinem Vater, huldigen und der Feier seines eigenen Triumphes dienen soll.

Vom Palais auf dem Koudenberg bis zur Stiftskirche Sainte-Gudule drängt sich die Menschenmenge in den Straßen und droht die Barrieren umzustoßen, die den Weg des Zuges freihalten sollen. Zum Klang eines von der königlichen Kapelle angestimmten, getragenen und majestätischen Hymnus schreitet der Klerus, angeführt von den Erzbischöfen von Lüttich und Arras, der Prozession voran, die sich bald durch die ganze Stadt hinziehen wird. Mehrere Stunden lang ziehen Prälaten und Würdenträger, Adlige, Musiker und Soldaten an den Zuschauern vorbei, wie ein nicht abreißen wollendes Band aus Farben und Musik in düstersten Tönen. Trauerdiener – zweihundert Arme in langen Kapuzenmänteln – tragen brennende Fackeln über ihren bedeckten Köpfen. Bischöfe auf Pferden im goldbeschlagenen Harnisch, Granden in Wams und Barett, behelmte Kürassiere mit der Lanze in der Faust folgen ihnen. Die Brustpanzer der Hellebardenträger blitzen in der Sonne, die Waffen funkeln. An den Kirchengewändern glitzern die Edelsteine. Bunte Wämser wechseln mit schimmernden Bannern ab; auf den Helmen schwanken die Federn, locker nach unten fallend oder zu Sträußen aufgerichtet, schmeicheln hier einem Barett und streichen dort über eine eiserne Schulter. Die Luft ist erfüllt von feierlichen Melodien, Glockengeläut und dem Geklicker von Zaumzeug und Steigbügeln.

Von einem verborgenen Mechanismus wie von unsichtbarer Hand geführt, gleitet ein Schiff dahin, herrlich und zauberhaft wie im Märchen. Die Menge bricht in Begeisterungsrufe aus. Am vorderen Ende des mit schäumenden Wogen bemalten Podestes ragen bis zum Bauch zwei aus Holz, Gips und Pappe geformte Phantasiepferde mit gewölbtem Brustblatt hervor, deren hoch über das gemalte Wasser hinausgestreckte Hufe erstaunlicherweise in Blattwerk auslaufen. Hinten lassen zwei weitere Seeungeheuer mit geschuppten Hälsen und Blättermähnen ihre kurzen Elefantenrüssel zwischen zwei Stoßzähnen herunterbaumeln. Alle Segel außer einem dreieckigen schwarzen, das den Doppeladler bis an die Spitze des Hauptmastes hinaufträgt, sind aufgegeit. In der Takelung flattern drei mit goldenem Vlies, Christus am Kreuz und dem Schwan beschlagene Flaggen; auf der Brücke, wo drei statuengleiche Frauen die göttlichen Tugenden des Glaubens, der Hoffnung und der Barmherzigkeit darstellen, sind dreizehn Banner aufgesteckt. Hinter dem Schiff spritzen zwei Säulen künstliche Fluten in die Höhe, auf

denen als Symbol für die Alte und die Neue Welt zwei Kronen schweben.
Dem Totenschiff folgen Offiziere und Würdenträger mit dem herrenlosen Pferd des Kaisers. Ein Bischof auf einem Schimmel trägt den Reichsapfel. Dahinter Kardinäle mit breitkrempigen, scharlachroten Hüten und ein Reiter im mit dem Doppeladler bestickten Überwurf, der ganze Hände voll Münzen unter das Volk wirft.
Jedes Land und Königreich Seiner Majestät ist durch Edelmänner in schwarzer Trauerkleidung, ein schwarzgeharnischtes Pferd und einen Hauptmann zu Pferde vertreten. Überall leuchten die großen roten Kreuze des Hauses Burgund.
Philipp II. trägt das Goldene Vlies um den Hals und eine lange schwarze Robe, deren Schleppe von drei kaiserlichen Würdenträgern gehalten wird. Er schreitet zur Kirche, wo der Einzug der Trauerprozession an diesem 29. Dezember, dem ersten Tag der Feierlichkeiten, kein Ende nehmen will.
Das Innere der Kirche wird von einer riesigen, flammenden Kapelle eingenommen, die sich über dem Katafalk erhebt, den ein goldenes Tuch mit dem roten Kreuz Burgunds deckt. Es ist ein schwindelerregender Aufbau mit zehn Etagen mit steinernen und schmiedeeisernen Kerzenleuchtern, die bis in das Gewölbe hinaufreichen, und darauf brennen dreitausend Kerzen.
Philipp II. steht reglos und mit unergründlicher Miene vor dem leeren Sarg.
Zwei Tage lang hallen die Psalmen wider. Das *De profundis clamavi ad te, Domine* erschallt so kraftvoll, daß die dreitausend Kerzen zu flackern beginnen und Philipp sich aufrichtet:

»Aus tiefer Not schrei ich zu dir; Herr Gott, erhör
mein Rufen!
Dein gnädig Ohr neig her zu mir, halt meiner Bitt
es offen.
Denn so du willst das sehen an, was Sünd und
Unrecht ist getan;
Wer kann, Herr, vor dir bleiben?
Bei dir gilt nichts denn Gnad und Gunst, die Sünde zu vergeben.
Es ist doch unser Tun umsonst, auch in dem
besten Leben.
Vor dir niemand sich rühmen kann; des muß dich
fürchten jedermann und deiner Gnaden leben.
Darum auf Gott will hoffen ich, auf mein Verdienst nicht bauen.
Auf ihn mein Herz soll lassen sich und seiner Güte
trauen, die mir zusagt sein wertes Wort.
Das ist mein Trost und treuer Hort; des will ich
allzeit harren.
Und ob es währt bis in die Nacht und wieder an
den Morgen;
Doch soll mein Herz an Gottes Macht verzweifeln
nicht noch sorgen.
So tu Israel rechter Art, der aus dem Geist erzeuget ward und seines Gotts erharre.
Ob bei uns ist der Sünden viel, bei Gott ist viel
mehr Gnade;
Sein Hand zu helfen hat kein Ziel, wie groß auch
sei der Schade.
Er ist allein der gute Hirt, der Israel erlösen wird
aus seinen Sünden allen.«

Gnade, Gunst, Hoffnung, Erlösung, mit diesen Worten kann Philipp etwas anfangen. Der Tod seines Vaters befreit und belastet ihn zugleich.
Karl V. regierte über Spanien, weil seine Mutter, Johanna die Wahnsinnige, die eigentlich hätte herrschen sollen, für unfähig erklärt worden war, dieses Amt auszuüben; aber als er zugunsten seines Sohnes abdankte, war sie immer noch am Leben. Philipp sah sich derselben zwiespältigen Situation gegenüber. Mit dem Tod Karls V. bleibt ihm keine andere Alternative, und der Sohn wird endlich von der Furcht befreit, sich als seinem Vater unterlegen zu erweisen.
Die Antiphon aus dem *Miserere* in den Laudes reißt ihn aus seinen Gedanken:

> »Die zerbrochenen Gebeine werden vor Gott erzittern ...«

Was sind das für »zerbrochene Gebeine«, und wer bricht sie, in welcher dunklen Folterkammer, auf welchem Marterstuhl, mit welchen glühenden Zangen? Gottes Worte sind zu heftig, aber hier im Kirchenschiff muß in den Laudes jeder, auch der König, in das *Danklied des Jesaja* einstimmen:

> »Ich sprach: Nun muß ich zu der Hölle Pforten fahren in der Mitte meines Lebens, da ich gedachte, noch länger zu leben.
> Ich sprach: Nun werde ich nicht mehr sehen den Herrn, ja, den Herrn im Lande der Lebendigen; nun werde ich nicht mehr schauen die Menschen bei denen, die ihre Zeit leben.
> Meine Zeit ist dahin, und von mir weg getan wie

eines Hirten Hütte; ich reiße mein Leben ab wie ein Weber. Er bricht mich ab wie einen dünnen Faden. Du machst mit mir ein Ende den Tag vor Abend.
Ich dachte: Möchte ich bis morgen leben! Aber er zerbrach mir alle meine Gebeine wie ein Löwe; denn du machst mit mir ein Ende den Tag vor Abend.
Ich zwitscherte wie eine Schwalbe und girrte wie eine Taube; meine Augen wollten mir brechen: Herr, ich leide Not, lindre mir's!
Was soll ich reden? Er hat mir's zugesagt und hat's auch getan! Ich werde in Demut wandeln all meine Lebtage nach solcher Betrübnis meiner Seele.
Herr, davon lebt man, und das Leben meines Geistes bestehet gar darin; denn du ließest mich wieder stark werden und machtest mich leben.
Siehe, um Trost war mir sehr bange. Du aber hast dich meiner Seele herzlich angenommen, daß sie nicht verdürbe; denn du wirfst alle meine Sünden hinter dich zurück.
Denn die Hölle lobet dich nicht; so rühmet dich der Tod nicht; und die in die Grube fahren, warten nicht auf deine Wahrheit;
Sondern allein, die da leben, loben dich, wie ich jetzt tue. Der Vater wird den Kindern deine Wahrheit kund tun.
Herr, hilf mir, so wollen wir meine Lieder singen, so lange wir leben, im Hause des Herrn.«

Philipp kniet regungslos in der den Königen zugeschriebenen Pose: auf der ihnen selbst bestimmten Grabstätte. Er hat einen unerschütterlichen Halt verloren, einen

Führer, einen Ratgeber voller Scharfsinn und Weitblick. Jetzt lernt er die Einsamkeit der Macht kennen. Könige und Völker halten die Augen auf ihn gerichtet, fragen sich, was sie von ihm zu erwarten haben werden, und werden jede einzelne seiner Handlungen in die Waagschale werfen.

Nun erklingt die Antiphon aus dem *Benedictus:*

> »Ich bin die Auferstehung und das Leben: wer an mich glaubt, wird leben, auch wenn er stürbe, und jeder, der lebt und an mich glaubt, wird in Ewigkeit nicht sterben.«

Im Glauben an dieses Versprechen ist Karl V. ins Kloster gegangen, um dort seine Tage zu beschließen. Philipp richtet sich auf; der steinerne Panzer, unter dem er seine Demut vor Gott zu beweisen suchte, beginnt aufzubrechen.

Am nächsten Tag hält der Fürstbischof von Lüttich eine zweite Totenmesse ab und liest aus dem *Brief an die Korinther:*

> »Siehe, ich sage euch ein Geheimnis: Wir werden nicht alle entschlafen, wir werden aber alle verwandelt werden. Und dasselbe plötzlich, in einem Augenblick, zur Zeit der letzten Posaune. Denn es wird die Posaune schallen, und die Toten werden auferstehen unverweslich, und wir werden verwandelt werden. Denn dies Verwesliche muß anziehen die Unverweslichkeit, und dies Sterbliche muß anziehen die Unsterblichkeit. Wenn aber dies Verwesliche wird anziehen die Unverweslichkeit, und dies Sterbliche wird anziehen die Un-

> sterblichkeit, dann wird erfüllet werden das Wort, das geschrieben stehet: ›Der Tod ist verschlungen in den Sieg. Tod, wo ist dein Stachel? Hölle, wo ist dein Sieg?‹ Aber der Stachel des Todes ist die Sünde; die Kraft aber der Sünde ist das Gesetz. Gott aber sei Dank, der uns den Sieg gegeben hat durch unsern Herrn Jesum Christum.«

Der Bischof von Arras und künftige Kardinal Antoine Perrenot de Granvelle spricht die Leichenpredigt. Dann ziehen die Vertreter der verschiedenen Liegenschaften des Kaisers mit Pferden, Emblemen und Standarten am Katafalk vorbei.

Rudolf ist sechs Jahre alt. Der erdrückende Schatten des Katafalks von Karl V. wird über seinem ganzen Leben lasten.

Auf dem Weg zur Ketzerei

Die ersten fünf Jahre nach dem Tod Karls V. wächst Rudolf bei seinen Eltern am hochkultivierten Hof Ferdinands I., seines Großvaters väterlicherseits, auf. Er ist der Enkel zweier Kaiser und Sohn eines Königs und weiß, daß die kaiserliche Krone auf ihn zukommen wird, aber er vermag noch nicht zu verstehen, wie sehr ihn der Kampf um die kaiserliche Nachfolge bedroht.

Er wird erzogen wie alle Prinzen seiner Zeit. Körper und Geist sind abwechselnd gefordert. Er lernt Latein, die modernen Sprachen, Musizieren, Fechten, Dichten, Tanzen und Reiten. Kunst und Mathematik interessieren ihn mehr als Musik und Literatur.

Er weiß, daß Ferdinand I. aus Furcht vor einem Religionskrieg, der seine Länder in Stücke schlagen würde, die Konfrontationen zwischen Katholiken und Protestanten von Österreich und Ungarn fernzuhalten versucht.[1] Und er weiß auch, daß noch keineswegs feststeht, wer das Kaiserreich einmal erben wird, und die große Frage, über der die beiden Großväter in so heftigen Widerstreit geraten waren, noch immer nicht beantwortet ist. Es gibt keinen römischen König, und ob Rudolfs Vater der nächste Kaiser sein wird, weiß man immer noch nicht. Allerdings hat der Tod Karls V. seine Chancen verbessert, und die Zeit arbeitet für ihn. Aufgrund seiner Neigung zur Häresie erwartet man sich von ihm eine Politik der Toleranz, was ihm die Stimmen der Protestanten einbringen würde; und um sich diejenigen der Katholiken zu sichern, die ihn dem gestrengen Philipp vorziehen, genügte es, ihnen Garantien über seine Bindung an Rom zu geben. Die Kurfürsten werden den großen Wunsch Karls V., daß sein Sohn Kaiser werden möge, bald vergessen haben.

So jedenfalls denkt Ferdinand, der nach Maximilian bereits Rudolf auf dem Thron des Heiligen Römischen Reichs sieht und sich ausrechnet, daß sich das Kaisertum drei Generationen nach ihm nur noch erblich innerhalb der habsburgisch-österreichischen Linie fortsetzen könnte, die im Gegensatz zu der von Philipp äußerst fruchtbar ist. Maria und Maximilian, die weder ihre religiösen Meinungsverschiedenheiten noch ihre liebevolle Bindung vor der Öffentlichkeit verbergen können, bekommen jedes Jahr einen neuen Erben.

Von Giuseppe Arcimboldo, dem offiziellen Hofmaler, sind mehrere Porträts der Eltern Rudolfs überliefert. In *Kaiser Maximilian II. und seine Familie* zeigt er sie mit drei noch kleinen Kindern. Maximilian trägt ein Barett mit Feder und einen kurzen, schwarzen Umhang über dem Wams. Seine langen, mageren Beine sehen in ihren Strümpfen unter der kurzen Pluderhose ein wenig ungelenk aus. Neben ihm bietet Maria im schwarzen Mantel über dem Kleid ein unvergleichlich majestätisches Bild.

Ein Kind folgt auf das andere. Nach Anna folgt Ferdinand, und ein Jahr nach Rudolfs Geburt erblicken 1553 Ernst das Licht der Welt, 1554 Elisabeth, 1555 Maria, die nur ein Jahr alt wird, 1557 Matthias, der Rudolf hassen und von ihm verabscheut werden wird. 1558, im

Todesjahr Karls V., wird Maximilian geboren, gefolgt von Albrecht 1559 und Wenzel 1561. Im Jahr danach kommt Friedrich zur Welt und 1564 schließlich Maria, die bei der Geburt stirbt.

Während Rudolfs spanischem Exil werden drei weitere Kinder geboren: Karl, der aber nicht überlebt, Margarethe 1567 und Eleonore.

Das einzige, was Ferdinands Plänen noch im Wege steht, ist der Erbe selbst. Seit seinen Jugendsünden, die ihm einen Zwangsaufenthalt am spanischen Hof eingebracht haben, hat Maximilian dem Irrglauben nicht entsagt. Diese Frage beeinflußt die ganze Familie; sie bringt die Eltern gegeneinander auf und verstört die Kinder. Rudolf sucht nach der Wurzel des Übels und findet den Schuldigen: Luther.

Fünfunddreißig Jahre vor Rudolfs Geburt schlägt Luther am 31. Oktober 1517 seine fünfundneunzig Thesen ans Portal der Schloßkirche zu Wittenberg in Thüringen und führt damit die endgültige Spaltung der durch das Schisma zwischen Orient und Okzident ohnehin angeschlagenen Christenheit herbei. Karl V. hat die Thesen während seiner gesamten Regierungszeit immer wieder verdammt, von Reichstag zu Reichstag. »Dieses Mönchlein wird mich noch lange nicht zum Ketzer machen.« Aber die Hammerschläge von Wittenberg werden schließlich zu einem grauenhaften Religionskrieg führen, einem Abschlachten, das das Abendland ausgeblutet und zerstört zurücklassen wird.

Mit Luther breitet sich die Auseinandersetzung über das ganze Land aus, erfaßt die Straßen und öffentlichen Plätze, die Städte und Dörfer und verrichtet ihr Zerstörungswerk im Schoß der Familien. Niemand kann sich heraushalten. Die Klügsten sagen voraus, daß man auf den Bürgerkrieg zusteuert, daß der eine Christ den durch dieselbe Taufe gesegneten anderen Christen umbringen wird, im Namen desselben barmherzigen Gottes der Liebe und unter den Augen der Heiligen Jungfrau.

Wie viele andere Christen auch klagt Luther Mißstände an, die seit langem hätten reformiert werden müssen, gegen die sich ein Jahrhundert vor ihm schon Jan Hus in Böhmen aufgelehnt hat und die die Gelehrten von Paris empört und die Könige in Schrecken versetzt haben. Ämterkauf, Ablaßhandel, der unwissende und schmutzstarrende niedere Klerus, Reichtum und Freizügigkeit unter den hohen kirchlichen Würdenträgern und die Sitten gewisser Priester, Mönche und Nonnen sind skandalös. Karl V. hat den Papst unermüdlich aufgefordert, Maßnahmen dagegen zu ergreifen! Ab 1520 fordert er zudem die Einberufung eines Konzils, um die Einheit der Christen zu retten. Als der Papst dieses Konzil fünfundzwanzig Jahre später schließlich in Trient zusammenkommen läßt, funktioniert er es zu einem Instrument um, die Zustände in der Kirche und die Interessen ihrer Mitglieder gegen den Kaiser zu verteidigen. Und Luther, der vorgegeben hatte, die Sitten in der katholischen Kirche reformieren zu wollen, hat nichts Eiligeres zu tun gehabt, als sich seiner Kutte zu entledigen und eine Nonne zu heiraten, die ihrerseits ihren Schleier abgelegt hat.

Maximilian fühlt sich von den Lehren Luthers angezogen, Maria verabscheut ihn und versucht, Maximilian für die katholische Religion zu gewinnen, der seinerseits seine Frau gern für die Reformation einnehmen möchte. Für Rudolf ist das ganze Universum aus dem Gleichgewicht geraten. Noch verlangt niemand von ihm, sich zwischen Vater und Mutter zu entscheiden, aber eines Tages wird er Stellung beziehen müssen. Man unterweist ihn in religiösen Dingen und sagt ihm, daß dies die Wahrheit sei – und gleichzeitig weiß er doch, daß sein Vater ganz anderer Auffassung ist. Aber wenn die Wahrheit keine Wahrheit ist, heißt das, daß sie überhaupt nicht existiert. Wie soll man einem intelligenten Kind das Gegenteil beweisen?

Rudolf wird sein Leben lang für dieses religiöse Zerwürfnis bezahlen, das Zweifel und Furcht in ihm gesät hat, bevor er sich den Scharlatanen zuwendet, die, beständig von der Exkommunikation bedroht, neue Wahrheiten verkaufen. Zu oft hat er in seiner Jugend erfahren müssen, daß keine Argumentation den anderen von seinem Irrtum überzeugen kann; zu oft hat man ihm versichert, daß auch inmitten der Gefahren, die die Reformation für die Einheit der abendländischen Kirche mit sich bringt, das Heilige Römische Reich Deutscher Nation nichts anderes als katholisch sein kann und Karl V. gerade deshalb seine Eltern miteinander verheiratet hat, um den Riß, der sich durch die christliche Welt zieht, wieder zu kitten. Und nun ist nichts gekittet, aber das Paar zerreißt sich über dieser Frage.

Eine Infantin von Spanien und ein Kaiser des Heiligen Römischen Reichs Deutscher Nation versuchen, den Erben der Krone von seinem ketzerischen Tun abzubringen, aber auch gemeinsam gelingt es ihnen nicht. Maximilian läßt in Slowenien und Kroatien Schriften von Luther drucken, pflegt Kontakt zu Protestanten, korrespondiert ganz offen mit dem Herzog von Württemberg und läßt sich von dem ehemaligen Bischof Paul Vergerius (Pietro Paolo Vergerio d.J.) verbotene Werke schicken.

In einer Zeit, da das öffentliche Leben von religiösen Festen bestimmt wird, weigert er sich, seinen Platz neben seinem Vater, dem Kaiser, einzunehmen. Er nimmt nicht mehr an den Prozessionen teil, die Hof und Volk in einem Glauben vereinen, und bleibt selbst an Ostern den Sakramenten fern. Diese Mißachtung des Katholizismus, auf dem das ganze Kaiserreich ruht, ruft das Entsetzen der Gläubigen hervor. Maximilian sägt an den Grundfesten eines Systems, auf dem die Monarchie aufgebaut ist, die er selber einmal erben soll.
Der spanische Botschafter versichert Maria seiner Unterstützung, sollte sie ihren ketzerischen Ehemann verlassen wollen, und sie erkennt empört, daß ihr Bruder auf diese Weise den Kaiserthron zurückzugewinnen sucht, der für ihn schon verloren schien. Sie antwortet dem Botschafter, ihre Ehe sei unauflöslich und sie werde die Aufgabe, die ihr durch ihren Namen, ihren Rang, das Andenken ihres Vaters und ihre Ehe gegeben sei, stets erfüllen. Aber Maximilian mißtraut ihr und verweist alle Spanier seines Gefolges vom Hof, weil er sich ausgerechnet von einer Frau ausspioniert fühlt, die in unverbrüchlicher Treue zu ihm hält. Der Kaiser selbst muß einschreiten, damit er diesen Entschluß wieder rückgängig macht.
Da er nun gezwungenermaßen die Spanier um sich dulden muß, umgibt Maximilian sich mehr und mehr mit Protestanten: Er holt Charles de L'Ecluse an seinen Hof, der als Professor in Wien Österreichs Flora und Fauna erforscht, und macht Crato, der sechs Jahre lang im Hause Luthers gelebt hat, zu seinem Leibarzt.
Maximilian nimmt für sich die von Karl V. gewährte Religionsfreiheit in Anspruch, die jedem Untertan zusteht, aber nicht dem Sohn des Kaisers. Und erst recht nicht zu einem Zeitpunkt, da der Islam, der bereits Konstantino-

pel, das zweite Rom, erobert hat, mit verstärkter Macht nach Ungarn eindringt und Mitteleuropas kleine Fürstentümer vom Hause Österreich erwarten, daß es einen König auf den Thron setzt, der sie zu verteidigen weiß und die den Protestanten gewährten Freiheiten respektiert.

Ferdinand geht seinem Ende zu, und Maximilian lehnt es ab, sich zur katholischen Kirche zu bekennen.

Doch dann ändert Maximilian seine Meinung. Plötzlich ist von einem Verzicht auf das Herrscheramt keine Rede mehr. Wäre es doch zu schmählich, vom jüngeren Bruder verdrängt zu werden, oder ist es der Haß auf Philipp, den verabscheuten Vetter? Treibt ihn der Gedanke, daß sich das spanische Königreich die Besitztümer der österreichischen Linie einverleiben könnte, sollte Don Carlos, der schwächliche Sohn Philipps II., nicht überleben und Philipp ohne Erben sterben? Tut er es aus Ehrgeiz für sich oder für seine Kinder? Denkt er daran, daß er mit seinem Verzicht auch Rudolf um die Aussicht auf den Thron bringen würde? Man weiß es nicht; aber auf jeden Fall macht Maximilian eine vollständige Kehrtwendung: er verspricht, Katholik zu bleiben.

In der Hoffnung, daß sein Enkel weniger schwankend in seinem Glauben sein möge, gibt Ferdinand sich mit dieser Zusicherung zufrieden. Die Zukunft gehört Rudolf.

Maximilian legt einen feierlichen Schwur ab, als guter Katholik leben und sterben zu wollen. Und nachdem er vor der gesamten Christenheit diesen Meineid geleistet hat – denn in seiner Privatkapelle nimmt er das Abendmahl in beiderlei Gestalt –, wird er zum Römischen König gewählt und in Frankfurt mit einem Gepränge gekrönt, das Karls des Großen würdig gewesen wäre.

Am 20. September 1562 werden Maximilian und Maria König und Königin von Böhmen. Im Jahr darauf empfangen sie die Krone Ungarns. Beim Tod Ferdinands I. werden sie Ober- und Niederösterreich erben. Ferdinand der Jüngere wird Tirol erhalten und der dritte Sohn Karl Innerösterreich, also die Steiermark, Kärnten, Krain, Triest und Istrien.

In der Zwischenzeit aber verlangen die Katholiken Garantien. Rudolf ist die Zukunft, also bestehen der Papst und Philipp II. darauf, daß der Thronerbe als wahrer Nachkomme der allerkatholischsten Könige in Spanien erzogen wird, fern von der protestantischen Lehre.

Mit nicht einmal elf Jahren wird Rudolf zur Geisel der Politik seiner kaiserlichen Familie und nach Spanien geschickt.

Die spanische Schule

Con el Rey y con la Santa Inquisición, chiton! Über den König und die heilige Inquisition kein Wort!
Als Rudolf sein Land verläßt, um nach Spanien, in die Heimat seiner Mutter, zu gehen, ist er zwölf Jahre alt. Dort wird er bis zu seinem neunzehnten Lebensjahr bleiben. Obwohl seine Mutter die Vorzüge ihres Bruders, König Philipps II., und ihrer Schwester, der Infantin Doña Juana, über die Maßen rühmt, fühlt sich Rudolf dort nicht wohl. Er betrachtet den spanischen Zweig der Familie aus deutscher Sicht, also keineswegs besonders freundschaftlich. Im Gegenteil, der Frieden muß zwar um jeden Preis erhalten werden, aber unter der Oberfläche schwelen mühsam gezügelte Rivalitäten und versteckter Neid.

Die Reise nach Spanien dauert sechs Monate. Rudolf wird von seinem jüngeren Bruder Ernst und Adam von Dietrichstein, seinem Hauslehrer, begleitet. Die beiden Erzherzöge haben vierundzwanzig Wochen lang Zeit, der Begegnung mit ihrem strengen Onkel entgegenzuzittern, der auserwählt wurde, sie aufzuziehen.
Als Rudolf am 17. März 1564 in Barcelona das Schiff verläßt, betritt er ein vollkommen neues Universum. Philipp II. von Spanien empfängt diesen Neffen, der

vielleicht einmal drei Throne und das Heilige Römische Reich dazu erbt, persönlich.
Zur Feier der Begegnung zwischen König und Erzherzog ist die ganze Stadt mit Flaggen geschmückt. Die Menge empfindet Rudolfs Gegenwart als einen Sieg ihres Königs. Philipp, im schwarzen Gewand mit Spitzenhalskrause, die sein schmales Gesicht noch betont, läßt sich nichts von seinen Gefühlen anmerken. Rudolf, der neben ihm reitet und die Vivat-Rufe entgegennimmt, ist nicht sein Rivale, er ist immerhin der Sohn Maximilians, der ihn der Kaiserkrone beraubt hat. Und ihm, Philipp, obliegt es nun, den zukünftigen Kaiser zu einem guten Katholiken zu machen. Mit zwölf Jahren wird Rudolf zum ersten Mal im Leben mit allen Ehren empfangen, die sonst nur Monarchen vorbehalten sind. Er stimmt sein Verhalten auf das seines Onkels ab. Philipp ist der König, Rudolf der Königssohn, und er hält den spanischen Granden und den Botschaftern, die sich vor ihm verneigen, unbewegt die Hand zum Kuß hin. Danach bricht der Hof nach Aranjuez auf, wo Philipp den Sommer zu verbringen pflegt.
Mit siebenunddreißig Jahren steht Philipp einer jungen, fröhlichen Familie vor. Seine Frau, Elisabeth von Frankreich, Tochter Heinrichs II. von Valois, ist noch keine zwanzig Jahre alt. Doña Juana, Philipps Schwester, Witwe des Prinzen von Portugal und Mutter des kleinen Königs Sebastian, ist achtundzwanzig. Don Juan de Austria, der uneheliche Sohn Karls V. und zukünftige Sieger von Lepanto, ist noch keine zwanzig Jahre alt, ebenso wie Alessandro Farnese, der Sohn der Margarete von Parma, der natürlichen Tochter Karls V. und Regentin der Niederlande, der seinerseits nach Spanien geschickt worden ist, um hier, in sicherer Hut vor den ver-

heerenden Auswirkungen der Reformation, eine streng katholische Erziehung zu erhalten.

Im August bringen die Kuriere aus Wien die Nachricht vom Tod Kaiser Ferdinands am 25. Juli. Damit weicht von einem Tag auf den anderen die Unbekümmertheit einer Atmosphäre gespannter Erwartung. Der König muß in die Hauptstadt zurückkehren, der Hof zieht wieder nach Madrid. Rudolf, der die Frage der Thronfolge bisher nur aus deutscher Sicht betrachtet hat, lernt nun auch den spanischen Standpunkt kennen. Sein Onkel hatte das Kaiserreich für sich gewünscht. Karl V. hatte es ihm zugedacht. Indem sie Maximilian als seinen Nachfolger bestimmten, haben die Kurfürsten dem letzten Willen eines Kaisers zuwidergehandelt, den sie geliebt haben. Obwohl Philipp unter dieser Entwicklung leidet, läßt er sich nichts anmerken und erfüllt seine Pflichten den beiden Neffen gegenüber mit größter Sorgfalt. Jeden Tag empfängt er sie für eine halbe Stunde und prüft, ob sie Fortschritte machen. Schon vor ihrer Abreise haben sie Terenz im Original gelesen; jetzt befassen sie sich mit Cicero, Sallust, Cäsar, Horaz und können mit ihrem Vater auf Latein korrespondieren. Sie lernen alte Geschichte und Philosophie, Reiten und Fechten – Disziplinen, in denen Rudolf reüssiert.

Wenn es aber um das Studium von Ciceros *De officiis* geht, ist Ernst eindeutig überlegen. Dietrichstein empfiehlt Rudolf, sich dieses Erbe lateinischen Denkens und griechischer Philosophie anzueignen und sich die Weisheit zunutze zu machen, die für ein Staatsoberhaupt erforderlich ist. Rudolf, der sich leidenschaftlich für Astrologie interessiert, hätte es vorgezogen, auch in

Mathematik unterwiesen zu werden, die in seinem Lehrplan überhaupt nicht vorkommt.

Der ängstliche, stets abwesende und zerstreute Rudolf kommt bei den Lateinaufgaben aus dem *Gallischen Krieg* ins Träumen und sehnt sich nach seinem ersten Hauslehrer, Ogier Ghislain de Busbecq, zurück, der früher als Botschafter in Konstantinopel gedient, einen vorübergehenden Frieden mit den Türken ausgehandelt und von seinen Reisen bisher unbekannte Pflanzen mitgebracht hat wie Tulpen und Flieder, die Rudolf II. später in den Gärten des Belvedere in Prag pflanzen lassen wird.

Rudolf schließt sich in seine Träume ein und schweigt über seine Ängste und Zweifel. Sieben Jahre lang trifft er täglich mit König Philipp zusammen, der ihn abfragt und unterrichtet. Was für einen Monarchen wird er wohl selbst einmal später abgeben, wenn er den Thron besteigen wird?

Zunächst ist Rudolf durch die strenge Etikette verunsichert, aber dann begreift er, daß er sich dieses Instrument zunutze machen kann, das Philipp II. am 15. August 1548, an Mariä Himmelfahrt, eingeführt hat und das nun schon seit sechzehn Jahren reibungslos funktioniert. Jeder einzelne Moment des Lebens ist so strikt durchgeplant, daß niemand, der an der Zeremonie teilhat, irgendeinen Fehler machen kann. Welche Befürchtungen und welche Versagensängste, seine Rolle nur ungenügend zu erfüllen oder sich als ihrer unwürdig zu erweisen, mögen Philipp dazu getrieben haben, das burgundische Zeremoniell in derartiger Strenge wiederaufleben zu lassen? Das um die Person des Königs herum einzuhaltende Zeremoniell konkurriert mit der Feier des göttlichen Mysteriums. Der König, vor den Augen der Welt in seinem Palast verborgen, wird zur Kultfigur.

Niemand außer den Höflingen, die die Regeln beherrschen, darf in Philipps Nähe kommen. Statt für die Anliegen seines Volkes erreichbar zu sein, ist der Herrscher unsichtbar und zu einer abstrakten Figur geworden. Mit diesem radikalen Wandel in der Auffassung von der Monarchie ist das Ende des Mittelalters endgültig besiegelt.
Rudolf beobachtet mit der Geduld der Langsamen, wie diese Mechanismen funktionieren. Die Aussicht, in eine Hierarchie einzugehen, nichts zu sein als die Inkarnation einer Vorstellung von der Macht, unablässig zu repräsentieren, ist für ihn eher beruhigend. Er wird an den weltlichen Vorstellungen des Fürstenspiegels gemessen und fühlt sich deshalb innerhalb eines strikten Regelwerks geborgen und vor der Außenwelt geschützt.
Aber niemand hat Zugang zu seinen Träumen, mit denen er alles Gelernte wieder zunichte macht, um sich in die Welt der Athanors und Retorten zu fliehen.
Dabei hat man es an guter katholischer Erziehung wahrlich nicht fehlen lassen. Der Bezug auf Gott bestimmt das ganze Leben, der Tag beginnt und endet mit dem Gebet, man geht täglich zur Messe, die vom *capellan mayor* gelesen wird. Vor den Mahlzeiten spricht ein Kirchenmann das *Benedictus;* danach das Dankgebet. Rudolf lernt von Tag zu Tag, mit jedem Vespergottesdienst und jeder Messe, jedem Kirchenfest und jeder Predigt.
Um seinem Neffen die verhängnisvollen Folgen der Reformation vor Augen zu führen, läßt Philipp ihn einem Inquisitionsverfahren gegen die Lutheraner beiwohnen. Die Lutheraner sind zur damaligen Zeit – nach den Altchristen und den Juden – die dritte Zielgruppe, auf die es das Inquisitionstribunal abgesehen hat. Am 17. Juni 1567 spricht die *Suprema* das Urteil über eine

Gemeinde von lutherischen Handwerkern französischer Herkunft, die zusammengekommen war, um die Psalmen Clément Marots[2] zu singen.
Die Ketzerverbrennung soll in Toledo stattfinden, dem Hochsitz des spanischen Katholizismus, wo die Staatskirche im Jahre 400 ihre erste Versammlung abgehalten hat. Sieben Jahrhunderte hat die Reconquista, der Kampf der christlichen Bevölkerung Spaniens gegen die arabische Herrschaft gedauert. Nun gibt es keine Mauren und Juden mehr, weil sie unter Isabella und Ferdinand entweder freiwillig oder unter Zwang das Land verlassen haben oder konvertiert sind. Wenn dennoch einige dieser *conversos* ihre alten Riten praktizieren, haben sie Gott und seine Stellvertreter auf Erden belogen. Damit spalten sie sich selbst von der Gemeinde ab, in die sie aufgenommen wurden, und haben ihre Strafe verdient. Darin also besteht die Aufgabe der von Jakob I., dem Eroberer, initiierten Inquisition, der damit verhindern wollte, daß sich die Lehren der Katharer in Spanien ausbreiten. Seitdem hat das Heilige Offizium bis zu seiner Auflösung 1820 jede Form von religiöser Abweichung bekämpft. Seit dem 2. April 1525 bekämpft die Inquisition auch die Lutheraner, weil diese Lehre auch die Umgebung des Kaisers erfaßt und in Spanien Augustin Cazalla, den Kaplan Karls V., ansteckt. In einem von Yuste aus verfaßten, vom 25. Mai 1558 datierten Brief Karls V. an seine Schwester Doña Juana, die für Philipp die Regierungsgeschäfte in Spanien leitet, während er in den Niederlanden weilt, erklärt er die Jagd auf die Lutheraner für eröffnet:

»... Ich weiß nicht, ob ich mich davor zurückhalten könnte, diesen Ort zu verlassen und die Angelegenheit

zu regeln, wenn ich nicht sicher wüßte, daß Sie und die Mitglieder Ihrer Ratsversammlungen am Ende ein radikales Mittel gegen diese beklagenswerte Situation finden werden, indem Sie die Schuldigen streng bestrafen, auf daß sie sich nicht weiter vermehren mögen.
Da diese Sache für den Dienst an unserem Herrn und das Wohl und die Erhaltung seiner Königreiche wichtiger ist als jede andere und sie bislang noch ganz am Anfang steht und so schwach bei Kräften ist, daß sie leicht unterdrückt werden kann, ist es unerläßlich, daß Sie all Ihr Streben und Ihre Autorität darauf verwenden, ein schnelles Heilmittel und eine beispielhafte Bestrafung zu finden. Ich weiß nicht, ob es in diesem Falle ausreichen wird, die gängige Praxis zu verfolgen, derzufolge nach allgemeinem Recht all jenen, die um Gnade bitten und die ein Geständnis abgelegt haben, Verzeihung gewährt und eine nur geringe Strafe auferlegt wird, wenn sie zum ersten Mal gefehlt haben. Sobald sie aber frei sind, können diese Leute denselben Fehler in aller Ruhe wieder begehen, vor allem, wenn es sich um gebildete Personen handelt.
Man kann sich vorstellen, welche verheerenden Folgen daraus erwachsen würden, denn es liegt auf der Hand, daß diese Leute ohne bewaffnete Truppen und ohne Anführer nicht handeln können, und deshalb ist zu prüfen, ob man sie als Anstifter von Aufruhr und Tumult, Aufständen und Unruhen im Staate verfolgen kann; damit hätten sie sich der Rebellion schuldig gemacht und dürften mit keiner Milde mehr rechnen. In diesem Zusammenhang kann ich nicht umhin, den in Flandern wie in Ungarn eingeführten und noch heute üblichen Brauch zu erwähnen. Ich wollte dort eine Inquisition einrichten, um die Ketzer zu bestrafen, die sich, aus Deutschland,

England und sogar Frankreich kommend, dort ausgebreitet haben. Unter dem Vorwand, es seien keine Juden unter diesen Ketzern, sperrten sich alle dagegen. Schließlich erließ ich ein Dekret, daß all jene, die bestimmten genannten Kategorien angehörten, ohne Ansehen von Stand und Position *ipso facto* bei lebendigem Leibe verbrannt und ihr Hab und Gut konfisziert würden. Die Notwendigkeit allein zwang mich, diese Maßnahmen zu ergreifen. Was mein Sohn, der König, seither getan hat, ist mir nicht bekannt, aber ich denke, daß er mein Werk aus demselben Grunde fortgesetzt haben wird, denn ich habe ihm geraten und ihn bedrängt, diesen Leuten mit äußerster Strenge zu begegnen. Ihr dürft mir glauben, meine Tochter, wenn eine solche Geißel nicht vernichtet wird und man ihr nicht ohne Ansehen der Person beim ersten Anzeichen entgegentritt, stehe ich nicht dafür ein, daß der König oder irgend jemand sonst jemals in der Lage sein wird, es zu tun.«[3]

Der Brief zeigt sofortige Wirkung. Doña Juana ergreift Maßnahmen, die Philipp bei seiner Rückkehr nach Spanien bestätigt. Er schickt ein Rundschreiben an alle Bischöfe, die königliche Gerichtsbarkeit, alle Grundherren und alle Universitäten des Königreichs mit der Bitte, das Offizium im Kampf gegen den lutherischen Unglauben zu unterstützen.

Für Rudolf ist es nicht so leicht einzusehen, daß Gottes Gerechtigkeit Gerichte braucht, die sich auf Denunzianten stützen, die Menschen heimlich gefangenhalten und foltern und diejenigen, die sich der schlimmsten Vergehen schuldig gemacht haben, zum Scheiterhaufen verurteilen. Auf dem ersten Scheiterhaufen, der am

12. Mai 1314 errichtet wurde, wurden sechs Ketzer bei lebendigem Leibe und mehrere exhumierte Leichen verbrannt.[4]

Die Dominikaner verteidigen – nicht als einzige – den Einsatz der Folter bei einem Gottesgericht: »Wenn man in Betracht zieht, mit welcher bewußten Grausamkeit die üblichen weltlichen Gerichte jener Zeit vorgingen und was für Verstümmelungen auch dort an der Tagesordnung waren, erscheint einem die Inquisition in sehr viel vorteilhafterem Licht, als es ihre Verleumder wahrhaben wollen. Verbunden mit dem, was man über die relativ gehobenen Lebensbedingungen in der Zelle weiß, zeigt diese Feststellung, daß das Tribunal letztlich keineswegs besonders grausam sein wollte und in seiner Auslegung des Gesetzes stets Milde walten zu lassen versuchte.«[5]

Es kommt zu spektakulären Freilassungen während der Verbrennung. Angeklagte werfen sich auf die Knie und schwören allen ihren Verirrungen ab. Die Richter heben sie auf und retten sie vor den Flammen.[6]

Man erklärt Rudolf, daß die Inquisition auch vor den Granden nicht halt macht. Aber sein Ketzervater ist der Kaiser, größer als alle Granden, so mächtig wie der Papst. Kein irdisches Gericht wird je über ihn richten. Und auch er wird Kaiser werden und unerreichbar sein. Aus Angst wird er der römisch-katholischen Kirche nicht treu bleiben.

Später, wenn er sonderbare Dekrete erlassen wird, um sich mit Alraunwurzeln vom Fuß der Hinrichtungsstätten zu versorgen, und ganze Nächte damit verbringt, sich in arabische Zauberbücher zu vertiefen, magische Formeln zu entziffern und Glöckchen zu schütteln, um die Toten herbeizurufen, wird er zu seiner Entschuldigung sagen können, daß er den Kaplan, die Priester und auch Philipp selbst den Einsatz von Folter und Scheiterhaufen hat verteidigen hören. Wie soll man ihm noch begreiflich machen, daß es gegen das Gebot der Kirche verstößt, sich der Schwarzkunst hinzugeben, wenn selbst Priester ihm gegenüber gerechtfertigt haben, was sich nicht rechtfertigen läßt, und er mit eigenen Augen gesehen hat, wie unter dem Vorwand, den einzigen Gott verteidigen zu müssen, der Teufel sein Werk vollbringt? All jene, die versucht haben, ihm zu beweisen, daß es zwischen den Worten Jesu »Liebet einander« und der Folterbank keinen Widerspruch gibt, haben in der Absicht, ihn Gott näherzubringen, seinen Glauben ins Wanken gebracht.

Nach Abschluß seiner Ausbildung geht Rudolf nach Toledo. Früher wurden hier keine Ketzer verbrannt, und die drei Religionen existierten friedlich nebeneinander. Selbst San Juan de los Reyes, das nach der Reconquista von den katholischen Königen mit Blick auf Chartres und Notre-Dame erbaut wurde, trägt die Zeichen vergangener Toleranz. In seine Außenwände wurden die Ketten der nach den Siegen von Granada und Malaga, mit denen das Ende der islamischen Vorherrschaft in Europa besiegelt wurde, aus den sarazenischen Gefängnissen befreiten, christlichen Gefangenen eingelassen, aber wo heute die Kathedrale steht, gab es früher eine westgotische Kapelle und eine jüdische Gemeinde. Die Chorschranke der *Capilla Mayor* schmückt sich zum Beispiel mit einer bizarren maurischen Figur, mit dem Moslem Abu Walid, der dort mitten unter den Fürsten der Christenheit prangt, und zwar nicht etwa zu Ehren seines Volkes, das Spanien Seide, Baumwolle, Kaffee, Orangen und Zitronen, Granatäpfel, Zucker, Teppiche, Tüll, Waffen und Schmuck

mit Einlegearbeiten gebracht hat, sondern weil er nach Rom gezogen ist, um die Anhänger Mohammeds vor dem Papst zu verteidigen, und damit ein Blutbad verhindert hat. Kardinal Cisneros hat zudem dafür gesorgt, daß eine Kapelle errichtet wurde, in welcher der Gottesdienst nach mozarabischem Ritus abgehalten werden kann.
So erfährt Rudolf also unter den Gewölben von San Juan, vor dem Chorgestühl und dem Retabel, neben dem Gitter der mozarabischen Kapelle und der von vier knienden Rittern von Santiago flankierten Grabstätte des Konnetabels Alvaro de Luna und seiner Gemahlin Doña Juana Pimentel, daß dieses Land, das seine Ketzer verbrennt, auch einmal zur Toleranz fähig gewesen ist.
In Toledo haben sich drei Religionen miteinander verwoben, nebeneinander her existiert und sich ergänzt, bis die christliche Religion die jüdische und die islamische verdrängte. Die Kirche Santo Cristo de la Luz ist eine ehemalige Moschee mit bestirnten Kuppeln und einem kleinen Hauptschiff aus Zedernholz. Der Turm von San Tomè ist maurisch; San Ramon, die ehemalige Moschee in der Calle San Clemente, und die Puerta del Sol ebenfalls. In dem Gewirr von *calles* und *callejones*, von Straßen und Sackgassen, sieht man überall islamische Embleme.
Dieses Miteinander geht auf das Jahr 1085 zurück, als Alfons VI. nach vier Jahrhunderten sarazenischer Oberhoheit in das endlich zurückeroberte Toledo einzog. Statt alles Fremde zu unterdrücken, gab er – in Erinnerung an den großzügigen Empfang, der ihm in seiner Jugend von dem maurischen Kalifen Al Mamun zuteil wurde – Toledo seine alte Primatialwürde zurück, indem er die Stadt wieder zum Sitz der Kirche von Spanien machte, und ernannte sich selbst zum »Kaiser beider Religionen«.

Rudolf, unter dessen Herrschaft kein Scheiterhaufen brennen wird und der sich zum Kaiser dreier Religionen ausrufen lassen könnte, nimmt aus Toledo die einzig dauerhafte Lehre mit, und das ist nicht die der Scheiterhaufen, sondern die der Toleranz.

Das Ketzergericht

Rudolf hat in einem unbekannten Palast geschlafen. Vor der Morgendämmerung steht er auf, um einem der aufregendsten Spektakel seit den Zirkusspielen im Alten Rom beizuwohnen, einem blutigen Ritual, das ihn verwirrt und zugleich anzieht. Die Vorbereitungen für die Bestrafung, die zweideutige Haltung seines Onkels und der Edelleute, von denen keiner reagiert wie der andere – die einen in Demut versunken, andere mit unergründlichen Mienen, wieder andere, die ihre Erregung kaum verbergen können –, dies alles weist auf eine außerordentliche Verwirrung der Gefühle bei allen Beteiligten hin.

Öffentliche Ketzerverbrennungen sind eine Warnung für potentielle Schuldige und eine Strafe, die die von den Übeltätern gestörte kosmische Ordnung wiederherstellt, Überlegenheit und Macht von König und Kirche bestätigt, den Leidenschaften der Zuschauer ein Ventil verschafft und sie in einem barbarischen und prunkvollen Ritual an der Größe Spaniens teilhaben läßt.

An diesem Abend werden die Schuldigen bei lebendigem Leibe verbrannt. Die Furcht des Erzherzogs vor diesem makabren Schauspiel wird von unverhohlener Sensationslust begleitet. Um ihn herum beten alle für die Seelen der Unglücklichen, über die das Heilige Offizium sein Urteil sprechen wird, auf daß die Schuldigen der Gnade teilhaftig werden, ihre Sünden bereuen und nicht auf alle Ewigkeit verdammt sein mögen. Dennoch kommt niemand auf die Idee, sie nicht zu verbrennen.

In den ersten Morgenstunden nimmt Rudolf seinen Platz in dem sich bildenden Gefolge ein. Die Infantin Doña Juana trägt zum Zeichen der Buße eine Haube aus schwarzem Krepp nach kastilischem Brauch und ein Kleid aus grobem *raxa*. Rudolfs Umhang und Jacke sind aus demselben Stoff gemacht; dazu trägt er wollene Strümpfe, eine Samtschärpe, ein Tuchbarett und einen Degen.

Der Zug setzt sich in Bewegung. In dem Gewirr enger, verwinkelter Straßen strömt die Menge, die bereits seit Tagen die Brücken verstopft und sich vor den Stadttoren drängt, auf die Estraden (ein solcher Platz kostet bis zu zwanzig Real), richtet sich an Fenstern und auf Balkons ein und setzt sich, auf die Gefahr hin, sich dabei den Hals zu brechen, auf die Dächer. Männer und Frauen, Jung und Alt beten mit geschlossenen Augen und Tränen auf den Wangen den Rosenkranz, singen eine Litanei nach der anderen vor sich hin, leiern Gebete herunter, murmeln das Ave Maria, bekreuzigen sich.

Kastilien ist ein abweisendes, wildes Land. Seine aus dem gesamten Mittelmeerraum stammenden Einwohner sind kleine, spröde und dunkle Menschen, deren Wesensart sowohl durch die eisigen Winter in der Sierra als auch durch die glühend heißen Sommer geprägt ist. Die Männer verhüllen ihre wettergegerbten Gesichter unter schwarzen Umhängen, die Frauen hüllen sich in lange Schals und bedecken das Haar mit einer Mantille.

Auch einige der Neugierigen, die sich um den königlichen Zug drängen, tragen den Samen der Ketzerei in ihrem Herzen, rebellieren heimlich gegen die Gesetze Spaniens, hassen eine ihnen aufgezwungene Religion oder zittern um das Leben ihrer Angehörigen – und lügen und betrügen, um selbst am Leben zu bleiben. Aber sie bilden eine Ausnahme, die Inquisition erfreut sich allgemeiner Zustimmung, die Menschenverbrennung ist ein Fest für das ganze Volk, das in der Bestrafung der Abtrünnigkeit seine Identität wiederfindet und neu bestätigt. Spanien zelebriert den eigenen Kult, das Volk versammelt sich einmütig hinter dem Banner des allerchristlichsten Königs.

Rudolf fühlt sich hier fremd; er fragt sich, wie viele Gefangene an diesem Abend wohl wieder in die Kirche aufgenommen und freigesprochen und wie viele von diesen »Freigesprochenen« trotzdem auf dem Scheiterhaufen enden werden. Wer hat gesündigt und warum? Wer ist ein Ketzer? Wer ist Lutheraner, Jude oder Moslem? Wer hat Unzucht getrieben, die Ehe gebrochen oder Gott gelästert? Wer hat Gott verflucht und die *Suprema* verwünscht? Wer bereut? Wer wird verbrannt werden?

Der Papst ist derart überzeugt von der beispielhaften Wirkung eines solchen Schauspiels, daß er jedem, der an einer Ketzerverbrennung teilnimmt, den Ablaß gewährt. Die dominikanischen Inquisitoren ihrerseits können sich, wie die Kreuzfahrer, die auszogen, um unter Einsatz ihres Lebens gegen den Unglauben anzukämpfen, eines vollkommenen Ablasses erfreuen. Seine Heiligkeit verspricht ihnen einen Platz im Paradies.

Warum aber schickt Philipp seine Schwester und seine Neffen zu einer Zeremonie, an der er selber nicht teilzunehmen bereit ist? Der König war ein einziges Mal, am 8. Oktober 1559, bei einer Ketzerverbrennung zugegen;

aber diese Zeremonie, die seine Untertanen erregt und verzückt, stößt ihn ab.
Die Glocken läuten. Der Zug bahnt sich seinen Weg.
Rudolf, der sich seiner Stellung in dieser Prozession und auf der Weltbühne bewußt ist, schreitet gemessen voran. Ebenso bewußt aber ist ihm die Tatsache, daß sein eigener Vater sich weigert, am Fronleichnamsfest teilzunehmen und heimlich das Abendmahl in beiderlei Gestalt zelebriert.
Die Hinrichtung der Schuldigen ist für den Abend vorgesehen. Da man die Exkommunizierten nicht die Kathedrale betreten lassen kann, wird das Urteil unter freiem Himmel gesprochen, auf dem beflaggten Platz mit seinen mit Bannern und Wappen und Kreuzen geschmückten Podesten.
Rudolf nimmt bei der Infantin und den Granden Platz. Die von berittenen Soldaten geschützten Inquisitoren schreiten auf die Tribüne zu, wo sie sich in ihren Sitzreihen niederlassen. Die meisten dieser Männer in den langen weißen Roben unter den weiten, schwarzen Kapuzenmänteln tragen Tonsur. Auf dem Thron des heiligen Dominikus nimmt Fernando de Valdés Platz. Der Großinquisitor sitzt an der höchsten Stelle dieser hierarchischen Pyramide. An diesem Tag steht er unangefochten im Mittelpunkt. Unter ihm sitzen die Richter, die eifrig in der Bibel oder den Urteilsschriften blättern. Gegenüber erwarten einige Priester, von einem festen Palisadenzaun umgeben, die Schuldigen. Auf dem letzten Podest erhebt sich ein Altar, um den sich die Zelebranten, die Priester und Diakone, die Kirchendiener und Chöre der Kathedrale versammelt haben, die hier die heilige Messe feiern.
Nachdem Hof, Inquisitoren und Zelebranten ihre Plätze eingenommen haben, breitet sich eine bedrückende

Stille aus. Dann tritt am anderen Ende des Platzes ein Dominikaner ins Bild, der, ein großes Kreuz vor sich her tragend, die Gefangenen herbeiführt, die man soeben aus ihren Verliesen geholt hat. Sie sind an den Händen gefesselt und tragen lange, brennende Kerzen. Ihnen folgt eine weitere Gruppe, ausstaffiert mit Pappmitren zum Zeichen der Schande und übergestülpten, grob zugeschnittenen Meßgewändern in kreischendem Gelb. Zwischen ihren gefesselten Handgelenken sind grüne Kreuze befestigt. Die zur Bewachung der Gefangenen abgestellten Gerichtsdiener in ihren herrlichen Gewändern stehen im strengen Kontrast zu den grob gekleideten Schuldigen. Auf den Pappmitren weisen krude Zeichnungen auf das Vergehen ihres Trägers hin und zeigen an, welche Strafe ihn erwartet. Hinter den Ketzern hebt ein Priester ein Kreuz hoch vor einigen Männern, die Särge herbeitragen, in denen die sterblichen Überreste von Menschen liegen, die ebenfalls den Scheiterhaufen verdient hätten, denn selbst der Tod schützt nicht vor dem Inquisitionstribunal. Die Inquisition trifft die Lebenden und die Toten. Die Schande fällt auf die Hinterbliebenen zurück und befleckt ihren Namen, als seien sie lebendig verurteilt worden. Kirchenmänner mit Kreuzen und Bannern und berittene Soldaten mit aufgestellten Lanzen beschließen den Zug.
Die klägliche Prozession erklimmt das vergitterte Podest. Der Großinquisitor erhebt sich …

Einige Jahre zuvor hatte der Inquisitor Fernando de Valdés seinen König gebeten: »Helft uns, Sire!«
Und Philipp hatte stehend dem Grafen von Oropresa das Schwert aus den Händen genommen, der es ihm gezogen entgegenhielt. Dann hatte er es erhoben zum Zei-

chen, daß er entschlossen war, den Glauben und die christliche Zivilisation vor Feinden zu beschützen.

Der Bischof von Zamora, Don Juan Manuel, ein Nachfahre des Infanten Manuel und Sohn das heiligen Ferdinand, hatte gepredigt.

Valdés hatte sich mit den Worten an den König gewandt: »Wie durch päpstliches Dekret und durch das heilige Kirchenrecht bestimmt, schwört der König, den katholischen Glauben und die christliche Religion zu unterstützen, und so schwöre Eure Majestät beim Heiligen Kreuz und das Schwert in der Hand, dem Heiligen Offizium der Inquisition[1] und seinen Dienern alle notwendige Unterstützung gegen die Ketzer und die Abtrünnigen und gegen jede Person zu gewähren, die direkt oder indirekt das Heilige Offizium in seinem Vorgehen behindert, und daß sie alle ihre Untertanen dazu verpflichten wird, die päpstlichen Regeln zur Verteidigung des Glaubens gegen die Ketzer und alle, die ihnen Glauben schenken, sie unterstützen oder ihnen Unterschlupf gewähren sollten, zu respektieren und zu befolgen.«

Dieselben Worte vernimmt nun auch Rudolf. In Spanien könnte sein eigener Vater, der in Wien Ketzern Asyl gewährt, zu diesem Häuflein Todgeweihter gehören. Philipp hat seinen Neffen nach Toledo geschickt, damit sich ihm eben diese Erkenntnis einprägt. Aber es ist eine zu harte Lektion, Rudolf vor Augen zu führen, welche grausame Strafe auch seinen Vater treffen könnte.

Alle Blicke richten sich auf das Podest mit den Verurteilten in ihrem Käfig, die von Soldaten bewacht werden. Priester trösten und bereiten die Abtrünnigen auf das Gericht vor.

Einige Ketzer haben sich von ihrem Irrtum losgesagt; andere ziehen den Tod vor.

Maximilian hat sich weder vom Thron noch von seinem Irrtum losgesagt. Er hatte beschlossen, seinem protestantischen Glauben alles zu opfern. Aber ihm hat der Mut dazu gefehlt, und so hat er öffentlich einen Meineid geschworen, um auf den Thron zu gelangen.

In ihrer Angst schwören einige Verurteilte all ihren Sünden ab, werfen sich reuevoll ihren Richtern zu Füßen und bitten um ihr Leben. Andere Verzweifelte trotzen den Inquisitoren und den Vertretern des Königs, verhöhnen die Menge und beschimpfen den Klerus, den Papst und die heiligen Sakramente, sogar die Jungfrau Maria. Eben noch hat das Volk angesichts des Leibes Christi in der Hostie seinen unverbrüchlichen Glauben bekundet. Sie aber schreien gegen diese Menge an und verkünden lauthals ihre Irrtümer, daß sie auf die Erlösung durch den Glauben vertrauen, auch ohne die kirchlichen Schriften – reinste Lutherlehre –, daß es kein Fegefeuer gebe, daß die römisch-katholische Kirche nicht die Kirche Jesu sei, sondern die des Teufels und des Papstes, des Antichristen, der die Menschheit zerstört.

Da bemächtigen sich die Priester dieser sich sträubenden Fanatiker, die Wachen zwängen ihnen einen Knebel, die *morzada*, zwischen die Zähne und schnüren ihn am Hinterkopf fest zu, um ihre Blasphemien zu ersticken.

Vor Philipp II. hatte Don Carlo de Seso, der den Protestantismus in Kastilien propagiert hatte und »der weltlichen Gerichtsbarkeit überantwortet«, also verbrannt worden war, den König verhöhnt.

Darauf hatte Philipp beteuert: »Ich würde selbst das Holz herbeitragen, um einen Scheiterhaufen für meinen Sohn zu errichten, wäre er so verdorben wie Ihr!«

Auch Domingo de Royas hatte sich zum Protestantismus bekannt und seine Überzeugung verbreitet.
Fünf Nonnen, die Lutheranerinnen geworden waren, waren ebenfalls verurteilt worden. Doña Catalina Reinoso, eine einundzwanzigjährige Fanatikerin, hatte gebrüllt: »Großer Baal, ich flehe dich an, komm und rette uns!«
Doña Juana Sanchez, die »selige« Erleuchtete von Valladolid, die sich in ihrer Zelle mit einer Schere das Leben genommen und sich geweigert hatte, die Sakramente zu empfangen, bevor sie ihre Seele aushauchte, war *in effigie* verbrannt worden. Außerdem waren achtzehn Menschen wegen Anhängerschaft zu Luther und elf weitere als Juden, Abtrünnige und Schwerverbrecher verurteilt worden.

Die Nacht bricht herein.
Die Richter haben ihre Aufgabe erfüllt. Nun beginnt die der Henker. Ein Teil der Gefangenen wird in das Gefängnis zurückgebracht, die anderen werden den Soldaten überstellt und zu der Hinrichtungsstätte, dem *quemadero* außerhalb der Stadt, geführt, wo Verwandte und Freunde, die sich nicht scheuen, sich an diesem düsteren Ort sehen zu lassen und in Kauf nehmen, selbst der Ketzerei bezichtigt zu werden, auf sie warten.
Die Reisigbündel sind bereits aufgetürmt; mehrere kleine Scheiterhaufen scharen sich um einen großen, hinter jedem von ihnen ragt eine Holzlatte kerzengerade aus der Erde. Anstelle von Ketten werden sich riesige Eisenringe um Taille und Handgelenke der Gefangenen schließen.
Nun werden die Schreckensbilder Wirklichkeit, die Rudolf schon den ganzen Tag über gequält haben. Der

Henker erdrosselt die Verurteilten, deren Familien ihnen einen leichten Tod ohne unnötiges Leiden erkauft haben. Die anderen ersticken in Flammen und Rauch, ringen nach Luft und winden sich in ihren Eisen, die von den Flammen zum Glühen gebracht werden. Das Fleisch schmort ihnen von den Füßen. Die Priester drängen die totgeweihten Seelen zur Reue.

Als die kleinen Scheiterhaufen niedergebrannt sind, sind die Gemarterten tot, aber nicht zu Asche verbrannt. Die Henker warten, bis die Eisenringe abgekühlt sind, bevor sie diese Überreste abnehmen, die noch immer menschliche Gestalt besitzen, auch wenn das verkohlte Fleisch in Klumpen an den geschmiedeten Gürteln und Gelenkreifen hängenbleibt. Dann werfen sie sie auf den mittleren Scheiterhaufen, damit sie alle gemeinsam in Rauch aufgehen. Es dauert sehr lange, bis all das Fleisch zu Asche zerfallen ist.

Schließlich ist alles vorbei. Von den kleinen Scheiterhaufen ist nicht viel mehr übrig als runde, glühende Flecke am Boden. Der große ist in sich zusammengesunken. Das Gottesgericht und das des Königs haben ihre Arbeit vollbracht.

Die Ketzerverbrennung mit ihrem beißenden Todesgestank hat tiefe Wunden in Rudolfs zarte Seele gebrannt. Hier nimmt das unheilvolle Werk, das sich ein ganzes Leben hindurch in ihm vollziehen wird, seinen Anfang. Er betrachtet die verkohlten Leichen der Häretiker und wird danach versuchen, die Geheimnisse des *Opus nigrum* aufzudecken. Ist denn das etwas anderes als das Verbrennen von Materie, von dem die Alchimisten nur verschlüsselt reden, so wie man die Stimme senkt, wenn von den Scheiterhaufen der Dominikaner die Rede ist?

Erzherzog oder Infant?

Als Fremder in diesem Land, dessen Bräuche ihm fremd und bizarr vorkommen, von der Eifersucht auf seinen ansonsten geliebten Bruder gequält und in dem Glauben, von Dietrichstein verachtet zu werden, erkennt Rudolf, daß er ganz allein dasteht. Sein Gesicht wird spitz und ausgehöhlt, seine vortretenden Augen verschleiern sich und nehmen nicht mehr wahr, was um ihn herum vor sich geht. Er hält den Blick starr nach innen gerichtet, auf seine Hirngespinste; die Distanz zwischen ihm und der Welt wird immer größer. Den Blicken anderer weicht er aus. Von nun an ist die Ähnlichkeit mit Philipp II. unübersehbar – die gleiche steife Haltung, die zugleich hochmütige und traurige Ausstrahlung, seine eisige Art und der verzweifelte Gesichtsausdruck. Zu jener Zeit ist er noch ganz mager, und nichts weist darauf hin, wie furchtbar sein Körper sich später verformen und in die Breite gehen wird.

In diesem jungen Mann, dem alle Spontaneität untersagt ist, stecken weder Jugend noch Frohsinn noch ein Funken Elan: Alles ist im Zaum gehalten, gezügelt und zurückgedrängt. Rudolf verbirgt sein wahres Ich immer mehr hinter seinem steifen Auftreten. Er versteckt sich nicht nur hinter seinen Prachtgewändern – Wams mit geschlitzten Ärmeln, eng an Waden und Schenkel anliegende Strumpfhosen, kurzes Schwert an der Hüfte –, sondern auch in einer Rolle, die er überstreift wie ein Theaterkostüm. Später einmal wird er sich als mythologische Figur geben, fürs erste aber probiert er noch Masken aus. Die des Erzherzogs mag nicht halten, und so bleibt er zunächst bei der des Infanten.

Er lebt nun schon seit einigen Jahren in Spanien und weiß auch nicht, wann sein Exil beendet sein wird. 1564, als er nach Spanien kam und sein Großvater starb, ist sein Vater unter dem Namen Maximilian II. Kaiser geworden. Philipp hat ihn dennoch nicht wieder fortgelassen. Er muß sich mehr denn je des Erben versichern, denn nur so kann er auf das Verhalten des zukünftigen Kaisers Einfluß nehmen.

Zu Beginn seines Spanienaufenthalts hat Rudolf sich noch als Vorzeigeprinz aufgeführt, wie es von ihm erwartet wurde, aber wenn er sich in seine Erinnerungen zurückzog, vergaß er ganz die glühendheißen Winde über der Sierra und roch statt dessen wieder den kräftigen Harzduft der Tannen in Deutschland. Für ihn überlagerte sich die karge Landschaft mit den gezackten Hügelketten und den knorrigen Bäumen, den hundertjährigen Olivenbäumen und den versengten Gerstenfeldern unter einem weißen, in der Ferne dampfenden Himmel mit Almhängen und satten Weiden in frischem Grün. Doch die Visionen vergehen langsam unter der Sonne Spaniens. Rudolf vergißt die von ihm geliebten österreichischen Landschaften. Gäbe es keine Porträts von ihnen, würde er sich auch an seine Eltern nicht mehr erinnern.

Er hatte sich zwar geschworen, der gleiche zu bleiben, aber indem er in die Rolle des Infanten geschlüpft ist, ist er auch zum Infanten geworden. Immer größer wird die

Kluft, die ihn von seinem Land und seinem Vater trennt. Philipp ist stolz darauf, daß Rudolf die Briefe an Maximilian auf lateinisch verfaßt, aber der kleine Erzherzog hatte gelernt, seinen Vater auf deutsch anzusprechen, und so kommen diese lateinischen Briefe einem offiziellen Austausch zwischen dem Kaiser und seinem Erben gleich.

Ihre Hausaufgaben und ihre Kommentare zu den Themen ihrer Zeit fassen die beiden Erzherzöge ebenfalls auf lateinisch ab. Als es in Granada zum Aufstand der Mauren kommt, hat sich die Persönlichkeit der beiden Brüder bereits herausgebildet: Ernst beweist seinem Onkel in seinem Text, daß er die Lehren Spaniens vollends in sich aufgenommen hat, indem er eine abschrekkende Strafe empfiehlt, während Rudolf seinerseits Gnade für die Morisken fordert. Diese Haltung wird sich in allen Entscheidungen bestätigen, die er später während seiner Regierungszeit treffen wird. Er wird versuchen, Blutvergießen zu vermeiden und als sanfter und versöhnlicher Herrscher zu wirken. Aber die Maurenfrage ist ein akutes Problem, nicht nur in Spanien. Die Türken greifen Maximilians Ungarn an.

Sie werden von einem legendären Feind angeführt, der schon tot sein wird, wenn Rudolf an der Reihe ist, der türkischen Gefahr zu trotzen: von Suleiman II., der zu Zeiten Karls V. sein Lager vor Wien aufgeschlagen hat, der von seinem Volk *Kanuni*, der Gesetzgeber, genannt wird und vom Abendland der Prächtige. Zum erstenmal eroberte er Ungarn im April 1526 auf Bitten Franz' I., der von Karl V. gefangengehalten wurde. Der Papst hatte alle Christen zum Widerstand gegen die Moslems aufgerufen. Luther hatte erklärt, die protestantischen Fürsten sollten sich nicht in den Krieg einmischen, die

immer neuen Massaker der Türken seien eine von Gott gesandte Prüfung und man stelle sich gegen den Willen des Herrn, wenn man dem Eroberer Widerstand leiste. Luther hatte die Niederlage der Ungarn in der Schlacht von Mohács begrüßt und jubiliert, als Suleiman, der bereits Herrscher über Ägypten, Nordafrika, Kleinasien, Palästina, Syrien, den Balkan und einen Teil von Ungarn war, sich für die Eroberung Europas rüstete. Unter Zurücklassung von dreihundert Konkubinen in seinen Palästen in Konstantinopel hatte der Sultan in goldbesticktem, karmesinrotem Samt und mit karfunkelsteinbesetztem Turban sein Pferd bestiegen und sich an die Spitze von zweihunderttausend Soldaten gesetzt, die hundertzwanzig Kanonen mitführten, einer Elitetruppe von achthundert Janitzaren, von zweitausend Reitern mit dem heiligen Banner und dem Adler des Propheten, tausend Lastkamelen und Tausenden von gefangenen Christen, die er dazu zwang, mit seinen Truppen zu kämpfen, so wie die Gefangenen der Mongolen ihre eigenen Heimatstädte überfallen mußten. Diesem Aufgebot voran zog er gen Wien, wo Karl V. mit kaum siebzigtausend Mann auf ihn wartete. Die moslemische Armee war drei Wochen lang vor der Festung Güns in Ungarn aufgehalten worden, die ausgehungert und zerschlagen war und sich dennoch nicht ergeben wollte. Elfmal waren die Türken in die Stadt eingefallen und hatten Breschen in ihre Mauern geschlagen, und elfmal hatten die Verteidiger sie wieder zurückgedrängt. Karl nutzte die Zeit, um Wien zu befestigen, und als der Sultan endlich bis Wien vorgedrungen war, schlug der Kaiser ihn zurück und rettete damit das übrige Abendland.
Aber der Kampf war noch lange nicht beendet. Ferdinand I. hatte gezwungenermaßen den Prager Frieden

unterzeichnen müssen, in dem er Suleimans Oberhoheit über Moldavien anerkannte und sich bereit erklärte, dreißigtausend Dukaten jährlich als Abgabe zu zahlen, zuzüglich einer einmaligen, rückwirkenden Summe von neunzigtausend Dukaten – genauso wie es die russischen Fürsten mit den Mongolen hielten.

Als Maximilian diese Verpflichtung erbt, weigert er sich zu zahlen. Suleiman ist inzwischen ein alter Mann von über Siebzig, der in unentwirrbare Palastintrigen verwickelt ist. Er hat zwei seiner Söhne und sechs Enkel ermorden lassen und mit seiner Niederlage vor Malta den ersten militärischen Rückschlag einstecken müssen. Wenn er aber Maximilian gewähren läßt, könnte Habsburg die ungarischen Gebiete zurückerobern.

Also bereitet der alte Sultan eine neue Offensive vor und zieht wieder in den Kampf. Zunächst ist das Kriegsglück auf seiner Seite, und er nimmt Sofia, Nish und Belgrad ein. Szigeth aber leistet ihm Widerstand. Er verliert dreißigtausend Soldaten vor der bis aufs äußerste veteidigten Zitadelle. Seine Kräfte schwinden, und in der Nacht vom 5. auf den 6. September 1566 stirbt er aufrecht in seinem Zelt, wie Vespasian. Seine Armee geleitet seine sterbliche Hülle nach Konstantinopel zurück.

Mit dem Kampf gegen die Moslems hat Rudolf nichts zu tun, nach dem Aufstand der Niederlande aber bittet Maximilian ihn, bei seinem Onkel zu intervenieren. Menschen müssen gerettet werden.

1559 hat Philipp, als er Flandern verließ, die Regentschaft seiner Halbschwester, Margareta von Parma, anvertraut, einer unehelichen Tochter Karls V. Angesichts des um sich greifenden Protestantismus erwartete Philipp von seiner Halbschwester ernste gegenreformatorische Maßnahmen.

Margareta kann aber in Flandern die spanische Politik nicht anwenden, die zur Abspaltung der siebzehn Provinzen von Karl V. und zur Ermordung Wilhelms von Nassau, des Prinzen von Oranien, führen wird. Die Lage in den Niederlanden ist prekär. Die Inquisition zeitigt hier katastrophale Folgen. Die Ketzerverbrennungen stoßen auf große Mißbilligung und treiben sogar noch gute Katholiken der Reformation in die Arme.

Das eigentliche Problem sind die überall präsenten spanischen Soldaten. In der Ablehnung der Politik Philipps sind sich die Adligen einig, und am 5. April 1566 paradieren zweihundertfünfzig Edelleute, Protestanten wie Katholiken, die sich endlich von der spanischen Präsenz in ihrem Land befreien wollen, zu Pferd durch die Straßen von Brüssel. Sie ziehen zum Palast, um der Generalstatthalterin ihre Bittschrift zu unterbreiten.

Margareta schwankt zwischen ihren eigenen Wünschen und Philipps Anordnungen, denen sie sich nicht zu widersetzen wagt und muß sich vom Grafen von Berlaymont fragen lassen, warum sie denn für diese dreckigen »Geusen« ihre Tränen vergieße. Dieses Wort wird zum Schlachtruf gegen Spanien.

Es kommt zum Aufstand. Im August 1566 bespucken Protestanten Bilder der Heiligen Jungfrau, metzeln Katholiken und stecken Kirchen in Brand. Als ihm diese Schandtaten zu Ohren kommen, befiehlt Philipp, da seine Schwester dazu außerstande ist, Don Fernando Alvarez de Toledo, dem Herzog von Alba, die Region zu befrieden. Margareta weiß nur zu gut, was dies bedeutet: zahllose Massaker und ein Land, das der Soldateska überlassen wird. Sie weigert sich, derartiger Gewalttätigkeit Vorschub zu leisten, ersucht um ihre Abberufung und erhält sie.

Die Unterdrückung nimmt ihren Lauf. Der Herzog von Alba läßt den Grafen Egmont und den Grafen Horn gefangensetzen, denselben, der 1557 an der Spitze von Philipps Kavallerie die Franzosen bei Saint-Quentin vernichtend geschlagen und damit den Spaniern den Weg nach Paris freigemacht hat (nur Geldmangel hatte Philipp II. damals daran hindern können, seinen Eroberungszug fortzusetzen) und der, nach seinem Sieg bei Graveline, in den Niederlanden als Held gefeiert wird.

Maximilian ist um so bestürzter über diese Festnahmen, als die religiöse Anarchie unter ihm verstiegene Formen annimmt: Katholische Priester heiraten, die Protestanten spalten sich in zahllose und gefährliche Sekten auf, die sich gegenseitig verabscheuen und ihren Kult in dem einen Dorf anders begehen als in dem anderen. Gleichzeitig verlangen die niederösterreichischen Stände die Abschaffung des Katholizismus.

Anstatt sich darüber zu beklagen, läßt der katholische König, der über die Situation im Kaiserreich seines Vettern genauestens unterrichtet ist, bei sich in den Niederlanden ein aufsehenerregendes Exempel statuieren. Er verurteilt die gefangenen Grafen zum Tod – ein rüder Warnschuß gegen Maximilian. Doch Maximilian mischt sich ebensowenig in die Belange der Niederlande, wie Philipp es wagen würde, gegen das zu protestieren, was im Kaiserreich vor sich geht. In dieser Situation bittet Maximilian seinen Sohn, einzugreifen.

Mit vierzehn Jahren wird Rudolf mitten in die widersprüchliche Politik seiner Zeit geworfen. Ausgerechnet sein Vater, der ihn nach Spanien geschickt hat, um seinen katholischen Glauben zu festigen, bittet ihn, sich für die Protestanten zu verwenden. Rudolf fordert Gnade für die Gefangenen, zwei Leben, die seinem Vater viel bedeuten und für die er nicht als einziger bittet. Auch der Herzog von Alba bewundert diese Männer, die er gefangengenommen hat, und setzt sich für sie ein. Graf Egmont ist Vater von elf Kindern.

So wird es denn elf Waisen geben.

Die Grafen Egmont und Horn werden enthauptet.

Die erste Mission, die Rudolf zu übernehmen hatte, ist gescheitert.

Maximilian dehnt zur Antwort die Bedingungen des Augsburger Religionsfriedens auf ganz Österreich aus: Solange die Fürsten die katholischen Priester unbehelligt lassen, können sie ihre Religion frei wählen.

Nun ist es wieder an Philipp II. und dem Papst, nach Kräften zu protestieren.

Da bricht vor dem Hintergrund der Unruhen, die die gesamte Christenheit verstören, die Tragödie über den spanischen Hof herein. Dabei sah 1566 doch zunächst alles so vielversprechend aus: Die Königin wird ein Kind zur Welt bringen.

Philipp will einen Sohn. Die zwanzigjährige Elisabeth von Frankreich hofft, ihm diesen Wunsch zu erfüllen und der Dynastie einen Erben zu schenken.

Auch Rudolf wünscht sich, daß ein Infant geboren werde, damit Philipp ihn vielleicht endlich ziehen läßt.

Am 12. August 1566 erblickt eine Infantin das Licht der Welt: Isabella Clara Eugenia. Später wird Philipp sie seinen Augenstern nennen, fürs erste aber ist man allgemein enttäuscht.

Rudolf bleibt in Spanien.

Dann wird Elisabeth wieder schwanger, und am 17. Oktober 1567 wird eine weitere Tochter geboren: Katharina, die zukünftige Herzogin von Savoyen.

Wenn man den Tag ihrer dritten Niederkunft berücksichtigt, die am 3. Oktober 1568 stattfinden wird, ist die Königin am 18. Januar desselben Jahres bereits seit einigen Tagen mit einem Kind schwanger, das sie inmitten einer Tragödie empfangen hat, denn an eben diesem Tag gibt Philipp der gesamten Familie zu verstehen, daß von nun an jeder Kontakt mit dem Infanten Don Carlos untersagt ist. Es werden keine Erklärungen abgegeben.
Königin Elisabeth empfindet Zuneigung zu Don Carlos, den sie gebändigt hat und wie einen Sohn behandelt. Aber in Spanien an der Seite eines Mannes, der viel zu alt für sie ist, hat sie gelernt, sich wie eine Herrscherin von Spanien zu betragen. Sie schweigt.
Da aber der König seinen Entschluß nicht begründet hat, kursieren bald die wildesten Gerüchte. Man erzählt sich, der Infant habe vorbeugend um Absolution für ein grauenvolles Verbrechen ersucht. Für einen Vatermord. Der Beichtvater habe dem König das Leben gerettet, nur so läßt sich der Bruch des Schweigegelübdes rechtfertigen. Alles nicht wahr, sagen die anderen, der Infant hat sich mit den Niederlanden verschworen. Ist er etwa ein Protestant? Widersetzt er sich der väterlichen Politik?
Don Carlos wird zunächst in seinem Zimmer festgehalten und dann in einen Turm mit vergitterten Fenstern eingesperrt.
Sechs Monate später, am 28. Juli, wird sein Tod bekanntgegeben. Eine Erklärung gibt es immer noch nicht.
Hat Philipp II. seinen eigenen Sohn ermordet? Wurde dieser Sohn seinem Vater gefährlich, dem Herrscherhaus, dem Staat? Die Fragen um diesen Tod sind bis heute nicht geklärt.

Elisabeth ist verstört und erliegt diesem Schmerz. Sie stirbt am 3. Oktober mit nur dreiundzwanzig Jahren nach einer Fehlgeburt.

Rudolf will fort aus Spanien, zurück nach Deutschland, fort von Philipp, der, inzwischen zweifacher Witwer, nun um die Hand seiner Nichte anhält. Mit vierundvierzig Jahren und damit für damalige Verhältnisse ein alter Mann, macht er Rudolfs Schwester, der einundzwanzigjährigen Erzherzogin Anna, den Hof, die man zunächst Karl IX. von Frankreich und dann Don Carlos bestimmt hatte.

Maria liefert ihre Tochter dem Bruder aus. Tut sie es freudig, im Namen der Dynastie und im Hinblick darauf, daß ihre Tochter und ihr Bruder bald König und Königin von Spanien sein werden? Rudolf kann im Moment nichts tun, um diese Verbindung zu verhindern, aber den nächsten Versuch wird er zum Scheitern bringen. In der Zwischenzeit wird seine Schwester mit Zustimmung beider Habsburger Linien und mit dem Segen der römisch-katholischen Kirche Elisabeths Platz in den Armen ihres Onkels einnehmen.

Anna macht sich in Begleitung ihrer Brüder Albrecht und Wenzel auf den Weg nach Spanien. Im Gegenzug wird Philipp Rudolf und Ernst nach Österreich zurückkehren lassen.

Am 12. November 1570 wird in Segovia Hochzeit gefeiert. Anna erwartet schon bald ein Kind, und am 28. Mai 1571 verabschiedet sich Philipp von Rudolf und Ernst, nachdem er Rudolf noch schnell mit seiner Tochter, der fünfjährigen Infantin Isabella Clara Eugenia, verlobt hat. Rudolf wird seine Schwester nicht wiedersehen.

Der Magier von Prag

Zwei Königreiche für Rudolf

Am 28. Mai 1571 verabschiedet Rudolf sich von seinem Onkel, der nun sein Schwager geworden ist, von seiner Schwester Anna, der Königin von Spanien, und seinen beiden jüngeren Brüdern. Das Wiedersehen nach siebenjähriger Trennung war nicht von langer Dauer. Er verläßt auch eine Braut, mit der er nichts anzufangen weiß.

Während der Heimreise glaubt er noch, sich endlich von den Zwängen befreit zu haben, die ihn in Madrid zu erdrücken drohten, aber schon bald erkennt er, daß man eine spanische Erziehung so leicht nicht abschüttelt.

Er kehrt nach Wien zu seinen Eltern zurück, aber sie sind ihm inzwischen fremd geworden. Er ist nicht mehr zu Hause an diesem Hof, an dem er geboren wurde; beim eigenen Vater fühlt er sich wie im Exil.

Die Last der Kaiserwürde hat Maximilian aufgezehrt. Er wirkt eingefallen, gebeugt und erschöpft. Seine Söhne, die als Kinder Wien verlassen haben, erkennt er nicht wieder. Vor allem Rudolf ist ihm fremd geworden. Dieser Infant mit blonden Haaren und zarten Gesichtszügen, die die vorspringende Nase und das familientypische Habsburgerkinn vergessen machen, ist hochmütig und dünkelhaft wie ein spanischer Hidalgo. Er spricht wenig und sehr langsam, als müsse er jedes Wort abwägen; er ist kultiviert, spricht mehrere Sprachen – Deutsch, Spanisch, Latein, Französisch und ein wenig Böhmisch – und interessiert sich für die Künste. Er ist besorgniserregend ernsthaft, lächelt selten, lacht nie, verabscheut Scherze und Possen derart, daß er später die Narren von seinem Hof vertreiben wird. Er gibt nichts preis und läßt keine besonderen Neigungen erkennen; er jagt, tanzt und reitet vorbildlich, aber niemand könnte sagen, ob er auch Freude daran hat.

Sein gespreiztes Verhalten überrascht die Botschafter am Hof seines Vaters, wo doch eine gewisse Freizügigkeit herrscht und Fröhlichkeit nicht gleich als Sünde betrachtet wird. Sie beklagen sich beim Kaiser über die Kälte und den Hochmut seines Sohnes. Maximilian ahnt, daß die »spanische Kur« ihre Wirkung nicht verfehlt hat. Die Wiener schätzen ihre Erzherzöge, nicht die Infanten. Maria, die Inkarnation Spaniens an der Hofburg, ist allgemein ungeliebt; wenn Rudolf jetzt das gleiche Verhalten an den Tag legt wie seine Mutter, könnte er damit alles gefährden, was sein Vater für ihn geplant hat. Darum fordert er seinen Sohn auf, sich schlichter und liebenswürdiger zu geben. Das aber gehört nicht zu den Dingen, die Rudolf in Madrid gelernt hat. Nun muß er sich von seinem Vater vorwerfen lassen, daß er die Erziehung, für die dieser selbst gesorgt hat, zu sehr verinnerlicht hat. Er hört sich Maximilians Ratschläge an, verspricht, sie sich zu Herzen zu nehmen, und kann dennoch nicht zu dieser deutschen Wesensart zurückfinden, die er bei Philipp II. so gründlich verloren hat – er müßte sich denn zum Gegenteil dessen durchringen, was man ihm sieben Jahre lang hat einschärfen lassen.

Maximilian ist von Rudolf enttäuscht. Maria aber ent-

deckt voller Begeisterung in ihrem ältesten Sohn all jene spanischen Eigenschaften, die ihr selbst so viel bedeuten. Seit Jahren schon spielt sie die undankbare Rolle des Wachhunds an Maximilians Seite. Sie teilt ihr Leben mit einem Ketzer und verhindert immer wieder, daß dieses schreckliche Geheimnis bekannt wird, was höchstwahrscheinlich einen Bürgerkrieg auslösen würde. Maximilian seinerseits belügt sein Volk, um den Frieden zu wahren, und läßt es in dem Glauben, er sei katholisch geblieben – ein Schwindel, der um so glaubwürdiger wirkt, als er ja die Tochter Karls V. neben sich hat.
Weder Maximilian noch Maria begreifen, daß sie ihren Sohn nicht zum Spielball ihrer widersprüchlichen Vorstellungen und Ansprüche machen können, ohne daß er dabei Schaden nimmt. Rudolf fühlt sich hin und her gerissen und schützt sich, indem er auf Distanz geht und erst Partei ergreift, wenn er offiziell dazu genötigt wird. Zwar wird er unmißverständlich zu erkennen geben, wo seine Sympathien liegen, aber auch das nicht ohne ein paar Hintertürchen offenzulassen – eine Technik, die er während seiner gesamten Regierungszeit pflegen wird. Fürs erste jedenfalls hält er sich bedeckt, so gut er kann, bis er im Reigen der Kaiser debütieren muß.
Er weiß wohl, daß alles, was ihn seiner wenig geliebten Mutter näherbringt, ihn den Völkern entfremdet, über die er dereinst regieren soll. Dennoch entscheidet er sich bei der Wahl seines Beichtvaters – ein verpflichtender religiöser und politischer Akt zugleich – gegen den allgemeinen Wunsch für den geistigen Führer seiner kaiserlichen Mutter, Juan Espinosa, der im Verdacht steht, im Auftrag Philipps II. den Hof auszuspionieren.
Soviel Ungeschicklichkeit muß einfach beabsichtigt sein. Rudolf stellt sich auf die Seite seiner Mutter und

schart die spanische Gefolgschaft genau in dem Augenblick um sich, als der Sieg von Lepanto es seinem Vater unmöglich macht, dagegen zu protestieren, denn wer würde schon auf seine Klagen hören, wo doch alle nur mit der Nachricht von einem Sieg beschäftigt sind, der den Christen die Pforten Konstantinopels öffnet.

Don Juan de Austria, der sechsundzwanzigjährige Admiral und Halbbruder Philipps, Karls unehelicher Sohn, hat am 5. Oktober 1571 der Christenheit ihren schönsten Sieg seit Poitiers geschenkt. Seinen Mut bewiesen hatte er schon in Granada, als es gegen die Morisken ging, in Lepanto aber hat er sich selbst übertroffen und an diesem maritimen Schauplatz ganz in der Nähe von Aktium die zweihundert Galeeren des Sultans Selim II. zum Teufel geschickt.

Als ihm dieser Triumph zu Ohren kam, rief Papst Pius V. aus: »Ein Mann ward von Gott gesandt, und dieser Mann hieß Juan.«

Jetzt harrt Don Juan nur des Befehls seines Halbbruders, ohne den er seinen Vorteil nicht vorantreiben kann. Europa hält die Blicke auf ihn gerichtet, und ganz Spanien ist in diesen jungen Prinzen mit blondem Haar und blauen Augen (beides gilt in den südlichen Ländern als Vorzug) verliebt, der in nur einem Tag zum Helden des Abendlandes aufgestiegen ist. Dieser Großadmiral eröffnet Philipp eine Chance, die Karl V. nie gehabt hat, nämlich den Ungläubigen Ostrom wieder abzunehmen. Die ganze Christenheit wartet auf diese Rückeroberung und sieht schon wieder das Kreuz über den Kuppeln der Hagia Sofia.

Der Befehl bleibt aus.

Philipp fürchtet um seine Macht. Ein solcher Triumph könnte diesem unehelichen Halbbruder, der schon jetzt so vergöttert wird, zu viel Ruhm einbringen. Konstantinopel bleibt in den Händen der Ungläubigen.

Elf Monate später fließt Blut in Paris. Christliches Blut. In der Nacht vom 23. auf den 24. August 1572 läutet die Sturmglocke von Saint-Germain-L'Auxerrois die Bartholomäusnacht ein.

Da seine zweite Tochter Elisabeth mit Karl IX. verheiratet ist, ist Maximilian der Schwiegervater des Königs von Frankreich. Noch weiß niemand, daß es so spontan zu diesem Gemetzel gekommen ist, dem mehrere wohlüberlegte Mordanschläge folgen, daß dabei auch gleich der eine oder andere Katholik mit »erlegt« wurde. Maximilian fürchtet, die Protestanten könnten ihn der Komplizenschaft bezichtigen und ihrerseits damit beginnen, Katholiken abzuschlachten. Deshalb schreibt er unverzüglich an den Kurfürsten von Sachsen, einen überzeugten Lutheraner, um ihn zu beruhigen: »Es ist schrecklich und widerspricht jedem christlichen Glauben... Religiöse Fragen lassen sich nicht mit dem Schwert regeln, sondern nur durch das göttliche Wort und das rechte Einvernehmen unter den Christen.«

Doch es gelingt ihm nur mit Mühe, seine katholischen Untertanen vor der Wut der Reformierten zu schützen. Diese Anstrengung, die auf so viele andere folgt, hat ihn erschöpft. Mit nur fünfundvierzig Jahren möchte er sich von der Last der Herrschaft befreien. Er hat seine ältesten Söhne zurückkommen lassen, um ihnen die Macht zu übertragen, und plant, Rudolf zum Kaiser und Ernst zum König von Polen wählen zu lassen, damit die Stabilität der Herrschaft gesichert bleibt.

Es wird ein zäher Kampf werden. Seine Söhne sind nicht eben beliebt; mit spontanen Begeisterungsstürmen zu ihren Gunsten braucht er nicht zu rechnen. Er wird die sieben Kurfürsten überreden müssen, Rudolf an die Spitze des Hauses Österreich zu setzen, und den polnischen Reichstag, daß Ernst der beste Kandidat ist. Also bereitet er sich darauf vor, Versprechungen zu machen, zu schmeicheln und zu lügen, zu beschwören, zu überreden, Katholiken wie Protestanten auf seine Seite zu bringen, Versicherungen abzugeben und schließlich, genau wie immer, seine Wahlversprechen zu halten oder auch nicht.

Die beiden Erzherzöge hoffen auf Neuigkeiten wie zwei Marionetten, und ihr Vater zieht die Fäden. Sie verstekken ihre Zweifel hinter ihrer Passivität. Rudolf fragt sich nicht zum ersten Mal, ob er seiner Aufgabe gewachsen sein wird, aber es gibt keinen Weg, der Herrschaft, dieser erdrückenden, ererbten Verpflichtung, zu entkommen, die ihn nicht im mindesten lockt, aber vor ihm von seinem Vater und seinen beiden Großvätern und von allen seinen Vorfahren bis zurück auf Karl den Großen wahrgenommen worden ist. Er wartet auf den Ausgang eines schaurigen Wettlaufs, an dessen Ende sein Vater, der beschlossen hat, ihm die Herrschaft zu übertragen, den Tod finden wird.

Die erste Schlacht gewinnt Maximilian.

Am 26. Oktober 1572 wird Rudolf in Stuhlweissenburg zum König von Ungarn gekrönt. Aber nicht Ungarn steht an der Spitze des Kaiserreichs, sondern Böhmen. Der König von Böhmen wird Römischer König und danach Kaiser. Ungarn ist nur ein Vorgeschmack auf das Kaiserreich. Als Rudolf seine erste Krone empfängt, wartet er schon auf die nächste. Es wird nicht seine einzige Salbung sein, nicht einmal die bedeutsamste.

Dennoch ist die Kirche mit Bannern, Fahnen und Kriegsstandarten geschmückt, und der von kostbarem

Stoff bedeckte Altar leuchtet im Licht der Kerzen. Weihrauchschwaden lassen die Umrisse verschwimmen und verbreiten einen orientalischen Duft. Die schlicht-erhabenen Gesänge hallen von den Wänden wider. Vor der andächtigen Versammlung aus kaiserlicher Familie, Adel und hohen Würdenträgern schreitet Rudolf in einem mit Gold und Edelsteinen besetzten Gewand auf die wartende hohe Geistlichkeit zu. Aber der junge Mann im Königspurpur kann nicht vergessen, daß diese Krönung nur die Generalprobe für eine noch glorreichere ist, die ihn zum Kaiser machen wird, und verliert darüber allen Sinn für das Weihevolle des Augenblicks.

Durch die heilige Ölung erhält er die königliche Weihe und denkt selbst in dem Moment, da er die Stefanskrone empfängt, an die nächste, die des heiligen Wenzel, die er in Prag entgegennehmen wird.

In der Zwischenzeit wehrt sich Polen gegen Ernst, der doch eigentlich als idealer Kandidat gelten muß und dessen römischen Eifer niemand in Abrede stellt. Der Polnische Reichstag zweifelt zwar nicht an seinen Vorzügen, entscheidet sich aber doch für Heinrich von Valois, den Herzog von Anjou und Bruder und Erben des Königs von Frankreich, Karl IX., der in die Ermordung Colignys verwickelt war, hätte auf den Widerstand der von Ludwig von Nassau, dem Bruder des Prinzen von Oranien und einem Freund und Vertrauten Colignys, angeführten feindlichen Protestanten stoßen müssen. Nun aber verbündet sich Nassau mit dem Haus Valois, ein großer Sieg für die Diplomatie der Katharina von Medici.

Heinrich wird König von Polen.

Bald darauf wirbelt der Tod Karls IX. die Figuren auf

dem königlichen Schachbrett wieder durcheinander. Der neue König von Polen erbt das Königreich Frankreich. Heinrich kann aber nicht beide Länder gleichzeitig regieren. Die Polen weigern sich, ihn ziehen zu lassen, und so muß der zukünftige Heinrich III. seine Abreise vor seinen Untertanen geheimhalten, wenn er nach Frankreich zurückkehren will.

Auf seinem Weg nach Paris macht er am 23. Juni 1574 Zwischenstation in Wien. Zum erstenmal empfängt ein Kaiser des Römischen Reichs einen König von Frankreich. Der gesamte Adel kommt aus seinen Schlössern herbeigeeilt, um an den Defilees teilzunehmen. In den Straßen drängt sich das Volk. Maximilian empfängt Heinrich mit allem Prunk, als hätte er seinem Sohn nicht den Thron von Polen geraubt, nur um ihn gleich darauf wieder preiszugeben. Er hofft darauf, ihn mit der Witwe des alten Königs, seiner Tochter Elisabeth, verheiraten zu können. Prinzipiell verstößt dieser Plan gegen ein schweres Verbot der Kirche: Elisabeth ist Heinrichs Schwägerin. Aber der Papst hat den Habsburgern schon so oft seinen Dispens erteilt, wenn eine Verwandtenehe geschlossen werden sollte, daß Maximilian sich automatisch darauf verläßt, daß der Heilige Stuhl dieses Hindernis zu überwinden wissen wird.

Das eigentliche Problem kommt dann von ganz anderer Seite: Heinrich hat nicht die geringste Absicht, die Witwe seines Bruders zu heiraten.

Wien begeistert sich für den dreiundzwanzigjährigen Herrscher mit dem zweideutigen Charme, für den Sieger der Schlachten von Jarnac und Montcontour und Verfechter des Glaubens, für den Auserwählten Polens und König von Frankreich. Seine Schönheit, die Triumphe auf dem Schlachtfeld und die unglückliche Liebe zur Prinzessin von Condé lassen ihn in einem unwiderstehlichen Licht erscheinen. Die Menschen drängen sich, um ihn in seiner goldenen Kutsche, die nicht von Pferden, sondern von großen Hirschen mit vergoldetem Geweih gezogen wird, hinter den Musikanten, den Fahnen und den Soldaten in Paradeuniform vorbeiziehen zu sehen. Alles jubelt diesem märchenhaften Gefährt zu, aus dem der Nachfolger Karls des Großen und der Erbe Ludwigs des Heiligen winkend die Vivatrufe erwidern.

Rudolf, der junge König von Ungarn, beobachtet heimlich den jungen König von Frankreich. Der Jubel der Menge gilt nicht ihm. Er hat keinen einzigen Sieg über den Feind davongetragen und versteht auch nichts von wohlig-unglücklichen Liebesgeschichten, die einem die Sympathie des Volkes eintragen würden. Statt dessen hält er sich an die »kaiserlichen Frauenzimmer«, die ihn in die Sinnenfreuden einführen, ihm die Zeit zu vertreiben helfen, bis die kleine Infantin, die ihm die Staatsräson bestimmt hat, herangewachsen sein und ihn mit der Syphilis anstecken wird.

Als die goldene Karosse wieder in der Remise steht, wägt Maximilian, voller Enttäuschung darüber, daß sein Eheangebot abgelehnt worden ist, die Mühen ab, die ihm noch bevorstehen, bis die Kaiserkrone auf Rudolf übergehen kann.

Maximilian weiß, daß sein Sohn oft von tiefer Melancholie und ohnmächtiger Wut befallen wird. Aber Rudolf, der sein wahres Wesen verbirgt und der äußeren Erscheinung übertriebene Bedeutung zuschreibt, spielt seine königliche Rolle sehr gut. Wenn es Maximilian gelingt, ihn zum Kaiser zu machen, wird Rudolf seine Pose beibehalten. Vielleicht genügt es ja, wie ein

Kaiser auszusehen, um auch einer zu werden! Schließlich spielt Maximilian selbst nach außen hin den Katholiken, und alle Welt gibt sich mit dem Schwindel zufrieden.

Am 22. Februar 1575 eröffnet Maximilian in Prag den böhmischen Landtag.

Er will die böhmische Krone auf Rudolf übertragen. Die religiöse Situation hier ist verworrener als irgendwo sonst, und Maximilian versucht seinen Nutzen aus der herrschenden Anarchie zu ziehen. Aber er muß sich auch den päpstlichen Nuntius gewogen halten und verweigert Böhmen deshalb, was er Österreich gewährt hat: die Augsburger Konfession, die den Fürsten freie Glaubenswahl gewährt. Die Protestanten erarbeiten daraufhin eine Charta, die die Einigkeit zwischen ihren verschiedenen Gruppen wiederherstellen soll: die Böhmische Konfession.

Der Nuntius ist in heller Aufregung: Wenn Maximilian diese Konfession anerkennt, waren alle Bemühungen der Jesuiten umsonst. Der erschöpfte Maximilian hebt den Landtag vorübergehend auf, um ihn, schlecht erholt, aber zu allem bereit, um sein Ziel zu erreichen, am 18. August wieder zu eröffnen, Katholiken und Protestanten noch mehr Versprechungen zu machen, Versicherungen in alle Richtungen abzugeben, die er unmöglich halten kann, und nach der Methode, die schon Karl V. vor ihm so erfolgreich eingesetzt hat, seine sichtlich schlechte Gesundheit und seinen körperlichen Verfall einzusetzen und, der Versprechungen, Gebete, Beschwörungen, Bitten und schließlich Befehle voll, den Landtag in die Knie zu zwingen.

Am 7. September 1575 wird Rudolf zum König von Böhmen ausgerufen. Der bereits vom Tod gezeichnete

Maximilian hat es nun besonders eilig, und so findet schon am 22. desselben Monats die Krönung statt.
Der Krönungsweg in Prag führt über die Karlsbrücke, die über die Vltava, die Moldau, führend die gotische Altstadt mit dem Stadtteil Malá Strana verbindet. Die Brücke zu Füßen der Burg überspannt einen schmalen Arm des Flusses, die Čertovka, die Teufelin, wo sich die Windmühlen drehen.
Auf dem großen, freien Platz der Burg, die wie ein düster lauernder Raubvogel die Stadt beherrscht, erhebt sich der Veitsdom, der von allen Seiten schon aus kilometerweiter Entfernung zu erkennen ist. Matthias von Arras hatte unter Karl IV. mit dem Bau nach dem Vorbild der gotischen Kathedralen in Frankreich begonnen, der aber bei Rudolfs Krönung noch immer nicht abgeschlossen war – Rudolf wird zu seiner Vollendung beitragen, indem er ein großes, goldenes R in einen der Türme gravieren läßt. Aber die Kathedrale ist auch in ihrem unvollendeten Zustand das Symbol Böhmens. Mit ihren Strebebögen, den wie Flammen emporzüngelnden, gezackten Fialen, den Spitzbogenfenstern mit der Bleiverglasung, die das Licht in bunten Funken hereinströmen läßt, den drei mit venezianischen Mosaiken verzierten Arkaden der Goldenen Pforte und den vielen Insignien und Reliquien unter dem Spitzbogengewölbe des Kirchenschiffs wirkt die Kathedrale wie für Rudolf erbaut. Rechts liegt die Wenzelskapelle, die heiligste und wertvollste Kapelle des Doms, deren Wände mit Steinen aus Böhmen bedeckt sind: Karneolen, Amethysten, Chalzedonen, Jaspissen, Achaten und Chrysoprasen. Hier ruht der Schutzpatron des Landes, der heilige Wenzel, der Premyslidenfürst, der im Jahre 929 von seinem Bruder Boleslav ermordet wurde – Wenzel, der

nach der Überzeugung der Einwohner von Prag bis in alle Ewigkeit über Böhmen herrschen wird und der seinen Nachfolgern die Krone überträgt, die dennoch immer seine Krone bleibt.
Rudolf wird diese Krone dreißig Jahre lang tragen, bis er, anders als die meisten Habsburger, die in der Wiener Kapuzinergruft bestattet sind, in der Krypta von Sankt Veit zur letzten Ruhe gebettet wird.
Am 22. September 1575 betritt Rudolf den Veitsdom. Er kniet nieder. Die Krone der Könige von Böhmen senkt sich schwer auf seinen Kopf; vier riesige, goldene Lilien mit einem eingelassenen Herzen aus Edelsteinen finden sich zu einem von einem großen Kreuz überragten Diadem zusammen. Der Krönungsmantel hüllt ihn in Purpur. In der Hand hält er das goldene Zepter und den Reichsapfel. Zu seiner Seite hat man das Prunkschwert Maximilians I. niedergelegt.
Nun ist Rudolf zum zweitenmal zum König gesalbt und vermag für seine Herrschaft dennoch keine Verbindung zu Gott zu finden. Dabei ist der Veitsdom ein heiliger Ort. Karl IV., der ein großer Reliquiensammler war, hat hier fünfundzwanzig vollständige Skelette zusammengetragen sowie einzelne Körperteile wie beispielsweise die Zunge des heiligen Johannes von Nepomuk, der zu Tode gefoltert wurde, weil er sich weigerte, das Beichtgeheimnis zu brechen. All diese angehäufte Frömmigkeit läßt Rudolf unberührt; statt dessen spürt er voraus, daß in dieser geheimnisvollen Stadt dunkle Mächte zu wirken und gegeneinander anzukämpfen beginnen und daß er dazu ausersehen sein wird, die Auseinandersetzung zu schlichten. Dieses Prag mit seinen Giften und todbringenden Säften, Prag, in dem sich Scharlatane und Mystiker, Spiritisten und Hexenmeister, Rabbiner,

Engel, Astrologen und Geisterbeschwörer ein Stelldichein geben, dieses von spitzen Türmen überragte Prag, das von verwinkelten Gassen durchzogen wird, die in Kellerverliesen, auf Friedhöfen oder vor hohen Mauern enden, Prag, das den astronomischen Uhren die Zeit vorgibt, übt seinen Zauber auf seinen neuen König aus.

Im Dezember wählen die Polen Maximilian zu ihrem König. Der Kaiser hat vergeblich darum gebeten, seinem Sohn die Krone zu übergeben, und nun tragen sie sie ausgerechnet ihm an, der schon jetzt unter seinen vielen Aufgaben zusammenbricht und sich nur noch Ruhe wünscht. Er lehnt ab. Aber die Polen wenden sich deshalb dennoch nicht Ernst zu, sie ziehen Stephan Báthory vor.

Maximilian beruft den Reichstag in Regensburg ein, um Rudolf zum Römischen König wählen zu lassen, die letzte Hürde, die noch zu überwinden ist auf dem Weg zum Kaisertum.

Während sein Vater, seine Mutter und seine Brüder sich auf die Reise nach Regensburg machen, bleibt Rudolf in Prag. Zweimal schon, als König von Ungarn und König von Böhmen, hat er die Attribute des Königtums in Händen gehalten und dennoch nicht bei der Salbung die Erhabenheit eines Monarchen in sich aufsteigen gespürt.

Dieses Gefühl wird ihn erst überkommen, wenn er zum neuen deutschen Kaiser wird. In diesem Augenblick wird er sich geblendet, erleuchtet und verzückt fühlen, gesalbt und geheiligt nicht nur äußerlich durch die Hände der Geistlichen, sondern von innen heraus, durch die Gnade Gottes. Es wird sich während der Krönung zutragen, die ihm eine Autorität und Macht verleihen wird, die nur in der des Papstes ihresgleichen findet.

In diesem Augenblick wird er die wahre Investitur empfangen, die Anerkennung einer ihm seiner Auffassung nach von einem höheren Willen als dem der Menschen übertragenen Legitimität. Er wird seinen Körper dem himmlischen König der Könige weihen und seinen Untertanen auf Erden, indem er sich restlos in ein Schicksal ergibt, das ihn über alle anderen Menschen stellt und das alle angelernten Rollen von ihm abfallen läßt. Diesmal wird er keine Rolle spielen müssen, er wird der Kaiser sein. Er selbst wird sich als unanfechtbarer *Caesar germanicus* aus dieser Krönung hervorgehen sehen.

In der Zwischenzeit macht er sich an die Arbeit.
Zum erstenmal im Leben sieht er sich allein der Wirklichkeit des Regierens gegenüber und wird mit religiösen Forderungen von allen Seiten bestürmt. In Prag gesellen sich zu dem durch die Wiedereinsetzung der Jesuiten 1556 neu entfachten Haß zwischen Katholiken und Protestanten alte Probleme hinzu, die durch die typisch böhmischen Strömungen der Hussiten, Utraquisten und der Böhmischen Brüder aufgeworfen werden.
Seit den Ketzerverbrennungen in Toledo verabscheut Rudolf Glaubensauseinandersetzungen. Aber er beschäftigt sich mit diesem Problem, das bereits ein Jahrhundert vor Luther für Verwirrung in Böhmen gesorgt und am 6. Juli 1415 Jan Hus auf den Scheiterhaufen gebracht hat.
Jan Hus, der erste Rektor der theologischen Fakultät an der Universität von Prag, predigte in der Bethlehemskapelle und bei der alljährlichen böhmischen Synode auf tschechisch, nicht auf lateinisch. Er forderte die Rückkehr zu den Tugenden der urchristlichen Kirche und wet-

terte gegen den Gegenpapst Johannes XXIII. (1410–15) an, der jedem Ablaß versprach, der an einem Kreuzzug gegen Ladislaus von Neapel, den Beschützer Gregors XII., teilnahm.

Nach der Hinrichtung von Jan Hus nahm der Adel von Böhmen, Moravien und Schlesien seine Ideen auf, die unter den Bauern und der armen Stadtbevölkerung weitergetragen wurden. Tausende von Hussiten ließen sich in Tábor nieder, um dort nach der Lehre Christi zu leben. Einige von ihnen wurden gefangengenommen, und eine Delegation machte sich auf zur Burg, um ihre Freilassung zu fordern. Die königlichen Berater lehnten ab, woraufhin sie von den Hussiten aus dem Fenster geworfen wurden. Das war der erste Prager Fenstersturz. Die Krise weitete sich zum Krieg aus, als Kaiser Sigismund, der auch König von Ungarn und mitverantwortlich für die Verurteilung von Jan Hus war, zum Kreuzzug gegen die Hussiten aufrief. Angesichts dieser das ganze Land bedrohenden Gefahr vereinigten sich die beiden Strömungen der Hussiten, die gemäßigten Prager oder Utraquisten und die unnachgiebigen Taboriten in Südböhmen, um gemeinsam gegen die Kaiserlichen anzukämpfen, und verfaßten dann die Vier Prager Artikel, in denen sie die Freiheit zur Predigt, das Abendmahl in beiderlei Gestalt, Besitzlosigkeit der Kirchenmänner und die Bestrafung von Todsünden durch zivile Gerichte, wie es auch dem Prinzip der Inquisition entspricht, forderten. Die Ablehnung des Königs löste einen Krieg aus, der von 1419 bis 1436 andauerte. Danach war das Land ausgelaugt. Auf dem Konzil von Basel begonnene und in Prag fortgesetzte Unterhandlungen führten zu einer Einigung: den Compactata, die das Abendmahl in beiderlei Gestalt zuließen. Die starrsinnigen Taboriten,

die jeden Kompromiß ablehnten, wurden 1434 in der Schlacht von Lipany besiegt. Der Landtag zu Iglau bestätigte die Compactata, und damit war eine Stabilisierung geschaffen, die bis ins 16. Jahrhundert hinein anhielt, als sich das Luthertum in Böhmen ausbreitete und zahlreiche Hussiten zum katholischen Glauben zurückkehrten und die Taboriten sich zur Böhmischen Brudergemeinde zusammenschlossen.
Rudolf ist jede Form von Fanatismus verhaßt. Er hat diese generationenalten Auseinandersetzungen geerbt und sucht nun nach einem Kompromiß mit Gesprächspartnern, die schon mit seinem Vater verhandelt haben: mit dem Burggrafen Wilhelm von Rosenberg, der der Seite der Protestanten in den böhmischen Staaten vorsteht, und dem Anführer der Katholiken, dem Fürsten Zdenko von Lobkowitz.
Währenddessen kämpft Maximilian in Regensburg immer noch darum, die Krone des Kaiserreichs an ihn weiterzugeben.

»Caesar germanicus«

Der junge König von Böhmen langweilt sich in Prag und versucht gerade, die religiösen Fragen zu entwirren, die schon seinen Eltern das Leben vergällt haben, als ihn die Nachricht von der Krankheit seines Vaters in seinem Schloß aufstört. Ihm wird plötzlich bewußt, daß Maximilian sterben wird, bevor er seine Wahl zum Kaiser erreicht hat.

Maximilian, der sich nichtsahnend auf den Weg gemacht hatte, ist noch vor seiner Ankunft in Regensburg auf rätselhafte Weise erkrankt. Seine sechs Leibärzte sind sich in der Diagnose einig: Der Kaiser hat zuviel Fisch gegessen. Es mutet jedoch unwahrscheinlich an, daß Maximilian sich ganz gegen seine Gewohnheit übertriebenen Tafelfreuden hingegeben haben und seine Gesundheit ernstlich in Gefahr gebracht haben soll.

Dann hat sich der Kaiser erholt, ist in Regensburg angekommen, hat dem Reichstag vorgestanden, der zu seiner Zufriedenheit verlaufen ist, da der spanische Botschafter eine Adresse Philipps II. verlesen hat, in der er die Kurfürsten dazu aufruft, Rudolf ihre Stimme zu geben, »den er liebt und schätzt wie einen eigenen Sohn«. Aber während der Verhandlung wird Maximilian ohnmächtig. Die Ärzte, die nun nicht mehr den Fisch für das Unwohlsein verantwortlich machen können, schieben dem eisgekühlten Wein sowie Birnen und Kirschen die Schuld zu. Es steht außer Zweifel, daß Seine Majestät der Kaiser im Sterben liegt. Kaiserin Maria läßt in aller Eile nach Rudolf ausschicken, während sie den Kaiser am Leben zu erhalten versucht.

Rudolf ist vierundzwanzig Jahre alt, als er ans väterliche Sterbelager tritt. Bis zu diesem Augenblick hat er noch nie jemanden sterben sehen, der ihm nahegestanden hätte. Er erlebt den schweren Todeskampf mit. Die Gelehrten verabreichen Aloe, doch als die erhoffte Wirkung ausbleibt, läßt man eine Heilerin und einen Astrologen kommen. Rudolf wird nie vergessen, daß man sich, um den angeblichen Verfechter des römisch-katholischen Glaubens zu retten, an jene Parallelmächte wendet, deren Wirksamkeit geleugnet wird, solange noch irgendeine rationale Maßnahme Erfolg gegen das Übel verspricht.

Was für ein Abstieg seit Karl V., der noch die letzte Ölung erhielt und die heilige Kommunion für sich erbat! Rudolf hat schon jetzt keine hohe Meinung von den Glaubensauseinandersetzungen; bis er seinen Glauben anzweifelt, wird noch einige Zeit vergehen, aber als man Magdalena Streicher mit ihren Phiolen nach Ulm holt, setzt sich ein zweifelhaftes Gift in ihm fest. Sie verabreicht ein geheimnisvolles Elixier, und es kommt unleugbar, wenn auch nur vorübergehend, zu einer Besserung seines Zustands. Rudolf fängt an zu grübeln. Wenn diese Frau in ihrer Wissenschaft bewanderter wäre, hätte sie Maximilian vielleicht am Leben erhalten können. Die Ärzte sind ratlos, die Priester spenden ihren Trost, indem sie das Reich Gottes verkünden, aber Mag-

dalena hat eine geringfügige Besserung herbeigeführt. Wo beginnt die Macht der Wundermittel, und wo endet sie?
Nach der Zauberin ruft man den Astrologen Taddaeus Hájek herbei. Der Freund des Sternendeuters Tycho Brahe, der die Voraussage über den Tod des Löwen treffen wird, ist auch ein Alchimist und sucht Maximilians Heil in Gestirnkonstellationen. So findet sich Rudolf also am Totenlager seines Vaters von zwei Kräften umgeben, die sein Leben bestimmen werden: der Alchimie und der Astrologie. Aber noch ist die Zeit der Magier für ihn nicht angebrochen. Es wäre empörend, ließe sich der Erbe des Heiligen Römischen Reiches Deutscher Nation hinreißen, in die brodelnden Töpfe der Alchimisten zu schauen, stürzte sich der Neffe Philipps II. von Spanien kopfüber in den Okkultismus. Er widersteht um so leichter, als es der Hexe und auch dem Alchimisten nicht gelingt, seinen Vater zu retten.
Maximilians letzte Stunde kommt nur zu schnell. Karl V. blieb genügend Zeit, um abzudanken und sich innerlich auf die Begegnung mit seinem Schöpfer vorzubereiten. Maximilian kann weder auf Erden sein Werk vollenden noch Vorsorge für die Ewigkeit treffen.
Eine letzte Schlacht muß er noch schlagen. Er muß seinen Tod gewinnen.
Er hat mit einer Lüge gelebt und rechnet nicht mit einem friedvollen, sondern mit einem qualvollen Tod, bei dem ihn die Menschen, die ihm am teuersten sind, zu seinem eigenen Besten wie Dämonen der Hölle foltern, weil jeder sich von dem leiten läßt, was er für gut und richtig hält, und es ihm aufzuzwingen versucht.
Ein Glaubensbekenntnis ist der Einsatz bei dem Spiel, für den dieser neunundvierzigjährige Sterbende noch

einmal alle Kräfte zusammennimmt. Maximilian, der sein Leben lang betrogen hat, will als Protestant sterben. Diesmal gelingt es Maria nicht, das Geheimnis zu wahren. Schon geht das Gerücht in der Stadt um, der Kaiser verweigere die Sterbesakramente.

Kaiserin Maria kniet zu Füßen dieses Mannes, der ihr Vetter und Gemahl zugleich ist. Ihm hat sie fünfzehn Kinder geschenkt. Sie preßt ihr edelsteinbesetztes Kreuz an die Brust und fleht Maximilian an, den Kaplan hereinzulassen und zu beichten, bevor er vor den Schöpfer tritt. Ein römischer Kaiser muß auch im Tod ein Beispiel geben. Rudolf ist zugegen. Man hat ihn sieben Jahre in Spanien verweilen lassen, um einen guten Katholiken aus ihm zu machen. Er wird großen Schaden davontragen, wenn er seinen Vater ohne die Sterbesakramente verscheiden sieht.

Der abgezehrte Maximilian aber weigert sich und antwortet, daß der Priester, der ihm die Beichte abnehmen wird, im Himmel ist und er mit ihm bereits seinen Frieden gemacht hat.

Seine Schwester, Anna von Österreich, Herzogin von Bayern, bedrängt ihn ebenso wie die Kaiserin mit ihren flehentlichen Bitten. Maximilian schickt Frau und Schwester fort.

Sein siebtes Kind, Matthias, kommt herbei und bittet ihn inständig, die Beichte abzulegen. Auch er wird fortgeschickt.

Nun tritt der spanische Botschafter auf den Plan. Das Kaiserreich wird es nicht überstehen, wenn bekannt wird, daß sein Oberhaupt Protestant ist, es wird der gesamten Familie schaden, die Philipp II. gemachten Versprechungen dürfen nicht gebrochen werden. Der Botschafter wird fortgeschickt.

Auch der päpstliche Legat hat etwas dazu zu sagen. Hier geht es um die Ewigkeit und um Schwüre, die nicht etwa nur den Menschen geleistet wurden, sondern vor Gottes Thron. Der Legat wird fortgeschickt.
Rudolf versucht nicht, seinem Vater ins Gewissen zu reden.
Am 25. Juni 1576 stirbt Maximilian als guter Protestant.
Maximilian wollte in Sankt Veit zur letzten Ruhe gebettet werden.
Rudolf führt den Trauerzug über den Königsweg vom Pulverturm zum Palast. Er zieht hinter dem von Würdenträgern mit den kaiserlichen Insignien umgebenen Katafalk durch die mit Häusern aus Gotik und Renaissance gesäumten Straßen und betritt die Karlsbrücke. Plötzlich kommt es am Ende des Zugs zu einem Aufruhr, der in Panik umschlägt. Das Glockengeläut erinnert an das der Bartholomäusnacht vor vier Jahren. Die Beerdigungsfeierlichkeiten haben einen Schwall von Katholiken in die Stadt gezogen – gäbe es einen günstigeren Moment, um die Reformierten auszuschalten? Schon greift die Angst um sich. Hochangesehene Männer flüchten sich rennend in Hauseingänge und bitten wild klopfend um Einlaß, während das Volk kopflos das Weite sucht und sich dabei gegenseitig niedertrampelt. Von der Altstadt ausgehend erfaßt die Panik den ganzen Trauerzug und dringt bis zur Karlsbrücke vor. Die kaiserlichen Würdenträger lassen Embleme, Banner und Juwelen einfach fallen und suchen das Weite.

Nachdem er am 27. Oktober 1576 zum Kaiser gewählt worden ist, läßt Rudolf sich genug Zeit, die kaiserlichen Insignien aus Nürnberg kommen zu lassen, wo sie seit

1424 aufbewahrt werden, und läßt sich dann in aller Eile krönen.
Das Volk flüstert sich hinter vorgehaltener Hand zu, daß er es zu eilig habe; er hätte lieber erst die Trauerzeit verstreichen lassen sollen, ganz zu schweigen davon, daß der November, der Totenmonat, unter keinem guten Vorzeichen steht. Seine Anhänger erwidern, daß er mit dieser Eile nur dem letzten Wunsch des Vaters entspricht.
So verkündet neues Glockengeläut am 1. November 1576 der Welt die Krönung Rudolfs II. von Habsburg zum Kaiser des Heiligen Römischen Reiches deutscher Nation.
Die Menschenmenge, die zur Krönung gekommen ist, obwohl die kopflose Flucht bei den Trauerfeierlichkeiten erst so kurz zurückliegt, zittert in abergläubischer Furcht. Der für alle Anzeichen empfängliche Rudolf spürt diese Angst und wird auf dem Weg zur Krönung von quälender Sorge befallen.
Doch dies ist die Stunde der Salbung, die alle anderen nichtig erscheinen läßt. In diesem Augenblick wird Rudolf zum Nachfolger Karls des Großen, der am Weihnachtstag im Jahre 800 gekrönt wurde. Endlich wird in ihm die Empfindung wachgerufen, die er sich so sehr erhofft hat. Der Gesang und die Pracht der priesterlichen Gewänder lassen sie zu einem tiefen, heftigen Gefühl anschwellen, aber dieses Gefühl ist ästhetischer, sinnlicher Natur und mehr nicht. Rudolf wird von einem irdischen Gefühl überwältigt, ohne dabei eine Wandlung durchzumachen. Vergeblich sucht er darin nach einem Widerhall des Göttlichen. Er findet sich damit ab.
Schwer wiegt auf Rudolfs Schultern der sagenumwobe-

ne Mantel, den Friedrich II. 1220 aus dem Schatz der Könige von Sizilien ausgewählt hat. Er ist mit einem über einem Kamel kauernden Löwen als Symbol königlicher Macht und einer Palme als Lebensbaum bestickt.[1] Auf seinem Kopf prunkt die achteckige Krone Kaiser Ottos II., das Zeichen des himmlischen Jerusalem.[2] In seiner Hand lastet der Reichsapfel, der zum Symbol der christlichen Vorherrschaft über die Welt von einem Kreuz überragt wird.[3] Neben ihm das Reichsschwert aus dem 11. Jahrhundert, in dessen Klinge vierzehn Königsfiguren eingraviert sind.

Wie sein Vater und Großvater und wie alle Kaiser, die vor ihm aufeinander gefolgt sind, schwört Rudolf auf das purpurrote karolingische Krönungsevangeliar. Er ist zum Kaiser gekrönt. An äußerlichen Zeichen und Symbolen fehlt es nicht, aber noch immer will sich die erwartete Offenbarung nicht einstellen. Die Glocken läuten, Vivatrufe und Jubel branden auf.

Die Fürsten leisten ihm den Treueeid. Was unterscheidet ihn heute als Kaiser von dem, der er gestern war?

Unter dem hämischen Grinsen der Wasserspeier und in Stein gehauenen Teufelsfratzen verläßt der neue *Caesar germanicus* die Kathedrale.

Ein des Regierens müder Kaiser

In Wien, der Hauptstadt des Reichs, regiert Rudolf II. zunächst sieben Jahre lang, bevor er seinen Sitz in die magische Stadt Prag verlegt, zu der es ihn unwiderstehlich hinzieht.

In diesen sieben Jahren wächst sein Widerwille gegen diese Stadt, in der seit der Eröffnung des väterlichen Testaments ein Ärgernis nach dem anderen über ihn hereinbricht. Der Tradition gemäß pflegte der verstorbene Kaiser sein Herrschaftsgebiet unter seinen Söhnen zu verteilen. Maximilian, der immerhin sechs Söhne hatte, hinterließ Rudolf II. alles und fand die anderen mit großzügigen Geldsummen ab. Aber die anderen, allen voran Matthias, der seinem Bruder am Ende die Krone entreißen wird, wollen regieren. Also beginnen Ernst, Matthias, Maximilian, Wenzel und Albrecht, Forderungen zu stellen, als wäre Rudolf II. ihnen gleichgestellt und nicht der Kaiser. Das Reich ist aber unteilbar – und so muß Rudolf II. sich gleich als erstes den eigenen Brüdern gegenüber als Kaiser behaupten. Er weigert sich, ihren Wünschen nachzukommen und verhandelt mit seiner aufmüpfigen Verwandtschaft. Da meint es das Schicksal gut mit ihm und läßt Wenzel sterben, der bei seiner Schwester, der Königin, und Philipp II. am Madrider Hof lebt. Seinen Bruder Ernst ernennt Rudolf II.

zum Statthalter von Niederösterreich und Maximilian zum Statthalter Oberösterreichs. Matthias und Albrecht gehen leer aus.

Zwar findet sich Albrecht, der sieben Jahre jünger ist als Rudolf II., damit ab, aber Matthias hatte damit gerechnet, vor dem ein Jahr jüngeren Maximilian bedacht zu werden. Doch Rudolf mißtraut dem bigotten Matthias, der den Vater noch auf dem Sterbebett bedrängt hat, die Beichte abzulegen. Es wäre ihm durchaus zuzutrauen, daß er eine blutige Gegenreformation nach dem Vorbild der von Philipp II. in Flandern praktizierten einleiten würde, wenn er nur die Macht dazu hätte. Darum geht Rudolf II. mit Matthias hart ins Gericht. Er hält ihn für impulsiv, selbstgefällig, starrsinnig und unreif und vertraut ihm aus Angst, später seine Fehler wieder bereinigen zu müssen, keine einzige Regentschaft an. Auf diese Weise glaubt er, allem Ärger aus dem Weg gehen zu können, aber es kommt anders. Der rachsüchtige Matthias wird ihm niemals vergeben.

Auch Rudolf II. ist mit diesem Testament, das den Ältesten derart bevorzugt, keineswegs zufrieden, denn es sieht eine Aufteilung der Kunstsammlungen vor, und ihm fällt es sehr schwer, sich auch nur von einem der Kunstwerke zu trennen. Lieber setzt er seinen Brüdern hohe Renten aus, bevor er die Sammlungen auseinanderreißt. Anders als ein Händler oder ein Spekulant ist er bereit, auf Geld zu verzichten, aber nicht auf unwiederbringliche Schöpfungen, und wenn er ein Kunstwerk besitzen will, bezahlt er dafür auch den zehnfachen, wenn nicht den hundertfachen Wert.

Und nun ist er, kaum gekrönt, durch die dynastischen Gesetze gezwungen, Kunstwerke preiszugeben, denen seine Leidenschaft gilt. Blutenden Herzens überläßt er seinem Onkel, Erzherzog Ferdinand von Tirol,[1] die beiden Stücke, die der Erbfolge nach dem Rangältesten der Familie zukommen: das *Ainkurn*, ein riesiger, fast zwei Meter langer, gedrehter Stoßzahn, der an einen Pilgerstab erinnert,[2] und eine Achatschale. Der Stoßzahn stammt von einem männlichen Narwal oder Meereseinhorn, einem mächtigen Säugetier des Arktischen Meeres. Von der Achatschale des Hauses Österreich aber wird seit jeher behauptet, sie sei der von den Rittern der Tafelrunde gesuchte Heilige Gral, in dem Joseph von Arimathäa das Blut Jesu auffing. Der in Konstantinopel aufbewahrte Gral war bei der Plünderung durch die Kreuzritter im Jahre 1204 geraubt worden und auf diese Weise in den Besitz der Herzöge von Burgund gelangt, um schließlich durch die Tochter Karls des Kühnen an die Habsburger überzugehen.

Rudolf II., hin und her gerissen zwischen Glauben und Aberglauben, Gott und Legende, schreibt diesen beiden Gegenständen übernatürliche, glücksbringende Kräfte zu und gelangt schließlich zu der Überzeugung, daß sein Onkel Ferdinand, der ja bereits über üppigste Sammlungen verfügt, auch auf sie verzichten kann.

Rudolf II. war noch nicht geboren, als Ferdinand, zunächst in Prag, wo er bis zum Tod seines Vaters, Kaiser Ferdinands I., lebte, dann in Innsbruck und schließlich in Schloß Ambras, diesem ungewöhnlichen Sitz hoch auf einem Berggipfel mit umgebenden Wehrbauten, Esplanaden, französischen Gärten und einem kleinen runden Tempel, seine Sammlungen zusammentrug. In diesem Märchenschloß, wo sich Turniere und Bälle abwechseln, speist Ferdinand von Keramiken von Christoph Gantner, trinkt aus von in Gold gefaßten Korallen gehaltenen Straußeneiern, führt seinen Hund an einer Leine aus

massivem Gold spazieren und häuft dabei neben den Gemälden und Skulpturen, die den Grundstock seiner Galerien bilden, Kristalle von den Glasschleifermeistern seiner Fabrik in Hall, Mineralien aus Joachimstal im Erzgebirge und Schwaz in Tirol, Uhren mit kompliziertesten Mechanismen, Automaten, Nautilusbecher, ein perlmuttenes Toilettennecessaire und ein von Wenzel Jamnitzer signiertes Schreibzeug aus Silber an.
Das Außergewöhnlichste aber sind wohl die achtundvierzig sagenhaften Turnierrüstungen, die er mit der ganzen Leidenschaft eines Amateurs der Tjoste[3] zusammengetragen hat. Überdies besitzt er nicht nur die Geschenke Karls IX. von Frankreich aus dem Jahr 1570 – den diamantenbesetzten Michaelsbecher, das Glas aus Bergkristall Herzog Philipps des Guten von Burgund, eine goldeingelegte Tafelkanne aus Onyx, einen goldenen Pokal –, sondern auch ein Stück, das nicht seinesgleichen hat, weil der Künstler kein zweites Mal etwas Vergleichbares schuf: das zwischen 1540 und 1543 für Franz I. angefertigte Salzgefäß von Benvenuto Cellini mit einem Neptun, der der personifizierten Erde gegenübersitzt, beide nackt, wie es unter den Göttern der Antike üblich war.
Und ausgerechnet diesem Mann, der auf der ganzen Welt einzigartige Schätze besitzt, muß Rudolf II. den Gral und den Stoßzahn des Meereseinhorns ausliefern. Er leitet sofort die ersten Schritte ein, sie zurückzugewinnen. Erzherzog Ferdinand glaubt, diesen dreiundzwanzig Jahre jüngeren Neffen mit der noch frischen Sammlerleidenschaft besänftigen zu können, indem er ihm den Gral und das *Ainkurn* zur Aufbewahrung anvertraut, aber Rudolf lehnt ab: Er will selbst besitzen, was er begehrt.

Um sich über den unersetzlichen Verlust hinwegzutrösten, schließt er sich ganz allein mit den schönsten Sammlungen Europas in seine Schatzkammer ein, den burgundischen Sammlungen, die seit der Heirat Maximilians I. mit Maria von Burgund die deutschen ergänzen.

Kaum hat er die Enteignung einigermaßen verkraftet, sieht sich Rudolf einem von Matthias heraufbeschworenen politischen Skandal gegenüber.

Der zwanzigjährige Matthias mit seinen bescheidenen Geistesgaben und dem neidzerfressenen Herzen ist die ideale Beute für jeden Verschwörer, und so spricht bei ihm eines Tages ein Bote im Geheimauftrag aus den Niederlanden vor, wo sich Katholiken und Protestanten bekriegen und man einen Fürsprecher braucht, der sowohl mit Philipp II. als auch mit Wilhelm von Oranien verhandeln kann. Wäre Matthias loyal, müßte er Rudolf II. davon berichten, aber er will es ihm im Gegenteil heimzahlen und gefällt sich in seiner unverhofften Rolle, ohne sich zu fragen, ob er einer Aufgabe gewachsen sein kann, an der schon Karl V. und Philipp II. gescheitert sind. Da er zu allem entschlossen ist, scheint ihm ein Weg so gut wie der andere, und so steigt er am 3. Oktober 1577 nachts, nur mit seinem Hemd bekleidet, aus dem Fenster seines Schlafzimmers im zweiten Stock der Alten Hofburg, klettert an der Fassade hinunter, schwärzt sich das Gesicht, streift die Kleider eines Dieners über, schleicht sich an den Wachen vorbei und flieht aus seinem eigenen Schloß.

Als Wilhelm von Oranien zu Ohren kommt, daß dieser Grünschnabel in Brüssel angekommen ist, der sich, obwohl er weder Erfahrung noch besondere Fähigkeiten besitzt, in einen unlösbaren Konflikt einzumischen gedenkt, wendet er sich an Franz von Anjou, den Bruder des französischen Königs, um den Einfluß Habsburgs zu konterkarieren. Franz von Anjou verhält sich seinem Bruder und König, Heinrich III., gegenüber loyal und unterrichtet ihn von dem Vorschlag. Heinrich rät ihm, sich aus der Sache herauszuhalten. Mag Matthias den Kaiser in die flandrische Bredouille gezogen haben, Frankreich aber wird sich keinesfalls darin verwickeln lassen.

Rudolf II. erkennt, daß dieses Bravourstück eine Kriegserklärung ist, aber als Oberhaupt des Hauses Österreich verhält er sich wie ein General, der die Fehler seiner Untergebenen deckt, und schickt Mittel, um Matthias heimzuholen, der am Ende seines Abenteuers angelangt ist und nicht mehr weiß, wohin. Matthias steckt das Geld ein, macht sich auf den Weg und unterbricht die Reise in Linz, um zu verkünden, daß er nicht mehr weiterziehen wird, wenn ihm sein Bruder nicht die Verwaltung einer Provinz überträgt.

Mit dieser Erpressung beginnt ein langjähriges Zerwürfnis. Rudolf II. vergibt Matthias seinen Verrat nicht, weigert sich, auf seine Forderungen einzugehen, und hindert ihn sogar an einer Heirat, indem er das Gerücht in Umlauf setzt, er sei impotent.

Er selbst ist es nicht, und er vergißt in der Gesellschaft der »kaiserlichen Frauenzimmer« ganz, daß es noch die kleine Verlobte gibt, die er in Spanien zurückgelassen hat. Die Infantin ist noch ein Kind und soll noch ein wenig erwachsener werden! Maria macht sich Sorgen. Auch Maximilian hat in seiner Jugend keine erotischen Abenteuer verschmäht, aber er hat geheiratet, um den Fortbestand des Herrscherhauses zu sichern, und fünfzehn Kinder gezeugt.

Rudolf II. möchte nach seinen eigenen Vorstellungen leben, und diese entsprechen nicht unbedingt denen der römisch-katholischen Kirche. Seine ihm anverlobte Cousine Isabella Clara Eugenia ist aber eine Infantin, wie seine Mutter, die Kaiserinwitwe. Vielleicht wird die Tochter Philipps II. ja von derselben streitbaren Energie getrieben wie Maria, die Tochter Karls V. In diesem Fall würde Rudolf Gefahr laufen, unablässig gegen seine Frau ankämpfen zu müssen, um nach eigenem Gutdünken handeln zu können. Seine Mutter möchte eine wahrhafte Infantin in den Palast und damit in sein Bett bringen, die ihn Tag und Nacht überwachen und mit ihrem Vater Briefkontakt halten wird, ohne daß man sie daran hindern könnte. Wenn Rudolf einlenkt, wird er einen Spion im eigenen Haus haben und sich nicht des Eindrucks erwehren können, daß sein Onkel Philipp alles unter Kontrolle hat.

Rudolf II. hat ein fünfjähriges Kind zurückgelassen, das er inzwischen vergessen hat. Aber Philipp ruft ihm die Infantin wieder ins Gedächtnis zurück. Als sie dreizehn Jahre alt ist, gibt er die Verlobung öffentlich bekannt. Rudolf II. ist fassungslos, denn seine Heirat scheint nun durchaus konkrete Formen anzunehmen.

Maria sieht in dem ganzen Vorhaben nur Positives. Die Tochter ihres Bruders wird ihren Sohn heiraten. Sie selbst hat auch ihren Vetter geheiratet. Vielleicht werden die beiden Habsburger Linien durch ihre immer neuen Verwandtenehen eines Tages wieder ein einziges Staatengefüge und damit ein immenses abendländisches Reich bilden.

Alle Söhne Philipps sind tot. Es ist ihm nur einer geblieben: der Infant Don Philipp, der aber von schwacher Konstitution ist. Sollte dieses Kind nicht überleben,

wird Rudolfs Verlobte die dreiundzwanzig Königreiche ihres Vaters erben.
Rudolf II. kann sie sich einfach nicht entgehen lassen. Maria versucht ihn dazu zu bewegen, die Heirat nicht länger aufzuschieben. Er soll seinen Onkel nicht verärgern und sich umgehend als Neffe und Schwiegersohn Philipps II. die zweite Position in der Erbfolge verschaffen.
Diese unwiderlegbaren Argumente überzeugen auch Rudolf II., der schließlich nachgibt. Philipp schickt ihm den Heiratsvertrag, in dem in Anbetracht des zarten Alters der Braut ein Hinauszögern des Ehevollzugs vorgesehen ist. Nun soll Marias größter Wunsch in Erfüllung gehen. Ihr Sohn wird die Erbfolge sichern und ihr Enkelsohn vielleicht eines Tages Herr über das ganze Abendland sein.
Auch Rudolf II. spielt mit diesem Gedanken, aber als er den Vertrag vor sich hat, der sein Schicksal an das der Infantin bindet, schiebt er die Unterzeichnung auf.

Da stirbt Anna, die Königin von Spanien und Schwester Rudolfs II., mit einunddreißig Jahren während ihrer sechsten Schwangerschaft. Philipp steht wieder einmal als Witwer da. Er beschließt, eine weitere Nichte zu heiraten, nämlich Elisabeth, die junge und hübsche Witwe Karls IX. von Frankreich, die von Heinrich III. verschmäht worden ist.
Rudolph II. kennt diese Schwester kaum, die getrennt von ihm aufgewachsen ist, aber sie ist eine verführerische Frau, sie war die Herrscherin über Frankreich und hat ihm nie die geringste Sorge bereitet. Er hat nicht die Absicht, seine Schwester zu etwas zu zwingen, das ihm selbst zuwider ist, und verfällt auf ein stichhaltiges Argu-

ment gegen diese Heirat: Als Witwe eines Königs von Frankreich kann sie nicht wieder heiraten, es sei denn einen anderen König von Frankreich.
Und so triumphiert die Jugend über die Staatsräson, und Rudolf II. bringt unter Mißachtung seiner eigenen Interessen das von Karl V. eingerichtete kaiserliche Herrschaftssystem ins Wanken, das auf immer neuen Eheschließungen innerhalb der Familie basiert.
Rudolf II. hält die Sache damit für erledigt, aber Maria kann nicht dulden, daß ihr Bruder Witwer und ihr Sohn Junggeselle bleibt, wo sich doch so einträgliche Verbindungen knüpfen ließen. Ihr Sohn widersetzt sich der Ehe vor allem deshalb, weil ihm seine Astrologen die irrwitzigsten Flausen in den Kopf setzen und er sich lieber ihnen anvertraut, bevor er sich von seiner Mutter, dem gesunden Menschenverstand und der Pflicht leiten läßt. Philipp hat aber mehr als einmal seinen guten Willen in Heiratsdingen bewiesen. Rudolf weigert sich, Elisabeth ihrem Onkel auszuliefern. Eine Tochter hat Maria noch, Margarethe. Böse Zungen bezeichnen sie zwar als mißgestaltet, aber sie ist fünfzehn und Erzherzogin.
Bei dem Gedanken, daß nun die Verhandlungen wieder von vorn anfangen, wird Rudolf II. magenkrank. Er quält sich mit der Ungewißheit, der Melancholie und Unentschlossenheit, mit Größenwahn, Selbstzweifeln und der Einsamkeit. Inzwischen mag er sich nicht mehr der Religion seines Vaters anvertrauen und auch nicht der seiner Mutter. Er sucht nach neuen Wegen. Während eines besonders heftigen Anfalls zieht er, ohne auf die Mißbilligung seiner Mutter zu achten, den alten Crato zu Rate, der schon seinen Vater behandelt hat und inzwischen so hinfällig ist, daß er getragen werden muß.

Die Krankheit läßt nach, aber im Herbst 1580 erleidet Rudolf einen Rückfall. Die Vorhersagen sind niederschmetternd. Man wartet auf das Vorüberziehen eines Kometen mit seinen stets katastrophalen Auswirkungen. Der alte Crato kann nichts mehr für ihn tun. Rudolf leidet an Körper und Seele. Seine Hände sind eiskalt, die Stirn glüht, er kann nicht aufstehen, ist kurzatmig – es geht ihm so schlecht, daß die Ärzte dem Patienten, der sich weigert, ihre Verordnungen zu befolgen, das baldige Ende voraussagen, was sie gleichzeitig ihrer Verantwortung enthebt.
Rudolf schickt sie fort und läßt seine Astrologen kommen. Die römischen Kaiser haben es ebenso gemacht. Tiberius hat niemals einen Arzt befragt, nur Astrologen, und er ist siebenundsiebzig Jahre alt geworden. Nero hat sich im Horoskop geirrt, aber es war dennoch kein Fehler, sie zu konsultieren, und Nerva, der bekanntermaßen zur fünften Stunde gestorben ist, ganz wie es ihm ein Orakel vorhergesagt hatte, versteckte zu Neros Lebzeiten alle Vorhersagen, die allzu günstig für ihn ausgefallen waren. Einzig Domitian hat die Astrologen fortgejagt, aber er hatte schon von Natur aus einen Hang, alle Welt zu verfolgen. Er kontrollierte mitten auf der Straße, ob jemand beschnitten war, und verfolgte die Christen bis in seine eigene Familie hinein. Einen Vetter und eine Nichte ließ er hinrichten.
Rudolf II. ist achtundzwanzig Jahre alt und fühlt sich dem Tod nahe. Er liegt völlig geschwächt auf seinem Krankenlager, einem nochmaligen Aderlaß verweigert er sich. Statt dessen bereitet er sich auf den Tod vor. Die Erzherzöge können es gar nicht abwarten, bis ihr ältester Bruder erstarrt daliegt, und streiten sich schon jetzt um die Nachfolge.

Rudolfs Haß auf sie ist so groß, daß er sich nach Kräften gegen den Tod wehrt, schon um sie zu ärgern. Aber die endlose Genesungszeit erschöpft ihn. Seine Schwermut ist lastender als je zuvor.
Maria macht sich keine Sorgen mehr um ihren Sohn und schlägt vor, Margarethe nach Spanien zu bringen. Rudolf ist zu schwach, um Widerstand zu leisten, und läßt sie ziehen. Seine Mutter gönnt ihm aber keine Ruhe und bedrängt ihn aus Spanien, endlich ein Datum für seine Verehelichung festzusetzen:

»Der Mann kann durch die eigene Beherztheit über sein Schicksal bestimmen. Fällt er, wird er sich nur durch ein Wunder je wieder erheben, und wer sollte ihn dann noch respektieren? ... Die Widrigkeiten und Prüfungen hören nicht auf, solange er hienieden weilt, doch gibt ihm Gott den Verstand und die Charakterstärke, diese Beschwernisse zu überwinden. Auch Ihr habt von Gott diese Gaben erhalten, und deshalb müßt Ihr kämpfen, wie Eure Vorfahren es getan haben. Ihr fürchtet Eure Länder und Völker zu verlieren? Wer könnte sie Euch besser zu wahren helfen als der katholische König, der seine Tochter niemals im Unglück lassen wird? Eure Mutter und Euer Botschafter haben in Eurem Namen um die Hand der Infantin angehalten. Der König hat sie Euch gewährt. Wie ständet Ihr da vor Gott und der Welt, wenn Ihr seine Güte mit einer Beleidigung zurückzahltet und Eure Mutter in eine unerträgliche Situation bringen würdet? Fürchtet nur, daß der König seine Tochter einem anderen gibt und ihr Erbe dem Hause Österreich verloren geht.«

Es ist ein aufschlußreicher Brief, aus dem zu entnehmen ist, daß Rudolf II. bereits um seine Länder fürchtet, und in dem Maria zugibt, daß man zum Heiraten schon Mut aufbringen muß.
Zum Vergleich sei das Schreiben Karls V. an Philipp wiedergegeben:

»... es scheint mir nicht nur angebracht, sondern notwendig, daß Ihr eine neue Ehe eingeht, wobei Ihr die Partie wählen solltet, die dem öffentlichen Wohl am zuträglichsten sein wird, und sichert Ihr Euch somit eine Nachkommenschaft, die sich bemühen wird, Eure Königreiche und Eure Länder zusammenzuhalten. So lautet denn mein Rat für Euch und meine Bitte, erforderlichenfalls, eingedenk meiner väterlichen Zuneigung und der Liebe, die ich für Eure Untertanen hege, die Verbindung einzugehen, die ich Euch vorschlage.
Ich werde Euch nicht bedrängen, die eine eher als die andere Wahl zu treffen, und mich darauf beschränken, Euch in Erinnerung zu rufen, daß Ihr in dieser Sache vor allem den Dienst an Gott, das allgemeine Wohl der Christenheit und das der Eurer Fürsorge anvertrauten Staaten im Auge haben müßt ... Wenn sich keine dieser beiden Heiraten [mit einer der Töchter des französischen Königs oder mit der Prinzessin d'Albert] zustande bringen läßt, sehe ich im Augenblick keine andere Partie als eine der Töchter des Königs der Römer, meines Bruders, oder die Infantin, die Tochter meiner Schwester, der Königinwitwe von Frankreich; da diese beiden Verbindungen die zwischen den beiden Familien bereits bestehende Zuwendung und verwandtschaftliche Nähe nicht mehren könnten, sollte man besser daran denken, anderweitig neue Freundschaftbande zu knüpfen. Im

übrigen überlasse ich es Euch, die Partie zu wählen, die Euch am besten zusagt, denn ich hege für jede dieser beiden Nichten dieselbe Zuneigung, nur bitte ich Gott, er möge Euch zu bestmöglichem Gelingen verhelfen.«[4]

In beiden Briefen wird das gleiche Ziel bekräftigt: der Erfolg mit Gottes Hilfe. Auch das angeratene Mittel hat sich nicht verändert. Wenn es sich nicht anders machen läßt, heiratet man innerhalb der Familie. Karl V. hat seinen Sohn beschworen, eine seiner Nichten zu heiraten. Maria trägt Rudolf II. mit ähnlichen Worten dieselben Vorstellungen an.

Rudolf II. tut so, als sei er einverstanden. Aber er stellt eine unannehmbare Bedingung: er fordert die Niederlande. Philipp II. lehnt ab, und daraufhin verlangt Rudolf spanische Besitzungen in Italien. Auch das wird abgelehnt. In der Zwischenzeit hat Margarethe angesichts dieses Onkels in den Fünfzigern, den ihre Mutter ihr als Ehemann zugedacht hat, ihre unwiderstehliche Neigung zur Religion entdeckt und flüchtet sich lieber in ein Kloster, bevor sie den spanischen Thron besteigt.

Maria ist in das Spanien ihrer Jugend zurückgekehrt in der Absicht, die Politik Karls V. fortzusetzen, indem sie die Ehe ihres Bruders, König Philipps II., und ihres Sohnes, Kaiser Rudolfs II., herbeiführt. Ihre Pläne scheitern.

Das Schlimmste von allem war Rudolfs Weigerung. Maria hatte ungeheure Hoffnungen in die Verbindung zwischen ihrem Sohn und der Infantin gesetzt; Maximilian bei seinen kaiserlichen Verpflichtungen zu halten war ihr noch einigermaßen gelungen, Rudolf aber konnte sie nicht daran hindern, sich immer mehr zurückzuziehen. Es war ein zu ungleiches Spiel mit einem Sohn, der seine Fühler in noch viel gefährlichere Regionen ausstreckte, als es sein Vater vor ihm getan hatte. Die Infantin hätte Rudolf von den »Frauenzimmern« ferngehalten, die seiner Gesundheit so abträglich waren, und auch von den Alchimisten, die sein Seelenheil gefährdeten. Denn unter dem Vorwand, er finde es unpassend, Vater Maggio seine Schandtaten zu berichten, geht Rudolf II. nicht mehr zur Beichte und auch nicht zur heiligen Kommunion. Anders als seinem Vater geht es ihm aber nicht darum, dem Glauben abzuschwören, sondern sich ganz der Alchimie zuzuwenden.

Die Kaiserinwitwe hat genug gekämpft. Sie hat ihre Stellung immer gut behauptet, jetzt aber steht ihr der Sinn nach Gott. Sie faßt denselben Entschluß wie ihr Vater, Karl V., und zieht sich, etwa im selben Alter wie er damals, in ein Klarissinnenkloster zurück.

Durch den Fortgang seiner Mutter verliert Rudolf II. jeglichen Rückhalt. Die Krankheit hat ihm Einblick in eine andere Welt gewährt. Er ist bis zur Schwelle des Todes vorgedrungen und wieder zurückgekehrt, er hat die Wege gesehen, die er einzuschlagen gedenkt. In Wien wird das nicht möglich sein. Also bereitet er sich in aller Heimlichkeit darauf vor, die Hauptstadt zu verlassen und sich nach Prag zu verfügen, der magischen Stadt am Kreuzweg des Abendlandes. In Prag wird er seine Wünsche nicht zügeln müssen, die in Wien noch immer einen Skandal hervorrufen würden. Und überhaupt lieben ihn die Wiener nicht, sie machen ihm sein spanisches Gehabe zum Vorwurf, im Grunde hat Rudolf II. in Wien keine Möglichkeit, er selbst zu sein. Er muß eine andere Luft einatmen.

Der Moskowiter

Aufgrund der verheerenden Einfälle der Türken in die Grenzlande beruft der Kaiser den Reichstag in Augsburg ein, um neuerliche Steuern zur Verteidigung dieser Gebiete erheben zu können. Es ist der erste von ihm einberufene Reichstag. Die Neugierigen drängen sich in Scharen. Die Herbergen sind überfüllt. Der Adel beeilt sich, in die Stadt zu kommen, Botschafter treffen ein, darunter einer, der ganz besonders die allgemeine Neugier erregt: ein Moskowiter, ein seltener Vogel.

Rudolf hat Lärm und große Menschenansammlungen noch nie gut ertragen können, aber seit seiner Krankheit hat die Furcht davor pathologische Formen angenommen: Er erläßt zwar eine Verfügung, in der die Einwohner aufgefordert werden, sich den Fremden gegenüber »freundlich und entgegenkommend« zu zeigen, beschwört sie aber gleichzeitig, Singen, Schreien und jede Art von Lärm zu unterlassen. Man möge sich in aller Stille vergnügen.

Am 27. Juni 1582 hält der Kaiser feierlichen Einzug in Augsburg, und am 12. Juli, anschließend an Messe und Prozession, eröffnet er den Reichstag. Der Bischof von Würzburg schildert, welche Gefahr die Ungläubigen mit ihren Übergriffen an den Grenzen für das deutsche

Vaterland bedeuten, und fordert die nötigen Mittel, um das Reich zu verteidigen.
Damit sind jene Winkelzüge eingeleitet, die Rudolf II. nicht ohne Grund so unerträglich findet und die er dennoch sein Leben lang ertragen muß. Wie ehemals seine Großväter und sein Vater spielt er die Katholiken gegen die Protestanten und die Protestanten gegen die Katholiken aus. Er kann nicht frei entscheiden und tun, was er für richtig hält, weil er vom guten Willen der Kurfürsten abhängig ist und den Frieden nur wahren kann, indem er in ständigen Verhandlungen mal dem einen, mal dem anderen die zum Regieren unerläßliche Unterstützung entzieht, pausenlos Versprechungen macht und sich gleichzeitig weigert, irgendwelche schriftlichen Zusagen zu geben. Er folgt Maximilians Politik bis in alle Einzelheiten, während er darauf wartet, daß das Kartenhaus einstürzt.
Zur Zeit verkaufen die protestantischen Kurfürsten ihre Stimme an den Meistbietenden. Aber einige Bistümer sind bereits der Reformation anheimgefallen – wenn noch eins konvertiert, werden sie in der Mehrzahl sein. Starr vor Angst bei dieser Aussicht, verweigern ihnen die Katholiken jegliches Zugeständnis. Die Protestanten blockieren die Verhandlungen. Ihnen verursacht eine türkische Invasion kein Kopfzerbrechen. Wenn Gott so etwas zuläßt, straft er damit die römisch-katholische Kirche. Sie hat es verdient. Rudolf II. erwidert, daß die Türken keine halben Sachen machen werden, wenn man sie erst einmal ins Kaiserreich läßt. Sie werden die Frauen vergewaltigen und den Leuten den Bauch aufschlitzen, und sie werden Katholiken und Protestanten ohne Unterschied auf den Scheiterhaufen bringen. Der Kurfürst von Sachsen läßt sich von dieser Perspektive er-

schüttern und stimmt in der Frage der Türkensteuer mit den Katholiken.

Von nun an kann der Kaiser sich mit aller Leidenschaft der Kontroverse widmen, die den ganzen Reichstag beschäftigt. Hier geht es nicht mehr um langweilige Notwendigkeiten, sondern um den Ablauf der Zeit.

Auf den Vorschlag des Legaten Gregors XIII. hin, einen neuen Kalender einzuführen, kommt es zu tumultartigen Reaktionen. Kardinal Madruzzo erwidert mit einem kurzen historischen Abriß und einem anschließenden Vortrag über die Astronomie.

Der Kalender geht auf Julius Cäsar zurück, aber im 16. Jahrhundert kann man die Zeit inzwischen sehr viel genauer messen als in der Antike. So kommt es zu einer Diskrepanz zwischen dem Stand der Sonne und der offiziellen Zeitmessung. Mit den Jahrhunderten aber wird diese Abweichung immer größer, so daß schon in wenigen hundert Jahren Weihnachten in den Juli fallen wird, wenn man den Julianischen Kalender nicht korrigiert. Seine Heiligkeit beabsichtigt deshalb auf Anraten seines Astronomen Lilius, den gebräuchlichen Kalender um zehn Tage zurückzurechnen, um ihn den Sonnenphasen anzupassen.

Er erntet stürmische Wutausbrüche und Gelächter. Die Pessimisten finden es unnütz, die Zeitrechnung in einer Welt durcheinanderzubringen, die ohnehin unvermeidbar auf die Apokalypse zusteuert. Die Protestanten verkünden, diese blasphemische Neuerung beweise einmal mehr, daß der Papst der Antichrist selbst sei, wovon sie schon lange überzeugt sind. Sie beteuern, daß keine ihrer Kirchen sich einer solchen Diktatur unterwerfen werde: Ein Kalender, der für Julius Caesar gut genug war, reicht ihnen vollkommen.

Selbst der Kurfürst von Sachsen will sich davon nicht abbringen lassen.
Der Moskowiter schweigt. In seinem Land hat man nicht gerade ein hohe Meinung von den Päpsten, die den Kreuzzug gegen die Orthodoxen gepredigt und die teutonischen Reiter losgeschickt haben, um das Land Alexander Newskijs zu überfallen. Die Russen werden ihre Zeit messen, wie es ihnen paßt.[1]
Rudolf II. ist gefesselt von dieser Diskussion, die sich mit kosmischen Fragen beschäftigt, statt sich um die Scheußlichkeiten zu drehen, die die Christen dazu treiben, sich gegenseitig umzubringen, seit Luther sein Gelübde gebrochen und die Nonne Katharina von Bora geheiratet hat. Er wägt die Argumente des Legaten ab. Hier dringt die Menschheit in die Geheimnisse des Kosmos vor und begibt sich in Einklang mit dem Lauf der Planeten.
Rudolf II. betrachtet sich als Sonnenherrscher. Er weiß, daß dieser Stern in der Alchimie eine wichtige Rolle spielt, aber er ist sich auch bewußt, daß mit dem Tod spielt, wer an der Zeit oder dem Kalender herummanipulieren will. Deshalb auch diese höchst erregte Debatte. Aber warum müssen die Protestanten bei einer simplen mathematischen Berechnung unbedingt mit religiösen Anschuldigungen um sich werfen? Woher diese Verwirrung? Wie können Zahlen, und sei ihre Berechnung auch noch so komplex, nur einen solchen Aufruhr hervorrufen? Und wie können kluge Menschen so beschränkt argumentieren?
Zur allgemeinen Verblüffung und zur großen Freude des Nuntius erklärt der Kaiser schließlich, daß das Sternensystem nichts mit den Glaubensauseinandersetzungen zu tun hat, mit denen sich seine Untertanen quälen,

und daß der Kalender des Papstes der richtige ist. Die Katholiken, die auch nicht mehr davon verstehen als die Protestanten, nehmen ihn an, weil er vom Papst kommt, und aus eben diesem Grund erklären die Protestanten, daß sie sich ihm um nichts in der Welt anpassen werden.

Die dritte und für die Zukunft des Reichs wahrscheinlich folgenschwerste Frage, die bei diesem Reichstag zur Sprache kommt, trägt der Moskowiter vor, Schewregin.

Rudolf II. empfängt nicht zum ersten Mal eine russische Delegation. Schon einmal hat er sich taub gestellt, als Zar Iwan der Schreckliche ihm auf der Suche nach Verbündeten gegen seine drei Erbfeinde – Polen, Litauen und Schweden – seine Botschafter sandte, um über eine Teilung Polens zu beschließen. Diesmal bietet Iwan eine Allianz gegen den gemeinsamen türkisch-tatarischen Feind genau in dem Augenblick, da Rudolf II. gerade die Mittel erhalten hat, ein militärisches Vorgehen gegen die Türken zu finanzieren.

Iwan ist zu diesem Zeitpunkt zweiundfünfzig und hat noch zwei Jahre zu leben. Dreißig Jahre zuvor hat er die Goldene Horde besiegt und der Herrschaft der Tataren in Rußland ein Ende bereitet, indem er Kasan, die letzte Bastion der Khans, einnahm. Der Vorschlag des Zaren ist wunderbar, aber Rudolf II. zögert dennoch, ganz wie es seinem Charakter entspricht.

Die Christen gegen die Ungläubigen ins Feld zu schikken ist natürlich die einzige Möglichkeit, Katholiken und Protestanten wieder zusammenzuschweißen, denn dann fechten sie einen gemeinsamen Kampf aus und vereinigen sich vielleicht sogar wieder mit den Orthodoxen. Siegreich oder nicht, besser das Kaiserreich in einen

Kreuzzug ziehen, als es von der Lepra zerfressen zu lassen. Darüber hinaus kann Rudolf II. sich in einem Krieg gegen die Türken der beschämenden Tributsverpflichtung entledigen. Von Alexander Newskij an haben die Russen an die Tataren gezahlt, bis Iwan III. den letzten *yarlik* der Khans zerrissen hat. Damit hat sich Rußland von einem Joch befreit, dem das habsburgische Kaiserreich immer noch unterliegt. Rudolf bietet sich hier die Chance, gemeinsam mit Iwan zum Einiger der Christenheit zu werden. Wo die Päpste versagt haben, könnten der Zar des heiligen Rußland und der geheiligte Kaiser Erfolg haben – und dieses Abenteuer, meint der alte Zar, sei des jungen Kaisers würdig.
Aber Rudolf II. sträubt sich gegen dieses ungewöhnlich große Unterfangen. Die Melancholie zermürbt ihn, lähmende Trägheit erstickt jeden Impuls zu handeln im Keim – um so mehr, als er in aller Heimlichkeit bereits andere Pläne geschmiedet hat. Wenn er sich in diesem Augenblick mit dem Zar vereinigte, müßte er auf sein geheimes Vorhaben verzichten, den Kampf wählen und sich vielleicht für immer von Destillierkolben und verstiegenen intellektuellen, philosophischen, religiösen und kabbalistischen Spekulationen verabschieden, denen er sich so gerne ganz hingeben würde, denn der Krieg ist nun einmal seine Sache nicht.
Der russische Gesandte hofft auf eine positive Antwort. Der Kaiser hält die Ankündigung zurück, daß er beschlossen hat, nichts zu beschließen. Dabei fehlt es ihm nicht an Interesse an Rußland, seinem Zaren, seinem Botschafter, ganz im Gegenteil. Aber während er seine Neugier durch den Moskowiter befriedigen läßt, der ihm sagenhafte Geschenke überreicht, entdeckt er immer neue beunruhigende Tatsachen. Das heilige Ruß-

land ist orthodox, seine Untertanen gehören einer anderen christlichen Richtung an. Schewregin ist von altehrwürdigen Priestern umgeben, die mit Stentorstimme ihre Liturgien zelebrieren, Ikonen küssen, Weihrauch schwenken und inbrünstig die heiligen Worte eines flammenden und tönenden Gottes verkünden, die ganz plötzlich in größte Sanftmut und schmerzliche Zartheit umschlagen können.

Der Botschafter versichert, daß der russische Klerus der kirchlichen Tradition treuer ist als Rom. Rudolf II. entdeckt die Orthodoxie schon einige Jahre, bevor er sich von dem Prager Rabbiner Jehouda Löw Ben Bezalel, Rabbi Löw, in die Geheimnisse der Kabbala einführen läßt.[2] Rudolf II. erfährt, daß Papst Nikolaus I. im 9. Jahrhundert die Vorrangstellung des Papstes gegenüber den Patriarchen eingeführt und dem Papsttum seine monarchische Ordnung gegeben hat, das unter ihm zu einer weltlichen Macht wurde. Mit ihm nahmen die Dinge in der Kirche Christi zum ersten Mal einen anderen Lauf. Als Rom zwei Jahrhunderte später den Text des Glaubensbekenntnisses abwandelte und die Patriarchen erneut ihre unverbrüchliche Treue zur Urkirche bekräftigten, belegten sich die beiden Kirchen gegenseitig mit dem Bann. Es war die erste Spaltung des Christentums. Seit diesem Schisma aus dem Jahr 1054 bleibt die östliche Kirche geeint, während die des Abendlands immer neue Aufsplitterungen erdulden muß.

Rudolf II. entdeckt darin eine unentrinnbare Wahrheit. Die Katholiken versichern den Protestanten immer wieder, daß sich an den Worten Gottes nichts ändern läßt, aber was der Botschafter da sagt, scheint auf folgendes hinauszulaufen: Seid ihr, die Katholiken, nicht die ersten Reformatoren des orthodoxen Glaubens, die ersten, die ein Wort geändert haben, an dem sich nichts reformieren läßt? Habt nicht ihr im 9. Jahrhundert dasselbe getan wie die Protestanten im 15.? Rudolfs II. Mißtrauen ist geweckt. Die Orthodoxen könnten ihn in ganz neue Komplikationen hineinziehen.

Ganz zu schweigen von dem Blut, das bei einem Kreuzzug fließen und sein Reich um die Hälfte seiner Einwohnerschaft dezimieren würde. Rudolf II. hat das Blutvergießen hinausgezögert, aber gleichzeitig die Fäulnis immer weiter fortschreiten lassen, so daß nach ihm sein Reich wie ein Termitenhügel zusammenstürzen wird, dem man einen Tritt versetzt. Der türkisch-tatarische Kreuzzug war die Amputation, die die Ausbreitung des Übels hätte verhindern können. Aber Rudolf sieht nicht in die Zukunft. Er hat nicht die geringste Vorstellung von der nachfolgenden Generation, und es ist ihm auch gleichgültig, denn gerade vor ihr fürchtet er sich ja, seit ihm eine Weissagung offenbart hat, daß er von seinem legitimen Erben vom Thron vertrieben werden wird. Anders als jene großen Monarchen, die alles immer mit Blick auf die Nachwelt schufen, will er nur Bastarde zeugen, die keinerlei Anspruch auf seine Nachfolge erheben können. Der begeisterte Kenner der römischen Geschichte kann sich nur über Agrippinas Antwort wundern, als man ihr sagte, daß Nero sie ermorden werde: »Soll er mich töten, Hauptsache, er regiert!« Rudolf möchte genau das Gegenteil: die Ausmerzung der gesamten Nachfolgegeneration, die ihn bedroht.

Beim Papst dagegen stößt der Vorschlag des Zaren auf Interesse. Gregor XIII. sieht in der Verbindung seines Namens mit dem neuen Kalender eine willkommene Möglichkeit, die Jahrhunderte zu überdauern, aber es ist nur eine unter vielen. Seine Heiligkeit faßt nicht ungern einen Krieg gegen den Islam ins Auge, denn fern sind die Zeiten, da seine Vorgänger den immerwährenden Kreuzzug gegen die Orthodoxie ausriefen, und während der Islam immer mehr an Boden gewinnt, verstaubt das Banner der Christenheit in den Schränken.

Gregor XIII. sind die Grausamkeiten, die Iwan dem Schrecklichen zugeschrieben werden, nicht unbekannt. Brutalität ist ein Kennzeichen der Epoche, und was Massaker betrifft, so stehen sich Katholiken und Protestanten in nichts nach. Man braucht nicht erst nach Moskau zu gehen, um zu sehen, wie Kinder lebend verbrannt werden, im Abendland wird ebenso vergewaltigt und gehängt, gevierteilt und aufgeschlitzt und auf den Scheiterhaufen geworfen. Gregor XIII. selbst hat Rom festlich erleuchten lassen, als er die Nachricht von der Bartholomäusnacht erhielt. Alles in allem sind die Machenschaften dieses Zaren, der sich seit dreißig Jahren als größten Souverän des östlichen Reichs feiern läßt, wohl auch nicht schlimmer.

In Iwan IV. stehen Gut und Böse in ständigem Wettstreit. Der Zar ist ein schlechter, vielleicht sogar ein verdammter Christ, aber er ist immerhin Christ. Bevor er gegen Kasan zog, hat das Oberhaupt der Orthodoxen, »Gottes Diener Iwan«, vor der Rubljow-Ikone im Dreifaltigkeits-Sergios-Kloster in Sagorsk gebetet; am Samstag, dem 1. Oktober, dem Tag der Fürsprache Mariä, hat er den Sieg davongetragen und später zu Ehren dieses Siegs über die Goldene Horde auf dem Roten Platz in Moskau die Kirche Mariä Fürbitte mit den neun geschwungenen Zwiebeltürmen errichten lassen, die spätere Basilius-Kathedrale.

Der Papst macht sich keine Illusionen über die Pläne Rudolfs II. Dieser Protestantensohn wird kein Gebäude zu Ehren der Mutter Gottes errichten. Wenn er überhaupt je etwas baut, dann höchstens einen Palast – aber eher wohl eine Alchimistenstube.

Der Zar ist grausam, gewalttätig und gotteslästerlich; seine Opritschina sind eine Bande von Halsabschneidern; Frauen nimmt er sich und verstößt sie wieder; er stiehlt und tötet. Vor wenigen Monaten, am 21. November 1581, hat er diesem wilden, ungestümen Leben die Krone aufgesetzt, indem er einen seiner eigenen Söhne tötete. Aber er hat noch andere, seine Nachfolge ist gesichert. Er hat viel Blut vergossen, vor allem das seiner Feinde. So kommt es denn, daß sich Seine Heiligkeit die Frage stellt, was Gottes Ruhm wohl am zuträglichsten sein mag: der Zar, Kindesmörder, aber auch Erbauer einer Kathedrale, oder der Kaiser, der wie ein Türke mit seinen Konkubinen lebt und einen ganzen Hof von Hexenmeistern durchfüttert?

Der Zar ist elf Tage nicht vom Krankenlager seines sterbenden Sohns gewichen. Der Sohn hat seinem Vater verziehen. Kann denn Gottes Größe geringer sein als die des getöteten Kindes? Und der Papst? Kann seine Größe geringer sein? Der wegen seiner allzu schweren Vergehen und unerträglichen Verbrechen exkommunizierte Zar ist alt und leidend und von Gewissensbissen gebeutelt. Voller Verzweiflung, ausgeschlossen zu sein, nimmt er in einer winzigen Kapelle, die an die Kirche angebaut ist, die er nicht mehr betreten darf, an der Liturgiefeier teil. Seinem Lebenswandel zum Trotz glaubt er – während gleichzeitig der Alchimistenkaiser von seinen Hexenmeistern Lebenselixiere verlangt. Wer von diesen beiden führt am Ende ein christliches Leben als reuiger Sünder, der seine Untaten eingesteht, beichtet und Buße tut – der Zar oder der Kaiser?

Der Papst will sich nicht festlegen und schickt erst einmal einen Botschafter nach Moskau, den Jesuiten Antonio Possevino.

Rudolf II. läßt den russischen Gesandten weiter auf seine Antwort warten. Zuerst möchte er das Vorhaben verwirklichen, um das er ein solches Geheimnis macht: Wien verlassen und die Reichshauptstadt nach Prag verlegen. Prag, diese fremdartige, pulsierende Stadt, dieses Zentrum einer komplexen Kultur, in der sich jüdisches, slawisches und germanisches Erbe vermischen, diese Stadt, durch deren unterirdische Gänge man in fremde Welten gelangt. Der gotische Teil wurde auf Überresten der romanischen Ansiedlung errichtet, die zerstört worden war, um den Baugrund anzuheben und damit den Überschwemmungen der Moldau zu entgehen. So entstand unter den Straßen eine eigene, versteckte Stadt. Die Grundmauern erheben sich über den Erdgeschossen der romanischen Gebäude, die sich zu einem Gewirr von Kellergewölben zusammenfügen. Man kann dort hinuntergehen, um mit geheimnisvollen Mächten zu kommunizieren, sie kennenzulernen und sie sich zu eigen zu machen. Die Welt besteht nicht nur aus dem, was jeder sehen kann; soviel hat Rudolf II. erkannt, als er an der Schwelle des Todes stand. Er will die andere Seite entdecken. In Prag kann er das, nirgends sonst. Die Stadt wird deshalb von einer derart großen Zahl von Kirchtürmen überragt, weil Gott hier beständig gegen den Teufel ankämpfen muß. Prag ist schön wie eine Hexe und wie der Tod, wie das Fremde und die Zauberei. Es bietet Zugang zu jenen verdammten Regionen, in die Rudolf sich Einlaß verschaffen will.

Noch gesteht er sich seine dunklen Wünsche nicht ein, aber die Lage der Burg auf ihrem vorspringenden Felsen, von dem aus sie die ganze Landschaft mit Glockentürmen und Dachreitern, Hügeln und der sanften Biegung des Flusses überblickt, zieht ihn magisch an. In dieser natürlichen Festung wird er sich geborgen fühlen, von dicken Mauern und Wachtürmen umschlossen und nur von einer Seite aus angreifbar, während die in der Ebene gebaute, langweilige und düstere Hofburg direkt in der Einfallsschneise der Türken liegt. Nichts kann sie aufhalten in diesen weiten Ebenen. Dazu kommt noch, daß sich die mittelalterliche Hofburg im Herzen der Stadt erhebt, und Rudolf II. erstickt, wenn er zu nah von seinem Volk umgeben ist.

Er sieht sich schon in seinem Prager Schloß hoch oben über Stadt und Fluß, ruft sich die grünspanbedeckten Glocken, die Turmspitzen und die verschatteten Straßenfluchten vor Augen, wo sich weit andere Feste als in Wien abspielen, bei denen die Menschen an nichts anderes denken als unverschämt glücklich zu sein. In Wien hält sich selbst die Angst vor dem Tod in angemessenen Grenzen, die Priester trösten die Sterbenden, und niemand versucht, ihn zu besiegen. In Prag dagegen werden, wenn man im herbstlichen Nebel schier erstickt, oder im Winter, wenn die Moldau sich mit Eis überzieht und die bereiften Turmspitzen wie Eiszapfen über die Stadt zu ragen scheinen, geheimnisvolle Zeremonien abgehalten, bei denen die Menschen die Geister herbeirufen und das Reich der Lebenden verlassen, um in das der Toten zu gelangen – und dann wieder zu den Lebenden zurückzukehren. In Prag werden die Alchimisten des Kaisers erreichen, was er von ihnen erhofft: sie werden Gold machen und das Geheimnis des ewigen Lebens entdecken.

Rudolf II. denkt nur noch an seine Abreise und läßt den

russischen Gesandten ohne Antwort. Er selbst schafft die erste Voraussetzung für seine spätere Entthronung, indem er auf den Plan Iwans des Schrecklichen nicht eingeht. Aus Trägheit verpaßt er eine Gelegenheit, auf die er später vergeblich lauern wird. Dann wird Rußland die »Smuta«, die »Zeit der Wirren«, durchmachen und das Kaiserreich dem Dreißigjährigen Krieg zum Opfer fallen.

Seine unverzügliche Abreise nach Prag aber muß verschoben werden, denn dort ist die Pest ausgebrochen.

Hermes Trismegistos

Während der Karnevalszeit, die sich vom Dreikönigstag bis Aschermittwoch erstreckt und der vierzigtägigen Fastenzeit vorausgeht, kostümiert sich die ganze Stadt, legt Masken an, verkleidet sich. Rudolf gibt sich gelockerter als gewöhnlich und amüsiert sich im Kreis seines Volkes. Die Wiener ahnen nicht, daß ihr Kaiser inmitten der Maskeraden nur voller Ungeduld auf das Ende der Pestepidemie in Prag wartet, um seine Hauptstadt dorthin verlegen zu können, denn das Wien des 16. Jahrhunderts gefällt Rudolf II. nicht.

Auch in Prag hindert niemand die Menschen, sich während des Karnevals ihren Vergnügungen hinzugeben. Die schreckliche Krankheit ruft die primitiven Instinkte wach, die der Klerus nie zu zügeln vermochte. Es wird heftiger als sonst im Verborgenen kopuliert, die Gefahr steigert die Lust. Von der mysteriösen Begierde getrieben, dem Tod zu trotzen, stürzen sich die Kostümierten auf die Straße; im Schutz der aufgeschminkten Fratzen glauben sie, den Tod überlisten und ungestraft Küsse mit Infizierten tauschen zu können. Für eine flüchtige Umarmung vergessen sie die Angst und vereinigen sich, versteckt unter einer Karnevalsmaske, mit dem Tod. Der Liebesakt zwischen Eros und Thanatos ist ein beliebtes Thema der Zeit.

Rudolf II. hat sich in seinem Inneren bereits von den Wienern verabschiedet. Wenn er schließlich in seine Karosse steigt, wird er sich befreit fühlen, für seine verstoßenen Untertanen aber wird die Demütigung ein Affront sein, der nicht vergessen und auch niemals verziehen werden kann.
Noch heute wird Rudolf II. von den Pragern geliebt und verehrt, während man ihm in Wien nur Verachtung entgegenbringt, obwohl die Stadt sich zu seinen Lebzeiten an ihm rächte, indem sie zum Ausgangspunkt seines Untergangs wurde und sich später ein Großteil der Schätze, die er in Prag angehäuft hatte, für die eigenen Nationalmuseen sicherte.

Im Frühjahr 1583 verlegt Rudolf II. seinen Regierungssitz nach Prag. Mit einunddreißig Jahren hat er die Magerkeit, die Schüchternheit und das ungelenke Gebaren der frühen Jugend abgelegt; seine Vorliebe für käufliche Frauen, der er zunächst mit der Verschämtheit der Anfänger und später mit der schamlosen Dreistigkeit eines Mannes gefrönt hat, der lieber bezahlt, hat ihn erblühen lassen. Er ist ein wenig fülliger geworden; wenn er eine der Rüstungen anlegt, in denen er sich so gerne porträtieren läßt, wirkt er nun majestätischer und weniger steif. Ein leichter, blonder Bartkranz verdeckt sein ausladendes Kinn und läßt das Oval seines Gesichts weniger langgezogen erscheinen; der Schnurrbart mit den sich verjüngenden Spitzen verleiht der Oberlippe mehr Fülle, und schön gezeichnete, dichte blonde Augenbrauen betonen den starren und weitschweifenden Blick, der sich so schwertut, die Realität zu erfassen.
Rudolf II., der sonst das Reisen haßt, bringt die Fahrt von Wien nach Prag, wo man ihm jubelnd und fahnen-

schwenkend einen triumphalen Einzug bereiten wird, mit Freuden hinter sich. Die Kutschen werden von einer bewaffneten Eskorte begleitet, die mit klirrenden Kinnketten und schwerem Schritt über die gepflasterten Gassen der Städte und die staubigen Landstraßen Südböhmens marschieren.

Der kaiserliche Zug durchquert eine abwechslungsreiche Landschaft: sanfte Hügelketten, Obstplantagen, Hopfenfelder, Tannenwälder mit schroff aufragenden Felsen, Bächen und plötzlich aus dem Boden schießenden heißen Quellen, die eine Temperatur bis zu 65° Celsius erreichen können. Auf Brücken und Wegkreuzungen haben die Bewohner Kruzifixe und Heiligenstatuen, Kapellen und Andachtsbilder errichtet, die gegen die dunklen Kräfte anzukämpfen scheinen, die in dem über den Talmulden schwebenden Nebel lauern und ihren Ausdruck in den unheilverheißenden Statuen finden, die schauerliche Grimassen schneiden, wie beispielsweise der Vogel auf dem Brunnen von Třeboň, der über den Köpfen von vier Menschen hockt und mit dem Schnabel auf alle vier Häupter gleichzeitig einhackt.

Mit jeder Umdrehung der Räder bestätigt sich für Rudolf, wie richtig es war, sich für Böhmen zu entscheiden. Die düsteren Landschaften dieser fremden Erde, wo die Vegetationszonen von Ebene und Hochgebirge ineinandergreifen, beschwören die Geister der Toten und Phantome herauf, lassen Schauerlegenden aufleben. Überall in diesem Lande treiben die Teufel ihr Unwesen, gegen die Engel und Heilige ankämpfen.

Rudolf II. nähert sich dem Ziel seiner Reise. Am Ende seines Wegs liegt Prag, »der Knotenpunkt aller Wege Europas«, das ihn mit unbeschreiblicher Heiterkeit erwartet und ihn nicht wieder freigeben wird.

Es ist geradezu symbolträchtig, daß Rudolf II., dieses mysteriöse, komplexe, saturnische Wesen, das von einem Extrem ins andere fällt, von tiefster Depression zu übersteigerten Erregungszuständen, von tödlicher Apathie zu fieberhafter Geschäftigkeit, sich ausgerechnet die Phase der Erneuerung ausgesucht hat, den Moment, in dem die Natur in einen neuen Lebenszyklus eintritt, um sich im Hradschin einzurichten. In Prag befreit er sich zum erstenmal von den Zwängen, unter denen er aufgewachsen ist, vergißt die Last und die Sorgen seines Herrscheramts. Prag ist wie für ihn geschaffen und er für Prag. Hier ist das fruchtbare Reich seiner Vorbestimmung, das seit jeher auf ihn gewartet hat.

Mit seinem Einzug in Prag öffnet sich für Rudolf II. die Welt der Kunst und der Alchimie.

Auf der ganzen Welt gibt es nur wenige Orte wie diese Burg, die sich auf einem Felsplateau erhebt. In Toledo preßt sich die ganze Stadt auf dem Felsen zusammen, in Prag nimmt die von turmbewehrten Mauern umfangene Schloßanlage mit ihren Häusern, Plätzen und Straßen, der St.-Georgsbasilika mit den beiden auf die Namen Adam und Eva getauften Türmen, dem Veitsdom in der Mitte, den königlichen Gemächern aus Mittelalter und Renaissance, die nun auf Rudolfs II. Geheiß kaiserliche Gemächer werden, die gesamte Fläche ein.

Wenn man von der Karlsbrücke aus zum Schloß hinaufsieht, erblickt man die in Abständen verteilten, umgebenden Türme, die hohen, in die Mauer eingelassenen Fenster, den Wenzelssaal neben der Privatkapelle des alten Palastes und die berühmten Fensterkreuze des ersten Fenstersturzes[3]; dahinter erhebt sich über dem unterbrochenen Mauerwerk das Profil des Veitsdoms mit seinem unvollendeten Turm[4]. Wenn man nun die

Blicke weiter schweifen läßt, kommen linker Hand die Glockentürme des Strahov-Klosters der Stirnseite der Schloßanlage gegenüber ins Bild. Es ist, als würden von diesen Zwillingshügeln Gott und der Kaiser gemeinsam über die vom Fluß eingegrenzte Stadt wachen. Dies ist der berühmteste Blick über Prag, der den besten Eindruck von der Stadtentwicklung vermittelt und sich auch als Holzrelief im Domchor wiederfindet.

Auf der anderen Seite erhebt sich die Burg über der mit reichem Wild- und Baumbestand gesegneten Talmulde des Hirschgrabens, der von den winzigen Häusern des Goldmachergäßchens gesäumt wird. Jenseits der Schlucht liegen die Löwenkäfige und die Gärten des Belvedere, wo der Kaiser seine Tage beschließen wird.

Niemals zuvor hat ein Kaiser ein solches Kleinod als Herrschersitz gehabt. Karl V., der unablässig durch sein Reich zog wie ein Nomade, besaß keine feste Residenz; er wohnte vorwiegend in den Häusern des Hochadels. Philipp II. ließ, dem Martyrium des heiligen Laurentius zum Gedenken, den Escorial auf einem Grundriß errichten, der einem Rost nachempfunden war, weigerte sich aber – aus Angst, sein Neffe Rudolf könnte ihn von seinen Architekten kopieren lassen –, ihm ein Gemälde des Escorial auszuhändigen.

Stadt und Burg waren von Anbeginn eng miteinander verbunden.

Eines Tages begab es sich, daß die Fürstin Libussa – oder Libuše – auf ihrem weißen Roß herangaloppiert kam und den Ort entdeckte, an dem sich einst Prag erheben sollte, dem sie eine ruhmreiche Zukunft voraussagte. Sie wählte den Prinzen Přemysl zum Mann und begründete mit ihm, wahrscheinlich im 7. Jahrhundert, die erste Dynastie.

Später sorgte der in Frankreich erzogene und in den Gesetzen der Esoterik unterwiesene Karl IV. für eine enge Anbindung der Stadt an seine Burg. Er ließ die Neustadt nach den Regeln der Astrologie erbauen. Die Ausrichtung der Straßen wurde nach den Sonnenzyklen bestimmt, und die Stadt selbst wurde unter seiner Leitung zu einem kosmologischen Kalender aus Häusern, in dem die Jerusalemstraße, die auf das himmlische Jerusalem als Symbol Christi hinweist, gen Sonnenuntergang führt, und zwar auf den Punkt der winterlichen Sonnenwende. Er hat die sich jeweils auf der Altstadtseite erhebenden Türme des Veitsdoms und an der Karlsbrücke so plazieren lassen, daß das Abendlicht zur Sonnenwende im Sommer, genau die Achse zwischen Turm und Brücke beschreibend, durch die Laterne des Turms von St. Veit direkt über der fünften Kapelle des südlichen Seitenschiffs, der Wenzelskapelle, fällt, in der die Königskrone auf dem Haupt des heiligen Wenzel ruht, des Schutzpatrons Böhmens.

Mit Rudolf II. beginnen Kunst und Wissenschaften, auch die geheimen, in Prag zu erblühen. Durch ihn bewahrheitet sich die Vorhersage der Königin Libussa. Der Ruhm der Stadt breitet sich aus. In seinem Schloß kann er sich endlich unbehelligt von Zwist und Streitigkeiten unter den Menschen und den Sorgen des Regierens dem Glück hingeben, mit sich selbst in Einklang zu sein. Seine Überzeugungen festigen sich. Das Kaiserreich wird ihn vom Wesentlichen nicht ablenken – und das Wesentliche ist die Suche nach der Ewigkeit. Zu erreichen sucht er sie auf dem Weg der Kunst und dem der Wissenschaft. Der eine führt ihn zur Schönheit, der andere zum Wissen um die Unsterblichkeit. Die Kunst

und die Alchimie sind die einzigen Bereiche, die es sich zu erforschen lohnt. Nur wenn das Kaiserreich befriedet ist, kann man hier zum Ziel gelangen, und so gibt es für Rudolf II., wenn er zurückblickt, nichts, was er zu bedauern hätte. Nicht einmal, wenn er an das Ansinnen Iwans des Schrecklichen denkt. Der Zar hatte ihm Heldenglanz und Herrlichkeit versprochen, aber Rudolf mochte nicht durch militärische Großtaten regieren.
Wie soll man einen Kreuzzug ins Auge fassen, wenn der Kaiser jedesmal, wenn er Geld braucht, und sei es zur Verteidigung seiner Grenzen gegen die Angriffe der Türken, den Reichstag einberufen muß?
Er interessiert sich nur dafür, Gemälde anzukaufen und Künstler und Gelehrte an seinen Hof zu berufen, und er muß auch nicht die Zustimmung der Kurfürsten einholen, wenn er seine Vertrauten zur Suche nach seinen so begehrten Schätzen ausschickt.
Was der Zar ihm da vorgeschlagen hat, ist ein wunderbares Projekt, aber Rudolf II. ist niemals in den Kampf gezogen und erwartet von der ganzen Unternehmung nichts als größten Ärger und geleerte Kassen – mit denen er wohl wie viele Gemälde von Dürer und Leonardo da Vinci kaufen und wie viele Alchimisten und Astronomen anwerben könnte? Dem Sultan seinen Tribut zu zahlen ist zwar eine unangenehme Pflicht, die sich seit Ferdinand I. eingebürgert hat, aber das Kaiserreich kommt dabei immer noch billiger davon, als wenn ein Heer ausgerüstet und Söldner entlohnt werden müssen, die man später nicht mehr loswird, wenn der Konflikt erst beigelegt ist, und die dann plündernd auch durch jene Lande ziehen, die sie eigentlich verteidigen sollen, und das Land des Herrn, der sie für ihren Dienst bezahlt hat, in Leid und Elend zurücklassen.

Die Umsicht des Kaisers erspart seinem Volk einen verheerenden Kampf und ermöglicht es ihm, nicht etwa eine ohnehin zerfallene Christenheit um sich zu scharen, sondern statt dessen sagenhafte Sammlungen anzulegen. Und wenn das Schloß dafür zu klein wird, läßt er anbauen.

Und so entwickelt sich Prag unter der Leitung von Giuseppe Arcimboldo, der schon unter Ferdinand I. und Maximilian II. offizieller Porträtist des Kaisers war, zu einer Schaffensstätte für Künstler und Kunsthandwerker, Mathematiker, Astronomen und Alchimisten, für Astrologen und Wunderheiler – für eben jene, die Rudolf am Sterbebett seines Vaters hat versagen sehen. Er versorgt sie mit den nötigen Mitteln, damit sie weiter die Geheimnisse von Tod und Leben erforschen können. In seiner Begierde herauszufinden, was sich unter der Oberfläche verbirgt, und den unerforschten Gebieten auf den Grund zu kommen, setzt Rudolf II. eine gefährliche Zuwanderung in Gang. Mit den Gelehrten kommen auch die Scharlatane herbeigeeilt und mischen sich unter die anderen.

Und der Kaiser wird geschröpft, wie sehr er sich auch dagegen zu schützen versucht. Aber die Forschung ist es ihm wert, er macht trotzdem keinen Rückzieher. In einer Zeit, da sich noch keine klare Grenze zwischen Wissenschaft und Magie, Medizin und Hexerei ziehen läßt, kennt sein Wagemut keine Grenze, kein Satan und keine Teufelsfratze können ihm Angst einjagen. Er läßt sich von den Versprechungen der Zauberer einlullen, die das Geheimnis des ewigen Lebens entdecken und herausfinden wollen, wie man Gold macht. Wenn es ihm gelingt, seine Träume zu verwirklichen, kann er es mit allen seinen Vorfahren und Verwandten, mit allen Habsburgern auf einmal aufnehmen, mit allen, die das Kaiserreich begründet und unterhalten haben. Dann wird er größer sein als Karl V., und »sein« Jahrhundert wird heller am Firmament der Geschichte strahlen als das von Kaiser Augustus selbst.

Schon bald begnügt er sich nicht mehr damit, den anderen beim Arbeiten zuzusehen. Er hat bereits selbst einen Diamanten geschliffen und dabei eine neue Technik entwickelt, die den Stein heller funkeln läßt und wertvoller macht. Nun ergreift ihn seine leidenschaftliche Liebe zur Alchimie, und er widmet sich der Hexenküche, rührt Zaubertränke an und beschwört die Geister.

Für sein Herrscheramt interessiert er sich nicht mehr, denn statt ihm Freiheit zu geben, bindet es ihn auf der einen Seite an den Reichstag, die Kurfürsten, den päpstlichen Legaten und den spanischen Botschafter und konfrontiert ihn auf der anderen mit dem Starrsinn und der Unstetigkeit der Völker und dem widerlichen Eifer der Protestanten und Katholiken, die sich schon beim geringsten Anlaß gegenseitig die Kehlen durchschneiden wollen. Karl V. und Maximilian haben diesem beständig lastenden Druck nicht standhalten können und gesundheitlichen Schaden erlitten. Rudolf II. aber flüchtet sich in die Suche nach der Verwandlung des Realen in Schönheit und Gold. Er fühlt sich gelangweilt von allem, was nicht mit künstlerischem Schaffen und alchimistischer Forschung in Zusammenhang steht. Aber er vergißt die eine Zutat, ohne die alles Wissen und alle Schaffenskraft ins Nichts führt: er vergißt die Liebe und bald auch Gott, von dem das ganze Kaiserreich abhängt.

In Prag tummeln sich alle Astrologen und Magier Europas: John Dee, Edward Kelley, Michael Sendivogius,

Tycho Brahe, Denis Zacharias, Nicholas Bernaud und Oswald Croll, der Schüler des Paracelsus. Auch die größten Alchimisten kommen in der Stadt der Magier zusammen: Bavor Rodowský von Hustiřan der Jüngere, Autor vieler wohlgeschätzter Werke, Václav Lanvin, Mediziner und Autor der *Abhandlung über den irdischen Himmel*, und vor allem Taddaeus Budek von Falkenberka und Taddaeus Hájek – auch bekannt als Taddaeus Hagecius, der erste Arzt und Autor einer Abhandlung über die Alchimie und als kaiserlicher Inquisitor damit beauftragt, ein wachsames Auge über die zu haben, die nach Böhmen strömen, um nach Edelsteinen und -metallen zu suchen –, eben jener Hájek, den man ans Bett des sterbenden Maximilian gerufen hatte.
Der Kaiser, der all dies geschäftige Brodeln angeregt hat, gründet eine »Akademie der Alchimie«, wo seine Forscher mit denen der Herren von Rosenberg und von Václav Vřesovec zusammentreffen; Rudolf II. von Habsburg, Nachfahre Karls des Großen und Enkel Karls V., wird selbst zu einem Eingeweihten, der sich mit irdenen Gefäßen, Destillierkolben und Glasphiolen, Meßzylindern und Büretten auskennt, der in teuflischen Mixturen die Elemente zur Kopulation treibt und Schwefel und Quecksilber sich vereinen läßt, auf daß sie das Gold der Weisen zeugen – und der zwischen Magie und Gotteslästerung das eigene frevelhafte Selbst entdeckt.
Nun sitzt der Kaiser zugleich auf seinem Thron und dem Stuhl der Hexenmeister, auf der Seite Gottes und auf der des Teufels – eine Spaltung, die in den Wahnsinn treiben kann.
Aber Rudolf II. wurde zum Kaiser gesalbt. In aller Öffentlichkeit hat er vor dem hohen Klerus, seiner Familie

und den Fürsten die rituellen Worte gesprochen, die die Monarchen an Gott binden; er hat seinen römisch-katholischen Glauben an einen einzigen Gott bekannt, hat gelobt, Satan abzuschwören und seine Völker dem göttlichen Willen gemäß zu regieren. Mit diesem Eid hat er sich jedem einzelnen seiner Untertanen verpflichtet. Seine Mutter, die ihm vorwerfen könnte, sich mit dem Teufel eingelassen zu haben, ist tot; bleibt nur noch der Klerus, um ihm vor Augen zu führen, daß er die bei drei Salbungen abgelegten Schwüre mißachtet und seine zu Füßen des göttlichen Throns geleisteten Eide bricht, sich niemals mit dem Teufel zu verbünden. Aber es findet sich kein Gottesmann, der Rudolf von seinen Abwegen zurückhielte.

Er besitzt die vollständige Ausrüstung der Magier: Alraunwurzeln, eine in ein Kristall eingeschlossene Teufelssilhouette, mehrere Föten, Steine mit eingeschliffenen, kabbalistischen Zeichen, den Kiefer einer griechischen Sirene, ein vom Himmel gefallenes Fell, Bezoare, die wertvoller sind als jeder Edelstein. Auf Anraten seiner Ärzte trägt Rudolf einen dieser Magensteine über der Brust, um sein Herzflattern zu beruhigen.

Er vertraut auf sie, weil sie Alchimisten sind. Michael Maier gehört der Bruderschaft der Rosenkreuzler an, und Martin Ruland, der Autor eines *Lexikon der Alchimie*, ist ein Schüler des Paracelsus, der im menschlichen Organismus ein Abbild der Außenwelt sah, demzufolge das Herz der Sonne und das Gehirn dem Mond entspricht, und der die »Mumientheorie« von einer natürlichen Salbe entwickelte, die das Gewebe dazu bringt, sich selbst zu erneuern. Ruland glaubte, Paracelsus habe das Elixier der ewigen Jugend ausprobiert und einen *Homunkulus*, das Miniaturmodell eines Menschen, geschaffen.

Rudolf II. verstrickt sich in diese Phantastereien und trifft keine einzige Entscheidung mehr, ohne zuvor die Sterne zu befragen. Kein Besucher, kein Botschafter darf sich dem Kaiser nähern, bevor nicht sein Horoskop erstellt wird. Er, der am liebsten als neuer Augustus bezeichnet werden würde, hat längst einen anderen, eher beunruhigenden Spitznamen bekommen: man nennt ihn den neuen Hermes Trismegistos. Trismegistos kommt von *tris*, also drei, und *megistos*, sehr groß. Da schmückt also den dreifach großen Rudolf ein Name, den die Griechen dem ägyptischen Gott Thot gaben, dem Erfinder der Künste. Das allein ist noch nicht beunruhigend, aber Hermes, aus dem bei den Römern der Gott Merkur wurde, ist einer der doppeldeutigsten Götter des Olymps. Ihm werden die verschiedensten Eigenschaften zugeschrieben. Hermes, Sohn des Zeus, des Königs der Götter, und der Bergnymphe Maia, erfindet die Lyra und schenkt sie Apoll, dem er seine Herde gestohlen hat. Hermes beschützt die Reisenden und die Händler, aber er ist sich auch nicht zu schade, um die Diebe zu ermuntern, so daß man sich nie sicher sein kann, ob er nun die Wiedergänger vom Scheideweg fernhält, um den Reisenden oder doch eher den Räubern damit zu dienen.

Hermes ist eine chthonische Gottheit, der Gott des Höllenfeuers, des Todes und gleichzeitig auch der Gott der Fruchtbarkeit. In ihm erkennt Rudolf II. sich wieder.

Scottos magischer Spiegel

Die stürmischen Beziehungen zwischen Rudolf II. und seinen Alchimisten haben die abenteuerlichsten Geschichten über den Kaiser hervorgebracht, die eine Mischung aus Wahrheit und Lüge sind. Am hartnäckigsten halten sich die Geschichten um das Goldmachergäßchen, die im 19. Jahrhundert eine wundersame Vermehrung erfuhren und in denen berichtet wird, daß die Alchimisten wie Galeerensträflinge in ihren Stuben geschuftet hätten und Tag und Nacht von Landsknechten bewacht worden seien.

In Wirklichkeit verdankt die Gasse ihren Namen den Goldschmieden und Goldschlägern, die sich hier niedergelassen hatten. Sie schmiegt sich zwischen Weißem Turm und Daliborka-Turm über dem Hirschgraben, in dem die Scharlatane ihr Ende fanden, an die Wallmauer der Burg und ist so eng, daß man zu beiden Seiten die Häuserwände berühren kann, wenn man die Arme ausbreitet. Gerüchte sind zählebig. Noch heute spürt man, daß zwischen diesen farbenfrohen Mauern versteckte Kräfte schlummern. Man braucht nur in eines dieser Häuschen einzutreten und durch die winzigen Fenster zum Hirschgraben hinauszusehen, um sich in eine andere Welt versetzen zu lassen.

Unter der tief hängenden Decke der Häuser des Goldmachergäßchens beugt sich ein Alchimist im langen Gewand über seine Destillierkolben, in denen es brodelt. Ein Gefäß zerspringt unter der allzu großen Hitze, und er richtet wütend seinen Finger gen Himmel, um die Gestirne für sein Unglück verantwortlich zu machen. Und während er über Monate und Jahre hinweg immer wieder dieselben Handgriffe vollführt und sich andere Destillatoren in den Nachbarhäusern in dieselbe sinnlose Arbeit verbeißen, schreitet die Landsknechtswache, die Hellebarde auf der Schulter, unermüdlich die Gasse ab.

Im Hirschgraben zieht die kaiserliche Jagdgesellschaft vorbei. Vergeblich bitten die Alchimisten und Goldsucher, die unter beengtesten Verhältnissen arbeiten, um Erlaubnis, sich in der Schlucht die Beine vertreten zu dürfen. Der Kaiser ignoriert dieses unverschämte Ansinnen, denn der Hirschgraben ist zu seinem Jagdvergnügen bestimmt, und das Wild soll nicht aufgestört werden. Die Alchimisten gehen in den Streik, schneiden ihre Bärte ab, zerbrechen ihre Retorten, werfen die Scherben in den Graben und legen die Hände untätig in den Schoß. Kein Stäubchen Gold mehr für den Kaiser.

Aber der Kaiser ist der Kaiser. Er ist die Sonne der Alchimisten, der Löwe von Böhmen in all seiner brüllenden Kraft. Die Unruhestifter, die seinen Willen mißachten wollen, werden verhaftet, in den Graben hinuntergeschafft und in Käfigen an die Tannen gehängt, wo sie elend verhungern werden.

Die wundersamen Geschichten dieser Art sind unerschöpflich; auf sie stützt sich Gustav Meyrink, wenn er in seinem Roman *Der Engel vom westlichen Fenster* schreibt, die Bären im Hirschgraben lebten vom Fleisch der Eingeweihten.

Halb wahr und halb erfunden ist auch die Geschichte um Scotto, die bis zu Rudolf II. vordringt, in die Politik eingreift und das ganze Kaiserreich aus dem Gleichgewicht bringt. Einerseits heißt es, Hieronymus Scotus, genannt Scotto (oder auch Geronimo oder Alessandro oder Giovanni Scoto oder Scotta oder Scota), sei mit Rudolf II. von Wien nach Prag gekommen, andere beteuern, daß er am 14. August 1590 in Prag eintraf.[1]

Scotto wurde mit allen möglichen Bezeichnungen bedacht: König der Abenteurer, Schurke, Rohling, italienischer Magier, Geheimagent, Diener Frankreichs und der protestantischen Seite – die Prager Literatur dichtet ihm so vieles an, daß inzwischen nicht einmal mehr gesichert ist, ob er überhaupt aus Parma stammte. Verbürgt ist nur, daß er durch Deutschland zog und sich mit Hilfe seiner teuflischen Zauberkunst, die er unter einem Nußbaum erlernt hatte, unter dem sich die Hexenmeister versammelten, mit Geldschwindeleien und galanten Zwischenspielen durchgebracht und daß er in Köln als ganz gewöhnlicher Zauberer Amulette und Wachspuppen gefertigt und die Leute behext hat. Aber sein magischer Spiegel greift in die Politik ein und beschwört beinahe einen Krieg herauf, weil Scotto die Mächtigen, mit denen er verkehrt, zu gefährlichen Spielen reizt.

Der spanische Botschafter, der auf Nachricht von seinem Herrn hofft, sieht Philipp beim Briefeschreiben, als er in den Spiegel schaut, und Scotto flüstert seiner Exzellenz ins Ohr, er könne auch den Text lesen, wenn er es wünscht. Der Botschafter erschauert. Die Versuchung, sich heimlich Einblick in die königliche Korrespondenz zu verschaffen, ist groß, aber der Neugierige, der ihr erläge, wäre in Todesgefahr. Seine Exzellenz will dem Magier nicht die Möglichkeit bieten, ihn zu erpressen, weist den verlockenden Vorschlag zurück und hält sich fortan vorsichtshalber von ihm fern.

Daraufhin beginnt Scotto Gebhard, den Kurfürsten und Erzbischof von Köln, zu umschleichen, der trotz seiner Soutane ein großer Schürzenjäger ist, und schlägt ihm vor, die schönste Frau der Stadt in seinem Spiegel zu bewundern. Der Erzbischof ist einverstanden, und Scotto läßt die Gräfin Agnes von Mansfeld erscheinen. Diese Frau, der es noch im englischen Exil und obwohl sie aufgrund ihrer schändlichen Ehe in Ungnade gefallen ist, gelingen wird, einen Günstling Königin Elisabeths zu verführen, ist so unbeschreiblich schön, daß der Erzbischof schon beim ersten Blick in den Spiegel völlig verzaubert ist. Agnes ziert sich nicht lange. Sie verfügt über eine natürliche Begabung als Kurtisane und hat von ihrer protestantischen Familie gelernt, daß die Begierde des Prälaten, wenn er sie erst besessen hat, immer neu entfacht werden muß. Und so gibt sie sich ihrem bischöflichen Liebhaber unter so vielen Beteuerungen von echter oder auch gespielter Reue, Lust, Leid und frommer Zerrissenheit hin, daß er der kleinen, dem Spiegel entsprungenen Hexe mit Leib und Seele verfällt. Aber er hat die beste Entschuldigung: Wer kann schon der Magie widerstehen?

Damit ist Agnes' Mission noch nicht erfüllt. Gebhard hält seine protestantische Geliebte aus naheliegenden Gründen versteckt. Als aber Agnes daran Anstoß nimmt, zeigt er sich mit ihr, und sie wird vor aller Öffentlichkeit seine Konkubine. Die Mansfelds, die nur auf diesen Augenblick gewartet haben, empören sich und fordern sofortige Wiedergutmachung: Unter Androhung der Todesstrafe verlangen sie die Heirat und damit die Konversion.

Die Falle hat reibungslos funktioniert. Drei von sieben Erzbischöfen sind bereits zum Protestantismus übergetreten: die Erzbischöfe von Magdeburg, Bremen und Lübeck.

Rudolf verfolgt diese abenteuerliche Geschichte mit größter Unruhe. Wenn Köln übertritt, wird die Ehrverletzung an Agnes der protestantischen Seite die Mehrheit bringen. Der nächste Kaiser wäre dann ein Protestant, der Katholizismus in Deutschland zerschlagen, das Haus Österreich entthront. Die Katholiken würden zu den Waffen eilen und die deutschen Staaten einem Krieg zum Opfer fallen. Worauf wartet der Papst, um seinen Erzbischof zur Vernunft zu bringen?

Rudolf kann Köln nicht den Protestanten überlassen, ein Krieg aber widerstrebt ihm mehr als alles andere. So schickt er seinen Kanzler Jakob Kurz von Senftenau, damit er Gebhard eine großzügige finanzielle Abfindung biete, wenn er von seinem Amt zurücktrete.

Statt einer Antwort heiratet der Bischof seine Mätresse. Der Papst hat sich bisher ungeheuer geduldig gezeigt und sich einfach blind gestellt; nun aber kann er nicht mehr umhin, den verheirateten Erzbischof zu exkommunizieren.

Während die üblichen Auseinandersetzungen um seine Nachfolge entbrennen, stellt Gebhard eine Armee auf. Bischof Ernst, der Bruder des Herzogs von Bayern, marschiert gegen Köln, schlägt Gebhard in die Flucht und läßt sich in sein Amt wählen. Damit hat Ernst Kardinal Andreas, dem Sohn von Erzherzog Ferdinand und Rudolfs Kandidat für diese Position, den Rang abgelaufen. Jetzt mischen sich die Niederlande, England und die von Heinrich von Navarra, dem späteren Heinrich IV., aufgestachelten französischen Protestanten ein. Hein-

rich hofft, damit die Katholische Liga zerschlagen und endlich mit Papst und Kaiser aufräumen zu können.
In diesem wirren Durcheinander bringt Rudolf II. die Katholiken gegen sich auf, die ihm vorwerfen, daß er sich nicht in der Katholischen Liga engagiert, und ihn völlig unverständlicher Toleranz den Ketzern gegenüber bezichtigen, ohne daß er damit den Protestanten Genüge tun könnte, die ihrerseits wütend sind, weil der Kaiser – ausnahmsweise einmal im Einklang mit dem Papst – die Reichsacht gegen Gebhard ausgesprochen hat. Niemand vermag anzuerkennen, daß der Kaiser äußerst vernünftig vorgeht, etwas zögerlich vielleicht, aber immer das Wohlergehen seiner Untertanen im Auge, denen er die Schrecken eines Kriegs ersparen will, und daß er alle möglichen Konzessionen macht, um zu einer annehmbaren Übereinkunft zu gelangen.
Rudolf II. wartet. Er ist überzeugt, daß Wilhelm von Oranien nicht zu den Waffen greifen wird, um die von ihm aufgenommenen Flüchtlinge zu verteidigen. Zudem weiß er, daß es den französischen Hugenotten trotz aller Anstrengungen Ségurs, der die protestantischen Führer dazu ermutigt, mit Papst und Kaiser zu brechen, an den nötigen Mitteln fehlt, um militärische Schritte einzuleiten, und daß auch keiner der protestantischen Fürsten eine bewaffnete Auseinandersetzung mit den Katholiken sucht. Als von seinen Untertanen – selbst den Fürsten und Ketzern – respektierter Herrscher überzeugt Rudolf sie davon, daß eine derart von Frankreich eingeflüsterte Politik dem Kaiserreich nur schaden könnte. Aber die Zustimmung läßt auf sich warten, und so zerschlägt Seine Majestät in altbewährter gerissener Weise, indem er ausweicht und zaudert und zagt und Lutheraner gegen Calvinisten ausspielt, kaum merklich

die protestantische Einheit. Ségur sieht sich schließlich nur noch getrennten Gruppierungen gegenüber und muß sich eingestehen, daß der Kaiser ihn ausgespielt hat.

Der von seinem flüchtigen Erzbischof verlassene Scotto erreicht Prag am 14. August 1590 mit drei mit rotem Samt ausgeschlagenen Kutschen und einem Gefolge von vierzig berittenen Dienern. Er glaubt, daß sein Abenteurerleben nun ein Ende haben wird und er im Hradschin sein Dasein fristen kann. Sein pompöser Einzug hat aber zuviel Aufsehen erregt.

Es gibt schon genug andere in der Burg, die sich im Schatten des Throns angesiedelt haben, und während Scotto sich in einer Herberge in der Altstadt häuslich einrichtet, betrachten seine Rivalen, und darunter vor allem zwei Engländer, sein Eindringen mit allergrößter Mißgunst. Edward Kelley und John Dee, die schon 1584, kaum ein Jahr nach Rudolf II., in Prag angekommen sind, gehören zu den einflußreichsten Personen in der Umgebung des Kaisers und haben nicht die Absicht, einem Konkurrenten den Aufstieg zu erleichtern.

Kelley, der offizielle Alchimist Seiner kaiserlichen Majestät, der zur vollen Zufriedenheit des Kaisers Lebenselixiere zusammenbraut, verteidigt seine Privilegien dem »ehrenwerten Edelmann aus Italien« gegenüber mit derart wilder Entschlossenheit, daß er ihn innerhalb von drei Jahren völlig zugrunde richtet. 1593 haust Scotto in einer elenden Baracke in der Altstadt und hält sich durch den Verkauf von jämmerlichen Salben, Gelatine aus Rindshörnern und Vitriol am Leben.

Die Prager Literatur schreibt Scotto sämtliche Teufelssünden und Niederträchtigkeiten zu, die ein Mensch überhaupt begehen kann. In dem Roman *Pelka Zplozenci* von Josef Jiří Kolář (1862) trägt der Alchimist und Chirurg, Nekromant und Hellebardier des Höllenfürsten Giovanni Scota ein Teufelsmal auf der Nase: eine braune, spinnenförmige Warze, die sich rot verfärbt, sobald die Begierde ihres Trägers geweckt ist. Er wohnt in einem verrauchten, baufälligen Haus und besitzt einen Athanor aus Gold und Kristall, Wurzeln der Sidrikma, des Krauts der sieben Kräuter, des Brennstoffs, mit dem der Athanor betrieben wird, Krötengifte, Stachel von Königsbienen, Geifer von tollwütigen Wölfen, den Stein Anachytis, mit dem man die Strahlen des Siebengestirns einfangen kann und den er einst in den Ruinen von Memphis den Wärtern des Stiers Apis im Tempel von Isis und Osiris gestohlen hat. Eine Hexe, die bereits Mutter eines Zwillingspaars ist, Vilém und Jŏst, nimmt Scota zu ihrem zweiten Mann und schenkt ihm eine Tochter, Lukrezia, die Schöne Teufelin. Einer von Rudolfs Kammerherren verfolgt die Zwillinge und beschuldigt Vilém, seinen Bruder getötet zu haben. In Wirklichkeit aber ist er selbst der Mörder. Am 25. Mai 1593 wird Vilém gehenkt, kann aber im Schutz eines heftigen Gewitters der Schlinge entkommen. Gemeinsam mit Rudolf und Scota kehrt er an den Ort der Hinrichtung zurück, um nach der Alraune zu suchen, die am Fuß von Galgen sprießt. Scota ist überzeugt, daß er das Geheimnis der Unsterblichkeit gelüftet hat, und will seine Entdeckung an Vilém ausprobieren. Er braucht ihn nur zu zerlegen und seine Gliedmaßen in den Athanor zu geben; auf diese Weise werden sie sich wieder zusammenfügen, und Vilém wird unsterblich sein. Vilém legt sich auf den Seziertisch; seine Mutter, eine Schlangenpeitsche in der rechten, eine Alraune in der linken Hand, greift ein, um ihn zu retten, aber genau in diesem Mo-

ment reißt ihr Rock entzwei und enthüllt eine Beinprothese aus Metall. Das andere Bein ist ein Eselsfuß, ein untrügliches Zeichen, daß sie zur Familie der blutgierigen Nachtwesen gehört.
Über diesen Schauerroman machen sich Voskovec und Werich in ihrem *Golem* von 1931 lustig, in dem sie Jeroným Scotta als einen von einem Zaubertrank immer neu belebten Greis auftreten lassen, der den *shem* aus einer Synagoge stiehlt, einen rivalisierenden Astrologen mit seinem langen Bart erdrosselt und an einen Galgen hängt, worauf aber das Seil reißt und der Erhenkte sich immer noch unter den Lebenden findet.
Der 1890/1891 von Josef Svátek geschriebene *Astrolog* zeigt einen gerissenen Alessandro Geronimo Scotta, welcher der von ihm angebeteten Schönen mittels eines katoptischen Spiegels ihren Verlobten in den Armen einer anderen zeigt. Außerdem gräbt er vor Rudolfs Augen eine Mumie aus, um ihm zu beweisen, daß in Böhmen einst Ägypter lebten. Dummerweise fällt dann aber der Versandschein des Verkäufers Rudolf direkt vor die Füße, und Scotta landet im Gefängnis. Nach drei Jahren kommt er frei und fristet hinfort seine jämmerliche Existenz mit dem Verkauf von Pflanzensäften, Gurkenkraut und schmerzlindernden Honigpasten.
Der wahre Scotto ist hinter all diesen Schauergeschichten kaum mehr auszumachen. Dennoch geben sie Einblick in eine im Wandel begriffene Welt, in der das Wunderbare und die Wissenschaft miteinander im Einklang sind, nach Alraunen gegraben wird und der Arzt Johannes Jessenius im Jahre 1600 die erste öffentliche Autopsie durchführt, von der Dačický in seinen Memoiren berichtet: »In Prag bat ein gewisser Doktor, ein ausländischer Arzt, der die Natur des Menschen erforschen

wollte, das Gericht, ihm einen zum Tode Verurteilten zu überlassen; nachdem er ihn vergiftet hatte, sezierte er ihn, schnitt alle Gliedmaßen auf und sah sich an, was sich im Inneren des Körpers befand, insbesondere in den Adern. Die Ärzte haben dieser Kunst den Namen *Anatomace* gegeben.«

Rudolf II. hat zwar nicht selbst Hand angelegt, er hat aber seinen Magiern gestattet, sich unter den drei Hinrichtungsstätten zu versorgen, die in Prag aufgerichtet wurden, um die Mörderbanden in italienischen Diensten auszurotten, die die Stadt heimsuchten. Seine Alchimisten haben Verwesungssäfte aufgefangen und nach der teuflischen Alraune gesucht, die seit der Antike durch die Literatur geistert. Griechen und Römer bereiteten mit dieser sonderbaren zwiegeteilten Pflanze, deren Wurzelstock an einen aufrecht stehenden menschlichen Körper erinnert und rabbinischer Tradition zufolge im irdischen Paradies wächst, Elixiere, die Liebe entfachen, Sterilität heilen und Reichtum einbringen sollten. Im Mittelalter rieben sich die Hexen vor dem Sabbat mit Alraunsalbe ein, und Rudolf II. gestattet das Sammeln dieser Wurzel, die kostbarer ist als Gold.

Das Große Werk oder »Asche bist du«

Im Zeitalter Rudolfs II. macht man keine großen Unterschiede zwischen Wissenschaft und Zauberei, so daß die Kirche ihre eigenen Grenzen zieht, indem sie festlegt, was erlaubt und was verboten ist.

Da der Kaiser das Bizarre liebt, findet sich in Prag alles zusammen, was seltsam und fremdartig ist. In behelfsmäßigen Holzverschlägen werden Skammoniumharz, ein aus der Wurzel der orientalischen Purgier-Winde gewonnenes Abführmittel, Rhabarber, Knäuelgras, Illusionen, weiße und schwarze Magie feilgeboten. Die Schacherer fristen ihr Dasein im Dunstkreis der Mächtigen so gut sie können. Es wimmelt von kleinen Gaunern und Mordgesellen, an den Galgen baumeln die Gehenkten. Böhmen schickt zudem jedes Jahr um die vierzig Galeerensträflinge nach Venedig, aber diese Aussichten schrecken dennoch niemanden ab.

In ganz Europa gärt es von den seltsamen Auswüchsen des Sonderbaren. In Zürich und Basel beschäftigt man sich mit Monstern: Fischmenschen, Märchenvögeln, Wesen mit zwei Köpfen. Aus England, Flandern, Deutschland und Dänemark berichtet man von unglaublichen Erscheinungen von Zyklopen und Zentauren. Eine Frau sieht Luther in den Flammen. Nie zuvor hat es so viele Hellsichtige gegeben.

Als großer Liebhaber des Wunderbaren interessiert Rudolf sich für alle Sonderbarkeiten der Natur. Wiederholt läßt er Joris Hoefnagel den aus Teneriffa stammenden dichtbehaarten Petrus Gonsalus und seine Familie malen. Da posieren dann diese beunruhigenden Wesen mit den völlig bepelzten Gesichtern und Händen stolz und in herrlichen Gewändern. Die Gelehrten betrachten den Mann, der sehr viel auf seine außerordentliche Behaarung hält und sich als »Baron von München« anreden läßt, als ein Naturwunder. In Rudolfs Kabinett mit Wundern aus Kunst und Natur bekommen *Petrus Gonsalus, der Fellmensch, und seine Frau* und *Die Kinder von Petrus Gonsalus, dem Fellmenschen*[1] einen Platz im Bestiarium, gleich neben dem *Hirschkopf mit dem Baum*[2] von Hans Hoffmann. Aber nicht genug damit, Rudolf II. verwahrt auch verunstaltete Föten in Glaspokalen.
Auch die Tarnung als wissenschaftliches Interesse kann die Neigung des Kaisers zum Schauerlichen und zum Voyeurismus nicht überdecken. Das angsteinflößende Gesicht des Fellmenschen kann aber als das Ergebnis einer infolge schwarzer Magie mißlungenen Verwandlung gedeutet werden und zur Metamorphose, zur Rückkehr zur Norm aufrufen. Rudolf II. schreckt vor Hexenmeistern nicht zurück, aber er gerät zunehmend in Konflikt mit den Verboten der Kirche.
Die Kirche mißbilligt die Machenschaften, die Prag zur Hauptstadt der Zauberei verwandelt haben. Sie verdammt alles menschliche Trachten, sich an Gottes Stelle setzen zu wollen, verurteilt den Versuch, Metall herzustellen und im Labor neue Menschen entstehen zu lassen, und verbietet jegliches Streben nach Unsterblichkeit. Der Mensch ist aus dem Garten Eden vertrieben worden, er ist sterblich und außerstande, sich aus seinen

Fesseln zu befreien. »Asche bist du«, so steht es geschrieben.
Doch die Kirche kann den Kaiser nicht von seinen Experimenten abbringen. Aus der Überzeugung heraus, daß sich unter diesen Schwärmen von Schwindlern und Hochstaplern ein paar echte Alchimisten finden lassen, die wissen, wie man gewöhnliches Blei in Gold verwandelt, und das Geheimnis der Unsterblichkeit kennen, setzt er sich über die religiösen Verbote hinweg und will selbst das Geheimnis der Transmutationen erhellen und die verschlüsselte Sprache der Adepten verstehen, die eifersüchtig über ihre Geheimnisse wachen, um zu verhindern, daß sich der nächstbeste ans Goldmachen macht. Als er dann in diese Geheimnisse eingeweiht wird, erfährt er, daß die Transmutation darin besteht, einen neuen Körper zu schaffen, indem man die beiden einander widersprechenden Prinzipien vereint, aus denen die Materie besteht, das Ferne und das Nahe. Die ferne *Prima materia* auf Kräuterbasis bringt einen der Mutter Erde entsprungenen, metallenen Geist hervor; ihn muß der Alchimist in nahe *Prima materia* verwandeln. Diesen Geist nimmt der Adept auf, wenn er bei Regen und Sturm vom Samen Saturns befruchtet wird, vorzugsweise im April, wenn die Sonne vom Widder in den Stier übergeht, oder im Oktober, wenn sie mit dem Mond im Steinbock ins Zeichen des Skorpions vordringt. All das fügt sich ideal in seine Logik.
Rudolf II. läßt sich nicht davon abschrecken, daß sich das Werk in endlosen Phasen vollzieht. Es beunruhigt ihn nicht, daß die Alchimisten Kräuter verwenden, mit denen auch die Zauberer, die Apotheker und Ärzte hantieren, und daß das Pflücken, Trocknen und Konservieren dieser Pflanzen mit ihren exotischen Namen von

Ritualen begleitet ist. Ganz im Gegenteil, es gefällt ihm, daß man den dem Werk bestimmten Pflanzen mit größtem Zeremoniell begegnen muß. Er würde an ihrer Kraft zweifeln, wenn man die zur Suche nach dem Stein der Weisen bestimmten Kräuter einsammeln könnte wie Kamillenblüten für den abendlichen Schlaftrunk. Die Namen der Kräuter und ihre Verbindung mit den Sternen sind für ihn wie eine Beglaubigung der Suche. In Zukunft wird er über keine Wiese mehr reiten können, ohne zu befürchten, aus Versehen die große und die kleine Mondviole, *lunaria major* und *lunaria minor*, niederzustampfen, die in der praktischen Alchimie eine bestimmende Rolle spielen und auch als Papstpfennig oder Kraut der Verlorenen bekannt sind, weil jeder, der sie zertritt, dazu verdammt ist, sich zu verlaufen. Am vierzehnten Tag des neuen Mondes schickt er seine Alchimisten aus, um die grüngelben Blütenstände des Mondkrauts oder besser der Drachenwurz zu pflücken. Das Kraut wird mehrere Monate in einem gut verschlossenen Tontopf vergraben, dann in einer kupfernen Retorte destilliert, um die unverzichtbare »Saturnie« zu erhalten, mit der sich Sonnenöl und Metallstaub oder Projektionsstaub bereiten lassen, die zur Transmutation notwendig sind.

Zu Beginn dieser beiden Zubereitungsarten muß Feingold kalziniert werden, weil man ganz ohne Gold kein Gold herstellen kann. Sodann wird das kalzinierte Gold zu Schlacke verarbeitet, aufgehäuft und durchs Sieb gegeben. Danach übergießt der Alchimist den Staub mit dem Saft der Mondviolen und gibt dann das Ganze bei niedriger Flamme und ohne umzurühren in einen Destillierapparat. Die dabei entstehende Lösung wird einen ganzen Sommer lang in einer luftdicht verschlossenen Flasche der Sonne ausgesetzt. Auf diese Weise entsteht Sonnenöl.

Zur Herstellung von Metallstaub gibt der Alchimist das kalzinierte Gold in ein unbeschriebenes Papier, das er mit einem Tuch umhüllt. Das Tuch kommt in einen Korb, der am siebten Tag des Monats in der Erde vergraben wird. Vierzehn Tage später gräbt der Alchimist den Staub wieder aus, füllt ihn in eine Glasphiole um, gießt ihn mit Mondviolensaft auf und stellt die Mixtur zum Trocknen in die Sonne. Danach tränkt er das Ganze mit Sonnenöl und läßt die Mixtur erneut eintrocknen. Beim dritten Durchgang übergießt er den Puder mit Meisterwasser, einer Mischung aus Gold, Salpeter und kalziniertem Vitriol.

Schon in der Vorbereitungsphase ändert sich die Beschaffenheit der Grundzutaten des Werkes: Die Pflanzen verfallen zu Staub, der Staub wird mit Flüssigkeit getränkt und wird dann wieder zu Staub. Rudolf II. glaubt inzwischen daran, daß die Körnchen aus kalziniertem Gold vom Beginn der Prozedur Gold im Überfluß hervorbringen können, und entdeckt, ganz berauscht von diesem komplexen Universum, in dem sich das Reich der Pflanzen und das Reich der Mineralien vermengen, das rätselhafteste und abstoßendste Pilzgewächs, den Zitterling (*tremella nestoc*).

Die Adepten versichern, daß im Zitterling der Weltgeist enthalten ist, und entziehen ihm einen Spiritus lenis, den sie als Goldlösungsmittel verwenden. Wenn man damit Erfolg haben will, muß man ihn vor Sonnenaufgang brechen, wobei man ihn nur mit Holz oder Glas, niemals aber mit Metall berühren darf, und ihn sehr gründlich von allen Erdresten und pflanzlichen Bestandteilen säubern muß, die ihn verunreinigen könn-

ten. Dann wird man mit einer grün-schleimigen, aufgeschwemmten Masse belohnt, die an das Gallert von verdorbenem Fleisch erinnert. Der kaiserliche Alchimistenneuling ist verwirrt, als er erfährt, daß dieses Pilzgewächs sich bei den ersten Sonnenstrahlen in Luft auflöst, ohne irgendwelche Spuren zu hinterlassen, auch bei höchsten Temperaturen noch extreme Kälte speichert und sich weder in Essig noch in Weingeist auflösen läßt; wenn man den Zitterling aber in einer dicht verschlossenen Flasche verwahrt, zerstört er sich selbst und verbreitet beim Öffnen der Flasche den Geruch von Exkrementen. Sowie er sich aufzulösen beginnt, gibt er eine Flüssigkeit ab, die sich erst himmelblau, dann violett und purpur verfärbt, bis sie sich zu einem goldgelben Ton aufhellt. Die Pellicula treibt lange oben, bis sie austrocknet und sich in ein weißes Pulver verwandelt.
Allein die Existenz eines derart bizarren Gewächses scheint zu garantieren, daß man am Ende doch Gold herstellen kann. Um wieder aufzuerstehen, muß man zuerst vergehen. Der Kaiser weiß dies. Als er am kritischsten Punkt seiner Initiation angelangt ist, ist er bereits überzeugt. Es überrascht ihn nicht, wieder auf den Verrottungsprozeß mittels Salpetersäure zu treffen, von dem die Adepten so großzügigen Gebrauch machen. Für sie ist dieses aus salpetriger Säure und Alkalimetall zusammengesetzte Salz, das sich im geschlossenen Behälter entzündet und verpufft, eine Zusammensetzung aus Feuer und Luft in komprimierter Form mit einem kleinen Zusatz von Wasser und Erde, die durch die Fäulnisgärung und das tiefgründige Wirken tierischen und pflanzlichen Lebens in Erregung versetzt werden.
Die Putrefaktion ist die erste Phase, das erste Große

Werk: das Schwarze Werk, das vom Weißen und dem Roten Werk gefolgt wird. Annähernd vierzig Tage sind nötig, um dieses Schwarze Werk, dessen Rezeptur verdächtig nach Scheiterhaufen riecht, erfolgreich abzuschließen. Man spielt mit den scheußlichsten Begleiterscheinungen des Todes herum. Das grüne Pulver wird aus dem moosigen Überzug vom Rande der Gräber oder den Schädeln der Gehenkten hergestellt und zur Heilung von Wunden eingesetzt. Barbiere und Chirurgen zahlen jeden Preis dafür. Der Alchimist vermischt dieses Totenmoos, diese Flechte, mit einer in früheren Zeiten von den Einbalsamierern zur Präparierung der Leichen benutzten Salbe, und gibt etwas Menschenblut und Schweineschmalz, Leinöl, Rosenöl, Terpentin von Kiefern und armenischen Bolus oder roten Ton hinzu. Außerdem kann er noch andere rote Zutaten beimischen: in Rotwein gewaschene und im Ofen getrocknete Erdwürmer, Hämatit oder Eisenerz, rotes Sandelholz.

Rudolf II. schreckt das nicht ab. Im Gegenteil, von nun an wird er sein Privatleben mit den Augen des Magiers deuten.

Der Stein der Weisen ist die Frucht der erzwungenen Vereinigung des der Sonne und dem Männlichen zugeordneten Schwefels mit Quecksilber, das als weiblich und dem Mond zugehörig gilt; die Adepten vollziehen diese Operation wie eine Trauungszeremonie, bei welcher der Priester einen rot gekleideten König mit einer Königin in Weiß vereint. Aber wieviel Leid und Schweres, wieviele rituelle Prüfungen müssen überstanden werden, bis diese widernatürliche Verbindung gelingt! Der Kaiser, der erlebt hat, wie seine Mutter immer wieder vergeblich versuchte, ihn zu verheiraten, versteht sehr gut, mit welchen Schwierigkeiten es die Alchimisten

zu tun haben. Er ist selbst ein widerspenstiges Metall und will von der Infantin nichts wissen. Man darf nicht vergessen, daß sich das Quecksilber dem Schwefel widersetzt wie einer Zwangsehe und darum der Tiegel der Goldsucher so leer bleibt wie das Schlafgemach der Infantin.
Der Vergleich zwischen dem Privatleben Rudolfs II. und der Alchimie ließe sich noch weiter treiben. Irgendwann hat er den »kaiserlichen Frauenzimmern« die kostbare Kateřina Stradová oder Catarina da Strada hinzugefügt, die Sonnen- oder Mondblume und Tochter eines der Männer, die seine Kunstsammlungen zusammentragen, des Erbauers des Schlosses Bučovice.
Tizian hat Catarinas Vater Jacopo da Strada 1567 porträtiert, achtzehn Jahre, bevor er zum Großvater von Rudolfs erstem Bastard wurde. Man sieht ihn in großartiger Aufmachung in einem mit Kunstwerken gefüllten Raum. Der untere Teil des Gesichts verschwindet hinter einem Bart, ein üppiger Schnurrbart verdeckt den Mund. Gekleidet ist dieser Fürst der Künste in Pelze und kostbare Stoffe: schwere Seiden und dicken Samt in dumpfen Farben, Brauntönen und dem von Tizian bevorzugten Rot. Nur die aus dem Wams hervorragenden Ärmel und die dreireihige Goldkette um den Hals bringen etwas Licht in die das gesamte Gemälde beherrschenden Rosttöne.
Achtzehn Jahre später hat sich Jacopo nur geringfügig verändert. Seine Haare haben sich kaum gelichtet, er ist ein wenig gebeugt, reicher als zuvor und immer noch sehr elegant. Seine Kinder sind herangewachsen. Catarina und Ottavio, einander sehr ähnlich, sind zwei gleichermaßen perfekte Wesen: strahlendweiße, makellose Haut, ovale Gesichter wie auf einer antiken Kamee, gleichmäßig gerötete Lippen und Wangen, die Augen

von langen, seidigen Wimpern umschattet. Sie in einem enggeschnürten Kleid, dessen enge Korsage sich wie eine aufblühende Krone in einen Spitzenkragen öffnet; er im knappen Wams, beide fast erdrückt unter den üppigen Stoffen und den Juwelen, mit denen ihr Vater sie geschmückt hat.

Der Kaiser entdeckt diese beiden so ähnlichen Wesen, die in ihrer Lebendigkeit eine so würdige Ergänzung seiner Sammlungen bilden. Er begehrt dieses lebendige Kunstwerk mit derselben Leidenschaft, die ihn erfaßt, wenn er einen Gegenstand wirklich besitzen will, und zum ersten und einzigen Mal in seinem Leben spürt er eine unbändige Begierde eben nicht für einen Gegenstand, sondern für zwei Kreaturen, für den Bruder und die Schwester, den Bruder oder die Schwester. Ottavio ist auch verführerisch, aber nicht verführerischer als Catarina, und Rudolf II. verletzt schon genügend Tabus. Also nähert er sich ihr.

Er begehrt Catarina. Also behandelt er seine Syphilis, indem er sich mit Quecksilbersalbe bepinselt; das Quecksilber wird aber später eine unheilbare Nierenkrankheit hervorrufen. Der alte Jacopo hat ihm das herrlichste seiner Besitztümer vorenthalten: eine kaum der Kindheit entsprungene Schönheit, eine Frau am Beginn ihrer Blüte, die sich erst in den Armen des Liebhabers entfalten wird. In ihr wird der Kaiser die Inkarnation seiner Träume vom ewig Weiblichen besitzen.

Der Kaiser pflegt seine Gemälde und Marmorskulpturen zu kaufen. Jetzt kauft er Catarina. Jedermann kennt den Preis der Schönheit: Der Vater wird Oberaufseher der kaiserlichen Sammlungen, nach seinem Tod wird Ottavio seinen Platz einnehmen.

Kaum hat der Kaiser seinen Kauf in sein Schloß geschafft, fällt er über sie her, berauscht sich an ihr und sperrt sie in Gemächer, die sie so gut wie nie verläßt. Sie ist genau so, wie Rudolf sie sich erträumt hat: unterwürfig und niemals fordernd, sie mischt sich nie in seine Angelegenheiten, beansprucht nicht einmal, ihn zu pflegen, wenn er krank ist. Sie ist das Gegenteil der Infantin Maria, die versucht hat, sein Leben zu bestimmen.

Schon bald wird sie schwanger. Nachdem Rudolf II. die Frau, die er um des Fortbestands der Dynastie willen hätte heiraten sollen, zurückgewiesen hat, wird er der glückliche Vater eines Kindes, das ihn niemals von einem Thron stoßen kann, auf den es keinerlei Anspruch haben wird. Ganz zu schweigen davon, daß ein Sohn, der abseits der traditionellen Pfade der Verwandtenehe als Garantie guter Staatsführung gezeugt wurde, mit einiger Wahrscheinlichkeit den erblichen Belastungen entgehen wird: das Reich wird er nicht bekommen, dafür vielleicht aber auch nicht die Neigung zur Melancholie, die Hypochondrie und die Schizophrenie der Familie Habsburg.

Rudolfs erstes Kind ist ein Sohn. In seiner Begeisterung nennt der Kaiser diesen noch vor seiner Geburt enteigneten Sohn Julius Cäsar, Don Giulio, Don Julius.

Catarina wird dem Kaiser sechs Kinder gebären, drei Mädchen und drei Knaben. Als offizielle Favoritin dient sie ihm als Kaiserinersatz, wie die Scharlatane die Verwandlung unedlen Metalls in pures Gold vortäuschen. Rudolf kann ihr das abverlangen, was er von einer Kaiserin kaum hätte verlangen können – eine Ehe, die, ähnlich wie die Vereinigung von Schwefel und Quecksilber, ohne Priester zurechtkommt.

Das Midasfest

Taddaeus Hájek, Rudolfs Leibarzt, fällt die Aufgabe zu, Hochstapler zu entlarven, die sich eine Stellung als kaiserlicher Alchimist erschleichen wollen. Die Schwindler haben kein leichtes Spiel mit ihm, denn er kennt die Tricks, mit denen die Gaffer auf dem Jahrmarkt verblüfft werden, ebenso wie die der Zauberkünstler, die die Eingeweihten an der Nase herumführen.

Bevor er also einen Kandidaten zu Werk schreiten läßt, unterzieht er erst einmal dessen Ausrüstung einer genauen Prüfung.

Er wird immer wieder fündig: getürkte Tiegel und Kupellen, doppelte Böden aus Ton mit Gold- oder Silberstaub, innen hohle und mit Goldstaub gefüllte Rührstäbe, mit Wachs verschlossene Gießtüllen und ausgehöhlte Stäbe voller Gold- oder Silberfeilicht. Er nimmt alles unter die Lupe, bis hin zur Kohle in den Brennöfen, sucht nach Löchern in den Briketts, die mit Goldstaub gefüllt sind wie Kuchen, die Öffnungen mit dickem, schwarzem Wachs getarnt. Er entlarvt manipulierte Scheidewasser, denen Gold, Silber oder mit Goldkörnchen versetztes Blei beigemischt wurde. All diese Betrügereien lassen nach der Kalzination in der Kupelle Gold oder Silber hervortreten und erwecken den Anschein, daß die Transmutation erfolgreich war.

Jeder einigermaßen erfahrene Zauberkünstler kann mit Hilfe dieser kleinen Eingriffe spielend die besten Vorstellungen geben. Er braucht dazu nicht viel mehr als gewisse Grundkenntnisse der Chemie. Ein Schwindler muß zum Beispiel nur ein Kupferblatt Arsendämpfen aussetzen, und schon läßt sich das Metall kaum von Silber unterscheiden. Dieses Ergebnis präsentiert der Gauner dann seinem geneigten Publikum, das durch das dunkle Laboratorium mit seinem rotglühenden Ofen und das Bewußtsein, etwas Unerlaubtes zu tun, schon in die richtige Stimmung versetzt worden ist, und läßt geschickt ein Zitat von Thomas von Aquin einfließen, und zwar nicht etwa aus der *Summa theologica*, sondern aus der *Abhandlung über das Wesen der Metalle*: »Wenn man weißes sublimiertes Arsen sich auf Kupfer absetzen läßt, sieht man, wie das Kupfer weiß wird. Gibt man sodann eine Hälfte reines Silber hinzu, verwandelt man das ganze Kupfer in echtes Silber.«

Die Transmutation soll aber dazu dienen, Gold herzustellen und nicht Silber. Also überziehen einfallsreiche Fälscher das Kupfer mit Quecksilber oder behandeln die Kupferplatten mit Kadmium, das sich als grünlicher Ruß an den Innenwänden der Öfen absetzt. Das Resultat sieht ganz so aus wie Gold. Die Talentiertesten geben Quecksilber und Kupfervitriol in einen Kupfertiegel mit Wasser. Das Kupfersalz löst sich auf, das Eisen reduziert es auf seinen metallischen Zustand, das Metall verbindet sich mit dem Quecksilber und bildet ein dikkes Amalgam, das Farbe und Aussehen von Gold annimmt. Es kann gar nichts schiefgehen, außer wenn das Amalgam zu stark erhitzt wird, wodurch es sich zersetzen würde.

Taddaeus kommt vielen Schwindlern auf die Schliche.

Dennoch gelingt es einigen wenigen, sich bis zum Kaiser durchzumogeln.

Zu den interessantesten Figuren des Trupps aus der Burg gehören die beiden Engländer John Dee und Edward Kelley, die gerade aus Polen gekommen sind und die Scotto und seinen magischen Spiegel aus dem Weg geräumt haben.

Der 1527 in London geborene John Dee oder John Devus begann seine Laufbahn in Mortlake, wo er sich den Ruf eines Gelehrten erwarb. Als Astrologe benutzte auch er einen magischen Spiegel, eine Rauchquarzkugel, mit deren Hilfe er die Geister heraufbeschwörte. Angezogen durch seinen Ruf, der sogar bis zu Königin Elisabeth I. gedrungen war, begannen die Neugierigen, nach Mortlake zu kommen.

Am 22. November 1582 spricht ein Mann, der unter falschem Namen reist und von seinen Biographen als Jahrmarktsdoktor, Hochstapler, Heuchler und geschwätziger Abenteurer bezeichnet wird und der, Josef Svátek zufolge, »eher einen Platz im Pitaval (Kriminalverzeichnis) von Böhmen verdient hätte als im Pantheon der Gelehrten rudolfinischer Zeit«, bei Dee vor: Talbot, auch Edward Kelley genannt. Er wurde 1555 in Worcester geboren und machte zum erstenmal in Lancaster von sich reden, wo er wegen Fälschung von Notariatsdokumenten aufgegriffen wurde. Zur Strafe sollten ihm die Ohren abgeschnitten werden. Der Henker nahm die Amputation vor. Talbot/Kelley floh mit einem gewaltigen Verband um den Kopf, änderte seinen Namen und ließ sich die Haare wachsen. Daraufhin irrte er von Stadt zu Stadt in England herum, immer den Jahrmärkten nach, und mogelte sich mit kleinen Gelegenheitsarbeiten und als Bettler durch.

Der Bettler mit den abgeschnittenen Ohren, den langen Haaren und den tief ins Gesicht gezogenen Kappen fristet seine jämmerliche Existenz, bis er eines Tages in einer walisischen Herberge die wundersame Geschichte von einem Manuskript und zwei Ampullen hört, von denen die eine ein rotes, die andere ein weißes Pulver enthält und die im Grab eines Mönchs gefunden wurden, der sich den Hexenkünsten hingegeben hatte. Kelley wittert sofort seine große Chance und verschafft sich Ampullen und Zauberbuch. Der Text ist in einer unbekannten Sprache abgefaßt und läßt sich nicht entziffern, aber das entmutigt den Abenteurer nicht.
Er ist siebenundzwanzig Jahre alt und überzeugt, daß das Glück ihn diesmal nicht im Stich lassen wird. Welchen Schatz könnte man schon bei den Gebeinen eines Hexenmönchs entdecken, wenn nicht die Formel für den Stein der Weisen? In der Überzeugung, daß er sein Glück gemacht haben wird, sobald es ihm gelingt, diese Hieroglyphen aus dem Jenseits zu entschlüsseln, wendet er sich an John Dee.
Der Astrologe der Königin ist zu diesem Zeitpunkt vierundfünfzig Jahre alt, verheiratet und Vater eines Sohnes, Arthur, und pflegt Umgang mit vornehmen Herren und großen Geistern. Aber es bräuchte schon mehr, um Talbot/Kelley einzuschüchtern. Er ist dreist genug, und Dee besitzt einen Spiegel, mit dessen Hilfe er die Geister heraufbeschwört und mit den Engeln kommuniziert. Er könnte den verstorbenen Mönch befragen und die Übersetzung des Zauberbuchs erlangen. Talbot/Kelley tauscht also sein Jammerbild eines Vagabunden, der es auf ein gewinnbringendes Abenteuer abgesehen hat, gegen das des jungen Wissenschaftlers ein, der einen älteren um Unterstützung angeht.

Dee wirft den Mann mit den abgeschnittenen Ohren nicht etwa hinaus, sondern gewährt dem um achtundzwanzig Jahre Jüngeren Einlaß und macht ihn zu seinem Assistenten. Von nun an führen sie zu zweit ihre Exorzismen durch, widmen sich der Engelskunde und den Transmutationsvorgängen und führen Gespräche mit den himmlischen Geistern.

Im Juni 1583 macht der Pfalzgraf von Sieradz, Olbracht Łaski, Zwischenstation in Mortlake, und eines Tages – die drei Männer geben sich gerade ihren Experimenten hin – verkündet ein Geist dem Polen, daß er beim Tod Stephan Báthorys den Jagellonenthron besteigen wird. Der Pfalzgraf kann sein Glück nicht fassen und lädt die beiden Magier nach Polen ein. Dee zögert nicht lange; gemeinsam mit seiner Familie, Kelley und dem Pfalzgrafen verläßt er England, wo er doch zu einigem Reichtum gekommen ist, um nach Polen zu gehen, wo er noch reicher zu werden hofft. Kelleys Glück ist mit dem von Dee verknüpft, sie sind die Engel, die einen Thron verkündigen. Wenn Łaski König wird, können sie auf eine glänzende Zukunft hoffen.

Stephan Báthory, König von Polen und Liebhaber von Horoskopen und der Astrologie, läßt nichtsahnend die Engländer zu sich kommen, die sich trotz ihres Unbehagens der königlichen Aufforderung nicht entziehen können. In dieser Situation helfen ihnen himmlische Boten aus der Bedrängnis, erscheinen Seiner Majestät in aller höfischen Form und teilen Ihr angenehm Beruhigendes mit. Die beiden Engländer packen eilends ihre Koffer und machen sich in jenes Schlaraffenland auf, wo es Interessanteres gibt als einen in der Astrologie dilettierenden König, nämlich einen kaiserlichen Alchimisten.

Im August 1584 erreichen sie Prag, wo ihnen Rudolf II.

einen ehrenvollen Empfang bereitet. Die beiden Komplizen machen ein blühendes Geschäft, bis die Geister, die sie noch immer mit derselben Inbrunst anrufen, unter Gedächtnisschwund leiden und einem anderen Alchimisten den polnischen Thron versprechen: nämlich Wilhelm von Rosenberg, dem Herrn von Krumlow und Markgrafen des böhmischen Königreichs. Nun sehen sich Pfalzgraf und Markgraf auf dem Thron. Keiner von beiden denkt daran, daß Rudolf II., wenn die Nachfolge geklärt werden muß, versuchen wird, die Krone für einen seiner Brüder zu erlangen – und daß sie keine Chance haben, gegen einen Erzherzog zu bestehen.

Wilhelm von Rosenberg hat sein Herrschaftsgebiet, eines der ältesten und mächtigsten von ganz Böhmen, in eine Hochburg der Alchimie verwandelt, die es mit Prag aufnehmen kann. Er hat Thaumaturgen, Hellseher und Destillatoren um sich versammelt. Es brodelt in zahllosen Retorten, die Hellseher blicken in die Zukunft, Geister treten in Erscheinung. Die Engländer kommen nicht zur Ruhe. Es wimmelt vor Schwindlern und Gaunern.

Herr von Rosenberg ist mit der Metamorphose wohlvertraut. Während seine Alchimisten ihr Feuerchen schüren, verwandelt er eine mittelalterliche, düstere Festung in einen Renaissancebau. Die Arbeiten sind so kostspielig, daß er gierig darauf lauert, daß sich das transmutierte Gold in den Kupellen ablagern möge. Als nichts passiert, fordert ein Zauberer achtzig Goldflorin von ihm, um sie zur Vermehrung im Garten anzupflanzen. Das ist selbst für einen Rosenberg ein kleines Vermögen, aber die Botschaft der Sterne ist eindeutig: ein Florin zuviel, aber vor allem einer zuwenig, und das ganze Unternehmen ist in Gefahr. Rosenberg trennt sich von seinen Florin, der Magier pflanzt sie an und begießt sie zur Unterstützung des Wachstums mit einer Mixtur eigener Fabrikation. Der Ausgang der Geschichte war vorhersehbar, nicht jedoch für Rosenberg, der seinem alchimistischen Irrsinn mit Haut und Haar verfallen ist, Metalle für lebende Organismen hält, die wachsen können, und halb wahnsinnig vor Ungeduld auf das Wunder und die folgende Ernte wartet. Aber eines Nachts gräbt der Florinanbauer seine Beute wieder aus und verschwindet.

Da nun also das Gold um keinen Preis wachsen will, steckt Rosenberg John Dee in ein Laboratorium und befiehlt ihm, für ihn ganz allein den Stein der Weisen zu suchen.

Den will auch der Kaiser, ebenfalls für sich allein, und so läßt er Dee und Kelley zu sich kommen.

Die Anwesenheit der Engländer im direkten Umkreis des Kaisers, vor allem die John Dees, führt zu heftigen Protesten. Die Katholiken und der päpstliche Nuntius in Böhmen sind besorgt, der Papst in Rom ist in heller Aufregung. Dee wird der Nekromantie verdächtigt und gilt als Handlanger des Teufels. Rudolf II. wagt nicht, Unvertretbares zu verteidigen, und wählt die einfachste Methode, um in Ruhe gelassen zu werden: er gibt vor, den Astrologen zu verbannen, verabschiedet ihn öffentlich – und versteckt ihn in Schloß Třeboň mit der Weisung, seine Forschungen fortzuführen.

Rudolf hat nicht die geringste Absicht, ausgerechnet den Mann zu vertreiben, der ihm einen Zauberstein geschenkt hat, mit dem er mit den Geistern in Verbindung treten und ganze Nächte damit verbringen kann, seine verstorbenen Vorfahren, Eltern, Freunde und auch einige seiner Feinde anzurufen, um von ihnen die Zukunft zu erfahren. Er verletzt dabei uralte Verbote, die bis auf das mosaische Gesetz aus dem Alten Testament zurückgehen, mit der Begründung, daß schon das Volk Israel so verfahren und diese Praxis auch in Griechenland aufgenommen worden sei, wo Gebeine und Öl, Honig, Mehl und Blut zur Zauberformel gehörten und man für die Lebenden und die Toten ein gemeinsames Mahl bereitete, was in christlicher Zeit verboten und im Mittelalter verfolgt wurde.

Beunruhigende Gerüchte sind über John Dee im Umlauf: Als Agent Elisabeths von England hat er wahrscheinlich den Auftrag, das Haus Habsburg zu schwächen, und er hat aus Rudolf II. einen überzeugten Geisterbeschwörer gemacht.

Dee versteckt sich in Třeboň, wo Kelley ihn besucht. Die beiden Männer sprechen über ihre Arbeit, machen Spaziergänge in der Umgebung, angeln und gehen auf die Jagd, bis sie eines Tages auf der Rückfahrt von einem ihrer Ausflüge von ihrem betrunkenen Kutscher in den nächsten Abgrund katapultiert werden – es ist aber nicht auszuschließen, daß man dem Kutscher Geld geboten hatte, damit er Böhmen von diesen Engländern befreie, die dann nur unter großen Mühen wieder aus der Schlucht heraufgeholt werden konnten.

1586 stirbt Stephan Báthory, der König von Polen.

Erzherzog Maximilian, der dritte Bruder Rudolfs II., der zu diesem Zeitpunkt achtundzwanzig Jahre alt ist, gibt seine Kandidatur bekannt. Theoretisch hat er die Unterstützung von Papst und Kaiser, und der Thron kann ihm gar nicht mehr entgehen, aber Rudolf II. ist so machtgierig, daß die Aussicht, seinen Bruder an der Regierung zu sehen, ihn eher mit Mißtrauen als mit Befriedigung erfüllt. Und auch die Unterstützung von Papst Sixtus V. ist eher illusorisch, weil Antonio Possevino, der die Außenpolitik des Heiligen Stuhls bestimmt, dem Bruder eines Kaisers mißtraut, der die Toten beschwört. Rudolfs II. laue Haltung ermutigt den Jesuiten, einen Kandidaten zu fördern, der ihm weit mehr Vertrauen einflößt: den schwedischen Prinzen Sigismund Wasa, einen Neffen des letzten Jagellonen.

Und so wird Sigismund am 19. Februar 1587 nach quälenden Geheimverhandlungen mehrheitlich gewählt. Drei Tage später wählt die Minderheit Maximilian zum König.

Rudolf II. hat sich noch nicht von dieser friedensbedrohenden Doppelwahl erholt, als die Nachricht eintrifft, daß Zamojski, der polnische Großkanzler und Kronfeldherr, Maximilian gefangengenommen hat. Der Kaiser ist sich bewußt, daß Zamojski über seinen Bruder eigentlich ihn treffen und seine Autorität erschüttern will. Er läßt die Polen und den Papst wissen, daß er alles tun wird, um seinen Bruder zu befreien. Damit hat er Stellung bezogen, und wenn dem böhmischen Löwen nun Gerüchte zugetragen werden, daß John Dees Machenschaften an der allgemeinen Verwirrung in Polen und der Vertreibung des Hauses Österreich von einem Thron, der ihr mit jeder Generation neu entgleitet, vielleicht nicht ganz unschuldig sind, stellt er sich taub.

Zu diesem Zeitpunkt trifft Dee eine völlig unerklärliche Entscheidung: er geht. Dabei hat er von den beiden Anwärtern, denen er den polnischen Thron versprochen hatte, kaum Rache zu fürchten. Łaski ist weit, und Rosenberg, der inzwischen von anderen faszinierenden Eroberungen träumt, kennt nur noch ein Ziel: ihn nach Krumlow zu holen. Ausgerechnet in dem Augenblick, da der Kaiser und der mächtigste Grundherr Böhmens um die Ehre wetteifern, ihn zu umschmeicheln, zieht sich John Dee zurück. Er ist sechzig Jahre alt und könnte unter mehreren böhmischen Schlössern wählen, aber er ist von der Idee besessen, nach England zurückzugehen, wo er der Hexerei verdächtigt wird und der Pöbel sein Haus und seine Bibliothek angezündet hat.

Maximilian kommt nicht frei, und in Prag kursieren hartnäckige Gerüchte, auf welche Weise John Dee, der Agent Elisabeths I. von England, dazu beigetragen hat, daß die Habsburger die polnische Krone wieder nicht erlangen konnten, die ihnen diesmal doch absolut sicher schien.

Der Kaiser mißt dem Gerede keine große Bedeutung bei, er ist mit etwas anderem beschäftigt, er will Gold und das Lebenselixier. Er hofft immer noch, daß er eines Tages diese beiden Machtspender in Händen halten wird, die ihn zum Herrn der Welt machen werden, und faßt sich in Geduld. Er wird jedem, der ihm diese Macht verschafft, alles durchgehen lassen, einschließlich der Spionage für eine fremde Macht.

Aber Dee, dem noch keine Transmutation gelungen ist und der auch so schnell nicht damit rechnet, hält es für gefährlich, den Löwen weiter zu reizen, und sei es auch durch die Gitterstäbe seines Käfigs hindurch. In Prag gibt es Gefängnisse und Verliese in den Wehrtürmen, Folterstühle und Galgen, an denen betrügerische Alchimisten baumeln. Der alte Spiritist ist durch nichts umzustimmen, und er rät auch Kelley, das Land zu verlassen.

Kelley bleibt. Seit 1586, als John Dee nach Třeboň verbannt worden war, verläßt er die Hauptstadt trotz der inständigen Bitten Wilhelm von Rosenbergs, der bereits einen seiner englischen Magier verloren hat, kaum noch. Er findet es einträglicher, dem Kaiser zu dienen als dem Herrn von Krumlow, besonders da er sich nun, nachdem sein Partner abgereist ist, allein seiner Aufmerksamkeit erfreut.

Mit Anfang Dreißig glaubt er, die ganze Welt läge ihm zu Füßen, weil er ihre Geheimnisse aufdecken zu können meint. Durch seine medizinischen Behandlungen macht sich Kelley dem Kaiser unentbehrlich, dessen Gemütszustand aufgrund seiner Verzweiflung über die Gefangenschaft seines Bruders noch unsteter ist als üblich. Kelley gibt ihm Rhabarber. Rudolf II. fühlt sich erleichtert nach dieser zumindest ungefährlichen Behandlung und verlangt nach anderem. Er ist mit seiner Geduld am Ende.

Nun bleibt Kelley keine Wahl mehr. Er versucht sich an einer Transmutation. Der Kaiser ist im Laboratorium zugegen, verfolgt die Arbeit des Alchimisten, beobachtet, wie sich der Inhalt seltsam geformter Gefäße – Reagenzgläser schimmern mit männlichen Geschlechsteilen jeglicher Größenordnung, Glasglocken wie vorgewölbte Bäuche, runde Kupellen wie schwellende Brüste – in einem endlosen Akt der Vereinigung zusammenzufinden scheint.

In der Mitte des Labors steht der Athanor, der runde Herd, dessen Feuer vier verschiedene Hitzestufen hergeben muß: 1. heißer als der Siedepunkt für Wasser; 2. zwischen dem Siedepunkt für Wasser und dem Schmelzpunkt für Schwefel; 3 unterhalb des Schmelzpunktes von Zinn und 4. genau am Schmelzpunkt für Blei. Auf der Herdstelle, dem Ofen mit den Kristallfenstern, die Einblick ins Innere ermöglichen, erheben sich drei Dreibeine, die die muffelbewehrte Kupelle und das

Ei der Philosophen, den Kolben tragen, einen fußlosen, von einem Pelikan genannten, langen, offenen Rohr überragten Glasballon, einem Destillierkolben mit zwei gegenüberliegenden Hähnen, die seitlich in den Bauch des Gefäßes zurückführen, so daß die hineingegebene Flüssigkeit immer wieder zurückfällt. Die Mischung, die sich in den Stein der Weisen verwandeln soll, wird im Ei bereitet.

Kelley hat eine Kupferschale mit Wasser auf den Athanor gestellt und schüttet zwei Säckchen Pulver aus dem Saft von Mondpflanzen hinein. Während die Mixtur heiß wird, nimmt er zwei Flaschen zur Hand. Er kippt ein paar Tropfen Quecksilber aus der einen in die mit klarem Meisterwasser gefüllte zweite Flasche. Das Wasser trübt sich sofort und nimmt eine Farbe an, wie wenn man Anis mit Wasser mischt. Auf dem Herd zischeln die Mondsäfte in ihrer Kupferschale. Kelley vermischt die beiden Flüssigkeiten und zieht sie vom Feuer, sowie sie zu kochen beginnen.

Rudolf II. hält ihm ein Kupferbecken mit kaltem Wasser hin; Kelley gibt seine Mixtur hinein, die sich auflöst, bis er einen bräunlichen Rückstand erhält: das Projektionspulver, das jetzt eigentlich der Sonne ausgesetzt werden müßte, aber da Seine kaiserliche Majestät nicht mehr warten kann, trocknet es der Alchimist, voller Angst, am Ende Silber statt Gold zu machen, auf dem Athanor.

Der Schlamm trocknet und wird zu Puder. Kelley stellt ihn zur Seite, nimmt ein Stück Blei, das er in einen Tiegel legt, und bringt es langsam zum Schmelzen. Dann gibt er einen Tropfen Sonnenöl, ein rötliches Extrakt, das er in einer kleinen Phiole aufbewahrt, hinzu, außerdem eine Prise von dem eben bereiteten braunen Pulver und bedeckt den Tiegel mit einer mit glühenden Kohlen angefüllten Kupelle. Nun muß das Feuer eine Stunde lang unterhalten werden.

Während dieser Stunde brodelt im Athanor ein Traum von Reichtum und unbegrenzter Macht. Schon sieht sich Rudolf II. als den vom Glück am meisten begünstigten Monarchen der Welt, der reicher ist als Karl V. nach der Eroberung der Neuen Welt und der Entdeckung der sagenhaften Inkaschätze und mächtiger als irgendein Kaiser vor ihm. Er wird nie wieder einen Reichstag einberufen müssen, damit er Steuern erheben darf. Er wird seine brudermörderischen Untertanen versöhnen, seine Völker werden in einem Wohlstand leben, der das Kaiserreich zu einem neuen Garten Eden macht. Die Künste werden erstrahlen wie seit der Antike nicht mehr. Und während er selbst ganz vergißt, daß König Midas, ein Festessen aus purem Gold vor Augen, Hungers gestorben ist, macht Kelley sich keinen Begriff davon, was für unermeßliche Reichtümer Rudolf II. sich erträumt.

Nach einer Stunde entfernt Kelley die Kupelle mit den glühenden Kohlen und rührt das Gebräu mit einer Weinrebe um. Die Masse wird weich, das Projektionspulver und das Sonnenöl haben das Metall fixiert. Kelley rührt weiter um, dann setzt er den Tiegel mit einer Zange auf einen Stein. Am Grund des Tiegels glänzt etwas wie Gold. Die Flüssigkeit auf dem Boden des Tiegels verdickt sich, koaguliert, wird hart. Rudolf nimmt die Zange, fischt ein noch glühendes Stück heraus und prüft es: es ist Gold.

Rudolf II. überschüttet Kelley mit Ehren und Geschenken, macht ihn zum kaiserlichen Berater und 1588 zum böhmischen Ritter, *rytir z Imany*, nachdem er behauptet hat, aus irischem Adel zu stammen. Zwei Jahre nach

John Dees Abreise steigt er gar noch in der Gunst. Der Herr von Rosenberg, der ihn dem Kaiser immer noch abspenstig machen will, bietet ihm zwei Landgüter in der Nähe von Jílové.

Nun, da er Land und Dörfer besitzt und eine reiche Erbin geheiratet hat, kauft Kelley Häuser und eine Mühle und kontrolliert schließlich die Lebensmittelversorgung der gesamten Region. Er hat nie genug, ist nie zufrieden und immer gierig, also treibt er die Preise gnadenlos in die Höhe und macht sich bei allen Bauern und Dorfbewohnern verhaßt, die er ins Elend stürzt.

Er kauft zwei Häuser in der Neustadt von Prag. Um das eine der beiden, das an einem der satanischen Orte Prags liegt, dem Viehmarkt, *Dobytčí trh*, spinnen sich sofort die Legenden. *Dobytčí trh* ist das Galgenviertel. Seine Keller erfüllen jeden mit Furcht, denn hier soll es geheime Verliese geben, versteckte Winkel, in denen die Geister beschworen werden, und die Knochenhallen der lebendig Begrabenen.

Eines dieser beiden Häuser ist das des Faust, das *Faustův dům*. Sobald Kelley sich dort niederläßt, sprießen auch hier die Legenden, in denen der tschechische Gelehrte und Kenner der schwarzen Magie, auf dem Rücken des in ein fliegendes Pferd verwandelten Mephistopheles sitzend, Europa durchstreift.

Der siegestrunkene Kelley macht sich in seiner Unvernunft nicht bewußt, daß der von der einen Transmutation berückte Kaiser noch weitere wunderbare Beweise seiner Kunst erwartet, und zwar Gold im Überfluß.

Kelley, der sich die kaiserliche Gunst bis ans Ende seiner Tage gesichert zu haben wähnt, meint, über den Gesetzen zu stehen, und macht sich nicht mehr die Mühe, sie zu respektieren. 1591, in dem Jahr, in dem Rudolf den

Vertumnus von Giuseppe Arcimboldo erhält, tötet Kelley Jürgen Hunckler im Duell. Duelle sind bei Todesstrafe verboten; Hunckler ist nobler Herkunft und entstammt einer alten Familie, die dem Hradschin seit langem verbunden und vertraut ist – und Kelley ist ein schamloser Abenteurer, der für Königin Elisabeth I. den Spion spielt und die kaiserliche Nachsicht auf eine harte Probe stellt. Der Kaiser läßt einen Haftbefehl ausstellen. Mit einer dramatischen Wendung konfrontiert, die ihm seine Geister nicht vorhergesagt haben und mit der er selbst unklugerweise nie gerechnet hat, stürzt sich Kelley in den nächsten Wagen und flieht nach Krumlow, wo er sich in den Kellergewölben des Schlosses vor den Nachstellungen der kaiserlichen Gerichtsbarkeit in Sicherheit bringen will. Zwölf Etagen Keller zum Lagern von Weinen und Reifen von Käse, zwölf Etagen mit Höhlen, schmalen Stollen, Kellerlöchern, Grotten, versteckten Winkeln bieten ihm ausreichend Platz, um seine Labors einzurichten und seine Forschungen weiter zu betreiben.

In Soběslav wird Zwischenstation gemacht, um die Pferde zu wechseln. Kelley verläßt die Kutsche und treibt zur Eile an, als er auch schon Soldaten kommen sieht. Er zieht das Schwert, kommt aber gegen die Überzahl nicht an.

In einer Zelle im Chuderka-Turm in Křivoklát kündigt er den Wärtern an, daß er eher sterben werde, als die Geheimnisse seiner Kunst zu verraten. Er tritt in den Hungerstreik und ist schließlich so schwach und siech, daß er nicht mehr aufstehen kann und der Gefängnisdirektor dem Kaiser Mitteilung machen muß. Der schickt eilends einen Arzt, und dieser zwingt den Alchimisten zur Nahrungsaufnahme, kann ihn aber nicht dazu bewegen, seine Geheimnisse preiszugeben. Stillschweigen ist Kelleys einzige Chance, denn solange der Kaiser glaubt, daß er mehr weiß, als er sagen will, wird er ihn nicht umbringen lassen.

In der Tat läßt der Kaiser ihn nicht hinrichten. Als Wilhelm von Rosenberg ihn aber bittet, diesem Gefangenen, an dem ihnen beiden so viel liegt, das Leben ein wenig zu erleichtern, fühlt Rudolf II. sich durch diesen Versuch, sein Verhalten zu beeinflussen, gekränkt und gibt Anweisung, den Alchimisten zu befragen und ihm seine Geheimnisse zu entlocken.

Während seiner Jugend in Spanien hat der Kaiser Inquisitoren gesehen, die folterten, um die Ketzerei auszutreiben; er foltert, um die Geheimnisse des Teufels zu erfahren, und läßt in seiner Wut, daß sie ihm dennoch vorenthalten bleiben, Kelleys Hab und Gut beschlagnahmen.

Kelley sitzt zweieinhalb Jahre im Gefängnis, und noch immer ist kein Prozeß in Sicht. Vom Kaiser hat er nichts mehr zu erwarten: weder eine Verurteilung noch Gnade. Er besticht den Wärter, bastelt sich ein Seil zusammen und läßt sich eines Nachts am Turm hinuntergleiten. Am Morgen findet man ihn bewußtlos und mit mehrfach gebrochenem Bein.

Rudolf II. gestattet Kelleys Frau, den Verletzten nach Prag zu bringen. Das Bein ist nicht mehr zu retten, der Wundbrand läßt sich nicht aufhalten, ein Chirurg amputiert das Bein und ersetzt es durch eine Holzprothese. Rudolf II. gibt Kelley zurück, was von seiner Habe geblieben ist, gewährt ihm aber weder irgendwelche Hilfe noch eine Stellung. Obwohl er bei Hofe nicht mehr empfangen wird, der einzige Beschützer, der sich nie von ihm abgewandt hat, Wilhelm von Rosenberg,

1592 verschieden ist und der Erbe von Krumlow sein Vermögen statt für Alchimisten lieber mit exotischen Frauen durchbringt, hegt er noch immer die halsbrecherische Vorstellung, eines Tages wieder in Gnaden aufgenommen zu werden. Um seine Schulden zu bezahlen, verkauft Kelley die verbliebene Habe, und seine Frau trennt sich von ihren letzten Schmuckstücken. Noch immer müssen aber Gläubiger befriedigt werden. Kelley wird in der Festung Most eingesperrt. Durch seinen ersten Gefängnisaufenthalt klug geworden, setzt Kelley für den Kaiser eine Abhandlung über den Stein der Weisen auf: *De lapide philosophorum*, und läßt sie ihm zusammen mit einem Brief überbringen, in dem er seine Unschuld beteuert.

Der Kaiser antwortet nicht.

Sechs Jahre nach der ersten Gefangenschaft, im Sommer 1597, kommt Kelleys Frau in die Burg, um für ihren Mann zu bitten. Der Kaiser empfängt sie nicht. Dafür droht ihr ein böswilliger Kammerherr, sie als Komplizin zu verhaften und ihr die Kinder zu nehmen. Kelley beschließt, noch einmal zu fliehen, aber alles kommt genauso wie beim ersten Mal. Wieder liegt es am Seil. Es reißt, das Holzbein bricht, das gesunde Bein wird zerschmettert. Im Morgengrauen wird der Verletzte gefunden und in seine Zelle zurückgebracht. Aber er hat den Mißerfolg vorhergesehen und sich von seiner Frau ein starkes Gift besorgen lassen, mit dem er sich am 1. November 1597 mit zweiundvierzig Jahren das Leben nimmt.

Bei seiner Rückkehr nach Mortlake wurde John Dee zunächst von Königin Elisabeth protegiert. Als sie 1603 starb, folgte ihr Maria Stuarts Sohn, Jakob I., auf dem

Thron. Der neue Herrscher interessierte sich nicht für die Arbeit des Magiers, und so rieten ihm seine Geister, sich wieder auf den Weg zu machen. Mit siebzig Jahren machte Dee sich daran, ihren Weisungen zu folgen, starb aber 1607, bevor es soweit war.

Von Kelleys jämmerlichem Ende hatte er erfahren. Aber keiner der beiden Engländer, die als Spione für England mehr Geschick bewiesen als beim Vorhersagen des eigenen Schicksals, hatte den eigenen Tod vorausgesehen.

Der Herr der Schatten

Das Jahr 1587 mit der Gefangennahme von Erzherzog Maximilian durch Sigismund von Polen und der Hinrichtung Maria Stuarts durch die Protestanten in England war schon schrecklich genug gewesen. Alle Anzeichen sprachen dafür, daß 1588 noch schlimmer würde. Die Konjunktion von Mars und Jupiter ist ein extrem unheilvolles Zeichen, die Astrologen sagen eine Sonnenfinsternis, zwei Mondfinsternisse, das Vorbeiziehen eines Kometen, Erdbeben und Überschwemmungen sowie den Untergang eines großen Reichs voraus. Die Vorhersage stürzt Rudolf II. in schwere Krankheit.

Europa geht im religiösen Wirrwarr unter. Das protestantische Holland spaltet sich vom katholischen Belgien ab. Wilhelm von Oranien ist ermordet worden. Alessandro Farnese, der Herzog von Parma, der gemeinsam mit Rudolf II. und Ernst in Madrid erzogen worden ist, regiert die Niederlande. Schottland kehrt unter seinem jungen König Jakob, der durch einen Staatsstreich an die Macht gelangt ist, wieder zum Katholizismus zurück. In Paris ist Heinrich III. vor Heinrich von Guise geflohen. Um den blutigen Auseinandersetzungen ein Ende zu bereiten und den Katholizismus wieder einzusetzen, hat Philipp II. die fürchterlichste Flotte gegen England ausgeschickt, die je in See gestochen ist. Nachdem der frühzeitige Tod Don Juans, des Siegers von Lepanto, den Truppen den ungestümsten und beliebtesten ihrer Admirale genommen hat, ist Medina Sidonia das Kommando über die Armada übertragen worden. Der Sieg ist ihnen sicher; Frankreich fürchtet sich schon jetzt vor der Hegemonie der Habsburger.

Rudolf II., der Elisabeth I. verabscheut, wünscht seinem Onkel den Sieg, solange er selbst dafür keinen Taler und keinen Mann opfern muß. Er hat der römisch-katholischen Kirche schon genug Unterpfänder seiner frommen Absichten geliefert und wollte sich auf dieses Seeabenteuer gar nicht erst einlassen. Seiner Regierung hat er einen glühenden Katholiken vorgesetzt, den Großkämmerer Fürst Popel von Lobkowitz, und den Jesuiten erlaubt, die Gegenreformation in Österreich zu betreiben. Zum Ausgleich für so viel guten Willen hat ihn der Heilige Stuhl in seinem Bemühen um die Befreiung Maximilians unterstützt. Sixtus V. hat einen Boten nach Polen geschickt, aber er hat einen Aldobrandini dazu auserwählt, und diese Familie war den Habsburgern schon immer feindlich gesinnt.

Bevor er noch etwas über den Stand der Verhandlungen in Polen erfährt, erhält Rudolf II. die unfaßbare Kunde, daß die Armada vernichtend geschlagen worden ist. Drake hat mit seiner kläglichen Armee von Protestanten die spanische Flotte versenkt und den größten Sieg seit Lepanto errungen. Die Bilanz ist überwältigend: Achtzig verlorene Schiffe, fünfzehntausend Tote, viertausend Gefangene. Admiral Medina Sidonia erstattet seinem Herrscher Bericht: Ein heftiger Sturm hat die Schiffe auf die zerklüftete Felsküste zugetrieben. Weder die Geschicklichkeit der Seeleute

noch der Mut der Soldaten konnten den tosenden Wassermassen standhalten.
Spaniens größte Hoffnung seit der Eroberung der Neuen Welt liegt nun am Meeresgrund. Auch Philipp II. ist düsterer Stimmung. Es ist das zweite Mal, daß sich sein englischer Traum zerschlägt: Seine Ehe mit Königin Mary ist kinderlos geblieben, und jetzt ist die Armada zerstört. Diese Niederlage, die nach menschlichem Verstand nicht erklärbar ist, offenbart den göttlichen Willen. Gott, der sie bei Lepanto über die Türken hat siegen lassen, verweigert ihnen nun den Sieg über Elisabeth, die zwar Protestantin ist, aber immerhin Christin. Philipp nimmt die Verantwortung für die Zerstörung seiner Flotte auf sich und schont seinen Admiral.
Rudolf II. ist nicht weiter erstaunt über dieses Unglück, das die Astrologen ihm vorhergesagt haben. Er beglückwünscht sich zu seinem weisen Entschluß, sich aus dem Konflikt herauszuhalten, der unerklärlicherweise zum Untergang des Stärkeren geführt hat. Und doch hat die Katastrophe wohl oder übel auch für ihn ihre Auswirkungen, weil die Christenheit nun keine Flotte mehr besitzt, die sie dem Expansionsdrang des Islam im Mittelmeer entgegensetzen könnte.
Kardinal Aldobrandini zieht als erster seinen Vorteil aus dieser Schwäche: Er macht sich gar nicht erst die Mühe, die Beschlüsse des polnischen Königs anzufechten, und begibt sich im Dezember 1588 in aller Ruhe zum Kaiser, um sie ihm einen nach dem anderen vorzutragen. Sigismund verlangt, daß die Habsburger sich nie wieder in die Angelegenheiten Polens einmischen, und fordert mehrere Festungen als Garantie.
Rudolf II. läßt sich auf diese Bedingungen nicht ein. Der Kardinal gibt sich überrascht und enttäuscht. Er hat es

eilig, nach Rom zurückzukehren, wo Sixtus V. krank darniederliegt, also müssen die Verhandlungen so schnell wie möglich abgeschlossen werden. Um den Kaiser umzustimmen, überredet Aldobrandini den Fürsten Popel von Lobkowitz, seinen Einfluß geltend zu machen. Lobkowitz' Treue gilt zunächst Rom und dann erst dem Kaiser, und sein späterer Verrat läßt sich schon jetzt erahnen, wenn er sich dazu hergibt, Rudolf II. vorzutäuschen, Sigismunds Forderungen seien durchaus vernünftig.

Aber Rudolf II. beugt sich weder dem Gesandten noch seinem Minister. Vierzehn Tage lang wiederholen der Kaiser und der Kardinal die immer gleichen Argumente, und vierzehnmal beschließt Rudolf die Unterredung, indem er beteuert, er werde keine einzige Festung seines Reichs preisgeben. Wenn Rudolf II. den päpstlichen Nuntius weiter hinhält und Sixtus V. möglicherweise in seiner Abwesenheit stirbt, wird die Papstwahl ohne Aldobrandini stattfinden und der Thron des heiligen Petrus, nach dem er schon seit langem giert, geht vielleicht auf einen anderen Kardinal über. Er ist so verzweifelt und so voller Ungeduld, die Primatialgewalt zu übernehmen, daß Fürst Lobkowitz eines Abends, nachdem ihm der mährische Wein anläßlich eines Festessens in seinem Hause die Zunge gelöst hat, sein Glas auf den Kardinal erhebt und ausruft: »Es lebe der zukünftige Papst!«

Und Aldobrandini revanchiert sich mit: »Es lebe der zukünftige König von Böhmen!«

Obwohl dies Verrat ist, versucht Rudolf II., einen Eklat zu vermeiden; er braucht seinen eidbrüchigen Minister und den Nuntius noch und fordert Aldobrandini auf, seine Gegenvorschläge in Polen zu überbringen.

Der Nuntius aber macht sich auf den Weg nach Rom und legt unterwegs Station in Wien ein, um Erzherzog Ernst davon zu überzeugen, daß Maximilian weiter in Gefangenschaft bleiben und vielleicht gar ein Krieg entbrennen wird, wenn der Kaiser nicht auf Sigismunds Bedingungen eingeht.
Rudolf II., der nun ganz allein dasteht, widersetzt sich auch weiterhin dem Schiedsspruch aus Rom. Sixtus V. hat ihm nur zum Schein einen Unterhändler gesandt, der nichts ausgehandelt hat, und auch von seinem Onkel, Philipp II., den er im Stich gelassen hat, kann er sich keine Unterstützung erhoffen. Ihm bleiben nur zwei Möglichkeiten, seinen Bruder freizubekommen: entweder er gibt nach oder er muß kämpfen. Eine Lösung ist für ihn so furchtbar wie die andere, und er wird krank. Und genau zu diesem Zeitpunkt schickt ihm Boris Godunow, von dem es heißt, er habe den jüngsten Sohn Iwans des Schrecklichen, Dmitri, ermordet, eine Gesandtschaft. Der Zar schlägt dem Kaiser eine Allianz gegen den Schah von Persien und die Türken vor und erbietet sich, ihm das Geld für die Befreiung Maximilians vorzustrecken.
Die Aussicht auf eine Allianz mit Rußland läßt Rudolf II. wieder gesunden. In Polen aber veranlaßt der Vorschlag des Zaren Zamojski zum schnellen Handeln. Er bietet Maximilian die Freiheit, wenn er an der Spitze einer polnischen Armee einen Eroberungszug gegen Rußland führt. Rudolf II. verbietet seinem Bruder, sich auf ein derart unsinniges Abenteuer einzulassen, und um ihn freizubekommen, bevor die Polen versuchen können, ihn in noch schändlicherer Weise einzusetzen, fügt er sich schließlich und unterzeichnet am 9. März 1589 den Friedensvertrag von Beuthen. Maximilian ist frei, aber Rudolf II. hat die Festungen aufgegeben.

Er ist nicht auf die Vorschläge des Zaren eingegangen und hat keine Allianz gegen den Islam geschlossen. Die Türken sind für ihn eine Bedrohung, weil er die fünfundvierzigtausend Taler Lösegeld nicht zahlen kann. Dabei haben die Türken seit den Zeiten Ferdinands I. jedesmal angegriffen, wenn der Caesar germanicus es versäumt hat, den Anführer der Gläubigen zu bezahlen wie ein mittelalterlicher Vasall seinen Lehnsherrn. Bisher hat sich Rudolf II., der nichts Schlimmes darin sieht, den Frieden zu erkaufen, und dies auch nicht als Schmälerung der eigenen Größe oder als Gefahr für die Einheit des Reiches erachtet, dieser Verpflichtung immer entledigt und sich dabei oft noch äußerst großzügig gezeigt, indem er dem Geld prachtvolle Geschenke hinzufügte. So schenkte er zum Beispiel im Jahr 1585 eine »wunderbare, vergoldete Uhr aus Silber in Form eines Kastells wie ein kleines Serail. Immer zur vollen Stunde öffnete sich ein Türchen, und eine Reihe von Silberfiguren, die einen Sultan und sein Gefolge darstellten, traten daraus hervor. Die Figuren beschrieben einen Halbkreis und verschwanden dann wieder durch ein anderes Türchen. Es war alles so herrlich, daß die Türken davon wie verzaubert waren.«
Rudolfs Großzügigkeit hatte damals, vier Jahre vor dem Niedergang der Armada, um so mehr Eleganz, als die Türken nach Lepanto die Vorherrschaft über das Mittelmeer verloren hatten und ihr Krieg gegen Persien ihre Expansionsbestrebungen in Europa in den Hintergrund treten ließen. 1590 aber sind die Kassen hoffnungslos leer, die Ausgaben sind durch alchimistische Transmutationen nicht aufzufangen. Rudolf II. weiß, daß er die fünfundvierzigtausend Taler nicht wird aufbringen können. Trotz allem hofft er auf eine Einigung

mit Murad III., dem Sohn Selims II., des »Säufers«. Murad, der sich gleichzeitig als Genußmensch schlimmsten Ausschweifungen hingibt und auf der anderen Seite sittenstrenge Texte verfaßt, hat sich nachhaltig in den Ruf großer Milde gebracht, weil er sich bei seiner Thronbesteigung damit begnügt hat, seine fünf Brüder umzubringen, seine Wesire und Statthalter aber verschont ließ. Rudolf II. besitzt zwar kein Geld mehr, aber seine Kuriositätenkabinette und Wunderkammern bersten vor Schätzen, die den Sultan entzücken könnten. Also stellt er aus seinen Vitrinenschränken einen Tribut zusammen, zu dessen bemerkenswertesten Stücken eine Spieluhr, eine Silbervase und ziselierte, mit Edelsteinen besetzte Trinkpokale gehören. Das Ganze vertraut er seinem Kanzler Friedrich von Kreckwitz an, der sich, von einer starken Eskorte begleitet, damit auf den Weg nach Konstantinopel macht.

Der Kaiser ist überzeugt, daß er den Sultan mit solchen Geschenken geduldig stimmen kann. Aber der Großwesir Sinan Pascha, ein wütender Verfechter der religiösen Vorherrschaft über alle Lebensbereiche, haßt alle Christen. Obwohl ihm die nicht gezahlte Türkensteuer jeden Vorwand zum Krieg liefern würde, ist er durchtrieben genug, einen Weg zu suchen, daß Rudolf II. den Krieg erklärt, denn sein eigener Herr schreckt, zumindest für den Augenblick, davor zurück. Unter Mißachtung sämtlicher Gesetze, die ausländische Diplomaten vor Übergriffen schützen sollen, wirft er Friedrich von Kreckwitz in den Kerker. Die Vertreter des Kaisers sind empört. Der Großwesir antwortet ihnen, Kreckwitz sei ein Dieb und habe das Lösegeld an sich genommen. Er läßt ihn fast zu Tode foltern und setzt ihn dann auf freien Fuß. Diese perverse Praxis haben schon die Mongolen im

Mittelalter gegen die russischen Fürsten angewandt. Der todkranke Kanzler macht sich auf den Weg zu seinem Heimatland, aber er überlebt die Strapazen der Reise nicht.

Der Großwesir wartet nun auf die Reaktion des Kaisers. Aber sie bleibt aus. Da er nicht in die Falle geht, reizt er ihn mit Überfällen, Vergewaltigungen und Massakern weiter. Zur Antwort verteidigt der Kaiser seine Länder und erklärt noch immer nicht den Krieg.

Während Sinan Pascha auf eine neue Strategie sinnt, um ihn zu den Waffen zu zwingen, wird Rudolf von seinem Onkel in Sachen Heirat und außerdem vom Papst bedrängt, der ihn »bekehren« und zu einem Kaiser machen will, der den allgemeinen Erwartungen mehr entspricht. Um all diesen Widrigkeiten zu entgehen, flüchtet Rudolf II. sich in die Krankheit und sucht Trost in seinen Kunstkammern. Der Klerus quält ihn mit seinen Forderungen, er solle seine Alchimistenakademie, den Okkultismus und die esoterischen Wissenschaften aufgeben. Die päpstlichen Gesandten setzen ihm auf törichte Weise zu. Man bekehrt aber keinen »Herrn der Schatten«.

Der Kaiser antwortet auf die unerträglichen Pressionen des Papstes, indem er einen Mann von sehr bescheidener Herkunft, aber außergewöhnlichen Gaben zum Vizekanzler für kirchliche Fragen ernennt: Christoph Zelinsky, einen Mährischen Bruder, der auch schon mit dem Calvinismus geliebäugelt hat und im katholischen Machtgefüge auf heftiges Mißfallen stößt. Der Kaiser kehrt zu seinen Lieblingsbeschäftigungen zurück, zu seinen Sammlungen und Künstlern.

Bald aber bedrängen ihn andere Sorgen. Der spanische Botschafter macht ihm seine Aufwartung. Der Kaiser ist seit zwanzig Jahren verlobt. Die Infantin ist jetzt fünfundzwanzig und wartet noch immer darauf, daß er sie zur Kaiserin macht. Philipp II. beginnt allmählich, die Krone Frankreichs als Entschädigung für sie ins Auge zu fassen. Das ist eine Aussicht, die Rudolf II. gar nicht gefällt, und er bittet sich Bedenkzeit aus. Der Botschafter faßt sich weitere sieben Wochen in Geduld, und nach zwanzig Jahren und sieben Wochen Bedenkzeit teilt Rudolf II. ihm mit, daß er keine Frau heiraten kann, die er nie gesehen hat.

Der Botschafter beteuert, daß sie mit Schönheit, Grazie und Geist gleichermaßen gesegnet und zur Kaiserin erzogen worden sei. Rudolf II. weiß das und schweigt, und dieses Schweigen bricht schließlich die endlose Verlobungszeit. Catarina behält ihren kaiserlichen Liebhaber für sich allein.

Im Schatten dieses stillen Sieges schafft sich Catarinas Bruder Ottavio eine Vorzugsstellung. Er denkt sich eine unentzifferbare Emblematik aus, die den Kaiser entzückt und der Arbeit der Künstler eine neue Richtung gibt. Er erklärt ihnen, daß Seine kaiserliche Majestät nichts für Kunstwerke übrig hat, die sich von jedem ungebildeten Dummkopf erschließen lassen, und zeigt ihnen, wie sie ihre Arbeiten mit mythologischen Andeutungen versehen können. Wenn man eine nackte Frau als Venus bezeichne, erscheine sie dem Kaiser gleich begehrenswerter; und wenn nicht etwa ein normaler Sterblicher, sondern ein gehörnter Satyr mit Bocksfüßen der zarten Schönheit das Knie zwischen die Schenkel dränge, gerate Seine Majestät in Ekstase. Die Frauen sollen blond, üppig und nackt sein, aber in der Manier einer Susanna im Bade oder Venus, die des Vulcanus angesichtig wird. Seine kaiserliche Majestät soll erzittern beim Anblick all des arglosen Fleisches, das da machtvollen Geschlechtsteilen ausgeliefert wird, sie soll sich an der Betrachtung eines fülligen Mädchens weiden können, das sich mit ausgestreckten Armen und wehenden Haaren ins dichte Gebüsch flüchtet. Wenn die Schöne mit den straffen Brüsten, dem üppigen Bauch und dem strammen Hinterteil bedrängt wird, muß der Vergewaltiger der Gott Jupiter oder der Schwan sein, der sich über Leda hermacht. Der Eros soll sich an den Mythen entzünden, und wenn man sich schon irgendwohin einschifft, dann wenigstens nach Kythera oder zur Fahrt über den Styx. So mache man sich bei Seiner Majestät beliebt.

Ottavio leugnet nicht, daß soviel Heidnisches und solche Anspielungen auf die griechische und römische Mythologie dem Papst mißfallen können, aber der Kaiser hat es immer verstanden, den Papst gegen sich aufzubringen. Der Einbildungskraft der Künstler darf dies keine Zügel anlegen. Das Prager Schaffen zeichnet sich durch Erotik und preziösen Manierismus aus, nicht durch Darstellungen des Jesuskinds in der Krippe. Natürlich regt sich der Papst weniger über den Kunstgeschmack Rudolfs II. auf als über eine sehr viel beunruhigendere Nachricht: Am 13. Juni 1590 hat der Kaiser seine Erlaubnis erteilt, daß in Hamburg die Werke des Tycho Brahe gedruckt werden dürfen.

Tycho Brahe gehört zu den Männern, die Rudolf so gerne in seine Hauptstadt locken würde. Als allgemein anerkannter Gelehrter hat er am 11. November 1572 einen noch unbekannten Stern in der Konstellation der Cassiopeia entdeckt. Dieser Mann ist der berühmte Erfinder des Großkreises, des Sextanten und der Ringkugel, mit deren Hilfe er die Position von rund tausend Sternen bestimmen konnte.

Der Kaiser schreibt ihm von eigener Hand:

> »Eure Zeit ist wohlgenutzt, da Ihr sie völlig an ferne und himmlische Dinge wendet. Diese kennt Ihr so gut, daß wir von Euch neue Theorien über die Bewegungen des Himmels erwarten, und wir möchten es keinesfalls versäumen, Euch unseres kaiserlichen Wohlwollens zu versichern und Euch zu ermutigen, daß Ihr in Eurer Arbeit fortfahrt.«

Tycho Brahe aber, der auch von Friedrich II. von Dänemark an die Universität von Kopenhagen eingeladen und mit einem Herrenhaus auf der Insel Ven bedacht worden ist, wo auch das Observatorium »Uranienborg« errichtet wird, das sich zum Zentrum der astronomischen Forschung entwickelt, schlägt die Einladung des Kaisers aus.
Rudolf II. hat inzwischen zu seinem inneren Gleichgewicht zurückgefunden und läßt es sich nicht verdrießen. Da erhält er die Kunde vom Massaker an den Christen in Konstantinopel. Die Türken haben sechshundert Köpfe an der kaiserlichen Botschaft vorbeigetragen, sechshundert enthauptete Leichen sind von Raubvögeln und Hunden zerrissen worden, sechshundert Rümpfe, für die es keine Grabstätte gibt. Der Großwesir ist überzeugt, daß Rudolf II. nun zu den Waffen greifen wird, denn diese Verbrechen schreien nach Rache.
Rudolf II. wird gegen Konstantinopel ziehen. Es ist an der Zeit, die Hagia Sofia dem wahren Gott zurückzugeben, die moslemischen Insignien herunterzureißen, die sie entehren, und die Fahne mit dem Kreuz wieder über Ostrom flattern zu lassen. Die Soldaten Gottes werden in einen Kreuzzug geführt. Die Moslems aber werden

sie auf ihre Klingen spießen und ihre abgeschnittenen Köpfe den Krähen zum Fraß überlassen.

Der Krieg gegen den Islam hat eine lange, blutige Tradition. Hier geht es nicht nur darum, Hunderte von Unschuldigen zu rächen, die der Gewalt zum Opfer gefallen sind, die bedrohte Christenheit muß verteidigt werden. Nun ist nach so vielen christlichen Monarchen vor ihm Rudolf II. an der Reihe, gegen den Orient zu den Waffen zu greifen; er braucht keine Allianz mit einem Zaren, um die Christenheit um sich zu scharen und seine Armeen unter den Bannern der Heiligen Jungfrau, der Muttergottes und des Königs der Christenheit, des Erlösers, dem Sieg entgegenzuführen.

Rudolf II. legt seine Rüstung aus poliertem Eisen an; sie ist mit Gravuren verziert, vergoldet und anschließend geschwärzt und mit Blatt- und Hopfenblütenornamenten herrlich geschmückt, eine außergewöhnliche Arbeit des Rüstungsschmieds Daniel Sadeler, den er aus München hat kommen lassen.[1]

Rudolf betrachtet sich als Eroberer, sieht sich als Sieger über die Türken. Um nicht an der Wirklichkeit zu zerbrechen, bleibt ihm aber nur die Kunst: Er läßt sich in seiner Rüstung malen, auf dem Boden von Silbertellern ziselieren, auf Leinwänden und als Radierung abbilden und Bronzen nach seinem Abbild gießen. Ein ganzer Schwarm von Künstlern ist damit beschäftigt, ihn als Besieger der Türken darzustellen. In den Goldpartien seiner Krone nimmt er dieses Motiv wieder auf.

Sammlungen

Nachts wird Rudolf II. jedoch von Schreckensvisionen geplagt, die Köpfe der Christen stürzen vom Top Kapi-Serai herunter, prallen gegen die vor Anker liegenden Schiffe und versinken im bläulichen Wasser des Bosporus. Auf seine Bediensteten, die ihn verraten und betrügen, ist kein Verlaß. Einzig seine Sammlungen richten ihn auf, sie werden ihm immer unverzichtbarer. Sie sind die Summe allen Wissens und aller Schönheit der Epoche. Hier erholt er sich, von der Syphilis und den Nebenwirkungen der gegen sie eingesetzten Quecksilbersalben gequält, von den Türken und den aufziehenden Kriegen bedroht, die alles gefährden werden, was ihm teuer ist.

Mitten in der Nacht öffnet er seine Schatzkammern, um seine Alpträume zu zerstreuen, betrachtet die Edelsteine, das herrliche böhmische Kristall, blättert in Inkunabeln, bewundert seine Juwelen, die Schalen aus Silber oder Achat, streicht zärtlich über seine Statuen – und vergißt dabei die gewalttätige und blutrünstige Welt, die ihn umgibt. Wenigstens kann er, solange er selbst regiert, seinen Künstlern und Gelehrten die Schrecknisse des Krieges ersparen, ihnen Aufträge erteilen und ihnen in Prag einen Garten Eden bewahren, in dem sie in Frieden ihre Werke schaffen können.

Bis zu neununddreißig Maler und Bildhauer gleichzeitig arbeiten für ihn. Giuseppe Arcimboldo, der offizielle Hofmaler, ist von Deutschen, Holländern und Italienern umgeben. 1581 ist Bartholomäus Spranger eingetroffen, Hans von Aachen 1582. Außerdem sind da noch Adriaen de Vries, Hans Hoffmann, Josef Heintz, Daniel Fröschl, Roelant Savery, Matthäus Gundelach, Georg Hoefnagel. Seit Jahren wartet Rudolf II. darauf, daß Jan Bruegel, der »Blumenbruegel«, doch noch seiner Einladung nachkommt. Hans von Aachen spezialisiert sich auf Mythologien und malt Rudolf in einer allegorischen Darstellung als Löwen: *Der Sieg der Wahrheit unter dem Schutz der Gerechtigkeit.* Savery und Pieter Stevens malen Landschaften aus Tirol und Böhmen für den Kaiser, der das Reisen haßt und trotzdem seine Länder kennenlernen möchte. Joris Hoefnagel (Georg Hufnagel) stellt ihm ein vierbändiges Bestiarium zusammen, eine berühmte, einzigartige und magische Sammlung von täuschender Naturtreue. Rudolf II. liebt Tiere jeder Art, gemalt, aber auch lebend in seinem Zoo oder seinen freskengeschmückten Ställen, wo er seine Rassepferde hält. Er liebt sie, wenn er sie jagt und tötet, ebenso wie ausgestopft oder als Skelett an Kronleuchter gehängt.

Diese Tiere bilden nämlich einen wunderbaren Einstieg in die griechisch-römische Mythologie, die eigentliche Welt des Kaisers, der nicht etwa ein Atheist ist, wie der Nuntius meint, sondern ein Heide, der in der Götterwelt der Antike lebt. Er dringt mitten in jene Fabelwelt vor, in der man Zentauren begegnet und wo Jupiter sich, je nachdem, welche Frau er gerade verführen will, in einen Regen von Gold verwandelt oder einen Schwan, wo die Menschen ungehindert mit den Göttern kommunizieren können, die belebte Welt eins ist mit der Welt der Gegenstände, wo die Pflanzen eine Seele haben und die Quellen und Haine heilig sind.

Rudolf II. liebt Einhörner, die auch zu diesen mythologischen Wesen gehören, und läßt sie sich malen. Er stellt sich vor, was für eine Bereicherung seiner Schätze es sein wird, wenn er das sagenhafte *Ainkürn* und die Achatschale erhält, die Ferdinand ihm nicht überlassen wollte, was als schlechtes Omen seine ersten Regierungsjahre überschattet hat.

Der gewaltige Zuwachs an künstlerischem Schaffen unter Rudolf II. läßt gleichzeitig deutlich werden, daß er für Musik und Literatur weniger empfänglich war. Der Monarch, der Lärm verabscheut, begnügt sich mit bereits existierenden Melodien, ohne nach neuen Komponisten zu suchen. Mehr Mißtrauen bringt er der Literatur entgegen, die imstande ist, die Welt zu verderben, wie es die Thesen Luthers bewirkt haben.

Rudolf II. besitzt den größten Teil der Arbeiten von Pieter Bruegel d. Ä. und neun Meisterwerke Albrecht Dürers. Ein Jahr lang hat er mit der Stadt Nürnberg über den Kauf des »Allerheiligenbildes« verhandelt, sich dreizehntausend Taler beim Bankier Fugger geliehen, dessen Vorfahr Karl V. finanziert hat, um die *Marter der Zehntausend* zu bezahlen. Hans von Aachen hat in Venedig das *Rosenkranzfest* für ihn ausgegraben, die Rosenkranzmadonna, die auf dem Rücken eines Menschen die Alpen überwunden hat.

Der Kaiser fühlt Frieden in sich einkehren, wenn er Leonardo da Vincis *Dame mit Hermelin* betrachtet oder *Jupiter und Io* von Correggio oder Parmigianinos *Selbstporträt in einem konvexen Spiegel*, das die banale Wirklichkeit verklärt.[1] Er häuft mehr als dreitausend Gemälde an, Werke von Cranach und Tizian, dazu beinahe ebenso viele Skulpturen. Immer wieder von neuem ist er von der Schönheit seiner Meisterwerke überwältigt. Für ihren Ankauf gibt er außerordentlich große Summen aus, etwa so viel, wie ihn ein Krieg kosten würde. Er gibt zehntausend Dukaten für den *Ilioneus*, eine hellenistische Statue, die Niobe, die Tochter des Tantalus, darstellt, die Zeus in einen Felsen verwandelte, ohne verhindern zu können, daß ihre Tränen in einem Quell hervorsprudelten. Der Kaiser ist der Meinung, daß er durchaus ein gutes Geschäft gemacht hat, wenn er sich zu diesem Preis an soviel Perfektion erfreuen darf.[2]

Rudolf II. besitzt die berühmteste Gemme, die *Gemma Augustea* aus dem ersten vorchristlichen Jahrhundert.[3] Diese Apotheose des Augustus auf Onyx ist eine künstlerische Meisterleistung, weil ihr Schöpfer die Kamee so frei bearbeitet hat, als wäre es ein Marmorblock: achtzehn Figuren, ein Streitwagen und ein Pferd in perspektivischer Verkürzung, die einen Vorgeschmack auf die Behandlung der Perspektive zur Zeit der Renaissance gibt, feiern den bekrönten Augustus im Profil neben der Göttin Roma sitzend beim Empfang des siegreichen Tiberius. Genauso stellt sich Rudolf auch den eigenen Triumph vor, den er eines Tages haben wird.

Er ist Kaiser und Magier, und er ist Alchimist. Alles, was er berührt, wird Kunst und Schönheit. Er verklärt das Alltägliche, das Banale und das Ungewöhnliche. Alles, womit er in Berührung kommt, muß schön sein, nichts darf durch Häßlichkeit oder Mittelmäßigkeit sein Auge beleidigen. Er verfolgt diesen Anspruch mit um so leidenschaftlicherer Ungeduld und Gier, je mehr er selber altert, häßlicher wird und in die Breite geht, so wie man es an den Büsten des Hofbildhauers Adriaen de Vries ablesen kann: Die hängenden Augenlider, die langgezogene Nase über den abgesackten Gesichtszügen und das Doppelkinn lassen sich nicht mehr hinter Halskrausen, hohen Kragen oder den Ringkragen der Rüstungen verbergen.

Seine Einkäufer bringen ihm Kuriositäten aus aller Welt nach Prag. Er verwandelt sie in Wunderwerke. Um eine Kokosnuß von den Seychellen, die damals eine Rarität war, in eine herrliche Kanne umarbeiten zu lassen, holt er Goldschmiede aus Augsburg und Nürnberg an seinen Hof. Aus Rhinozeroshorn macht ihm Anton Schweinberger einen Pokal mit vergoldetem Silberfuß und Deckel.[4] Paulus van Vianen versieht eine von Ottavio Miseroni aus einem Stück Jaspachat geschliffene Kanne mit Goldverzierungen an Fuß, Deckel und Griffansatz. Miseroni hat Rudolf II. als Experten und Konservator aus Mailand kommen lassen. Der Edelsteinschleifer und Kameenschnitzer arbeitet gelegentlich mit seinen Landsleuten Alessandro Masnago und Vater und Sohn Castucci zusammen. Letzterer wird dann zum Kammeredelsteinmeister des Prager Hofs ernannt.

Rudolf II., der den Steinen Eigenschaften zuschreibt, häuft sie, in roher und geschliffener Form, in seinen Kunst- und Kuriositätenkabinetten an. Auf ihn haben sie eine wohltuende Wirkung.

In einer Epoche, wo die Zeitrechnung einen Reichstag derart in Aufruhr versetzen konnte, läßt der Kaiser von David Altenstetter und dem Schweizer Jost Bürgi außergewöhnliche Uhren herstellen; eine ist aus Kristall, eine andere, die Planetenuhr, zeigt die Umlaufzeiten der Gestirne. Bei Georg Roll gibt er einen Himmelsglobus in Auftrag, eine Armillarsphäre sowie andere Meßinstrumente.

Die Waffen des Kaisers, der zwar kein Krieger ist, aber dafür Jäger, sind wahre Schmuckstücke: Jagdwaffen und Prunkwaffen, Schußwaffen, Hellebarden und Messer, in Eisen getrieben, goldtauschiert, guillochiert und mit Perlmutt, Email, Gold oder Silber eingelegt zu Jagd- und Kriegsszenen, Allegorien und rein ornamentalen Mustern.

Nur die Welt der Schönheit erachtet Rudolf II., dessen einziger Traum von der Macht darin besteht, die Perfektion selbst zu besitzen und sich in sie zu flüchten, als seiner würdig. Der Palast, die Galerien sind Kabinette, die Säle und Souterrains, die Keller und Dachböden sind mit Pretiosen gefüllt: mit Automaten, Kirschkernschnitzereien, Muscheln, goldgefaßten Haifischzähnen, Kristallen, Mineralien, Bernsteinen, Kameen, zwei Nägeln von der Arche Noah, den doppelköpfigen Monstern, einem ausgestopften Krokodil, dem Messer, das ein Bauer verschluckt und das ihm Meister Florian, der Barbier, neun Monate später, im Jahr 1602, wieder herausgezogen hat, einem Eisenstuhl, der sich so zusammenklappen läßt, daß der darauf Sitzende gefangen ist, mit Gemsen und Hirschen, die auf einem künstlichen Berggipfel herumklettern, einer Orgel, die Madrigale spielt, ausgestopften Straußenvögeln, Kelchen aus Rhinozeroshorn, in denen das Gift brodelt, Alraunwurzeln, einem tönernen Votivmedaillon aus Jerusalem, einem Klumpen Lehm aus dem Hebrontal, aus dem Gott Adam formte, dem Stab des Mose.

Gipsabdrücke von Eidechsen, aus Silber geformte Tiere, Schildkrötenpanzer, Perlmuttarbeiten, Kokosnüsse, Puppen aus farbigem Wachs, Figurinen aus Ägypten,

Glas- und Eisenspiegel, Brillen, Korallen, Schachteln, farbenprächtige Federn, Gefäße, ein fleischfarbener Frauentorso, Schachbretter aus Bernstein und Elfenbein, Totenschädel, goldene Kelche, Landschaften aus böhmischem Jaspis, ein auf Ebenholz montierter Silberrahmen, ein Bild auf orientalischem Alabaster, bemalte Steine, Mosaiken, ein silbernes Gebetpult, Gläser aus geschliffenem Kristall, eine Karaffe aus Topas, die er von einem Botschafter aus Moskau geschenkt bekommen hat, ein Krug aus »Sternengestein«, ein mit Gold und Rubinen besetztes Gefäß aus Topas in Form eines Löwen, ein Kasten aus Bergkristall, eine Kassette aus Bernstein, eine Laute aus Silber, Tafeln aus Lapislazuli, Jagdhörner aus Elfenbein, Porzellan, eine Weltkarte, venezianisches Glas, Armillarsphären, Meßinstrumente, ein antiker Kopf des Polyphem, Dejanira und der Zentaur aus Silber, Medaillen, mehrfarbige Fayencen, den Türken abgenommene Pferdegeschirre, Sporen, Zügel, Traghimmel und Wämser, Fahnen, Maulkörbe, Säbel, Pokale aus Straußeneiern, Musketen, Dolche, Pistolen, Schwerter, Stilette, Spieluhren, Zimmeruhren, böhmische Granate, Korallenbäume, Kolibrifedern ergänzen die Sammlung.

Die Sammlerleidenschaft Rudolfs II. geht so weit, daß er beginnt, alles wegzuschließen und zu verstecken. Er ummauert, vergräbt, kellert ein und versiegelt. Diese verborgenen Schätze sind für ihn und alle anderen vielleicht auf Generationen hinaus verloren. Aber er wandelt sich zum Herrn der Schatten. Er herrscht über die Mauern der Burg und ihre Kellergeschosse und über die Schlupfwinkel, wo er seine Porzellannippes stapelt. Der eingemauerte Schatz gehört ihm nicht mehr. So zelebriert er denn mit seinem Besitz ein seltsames Ritual. Er

übergibt seine Schätze der Erde, um sie dort wiederzufinden, wenn er selbst einmal begraben sein wird.
Jetzt kann er sterben. Seine Sammlungen, mit denen er sich auf unvergleichliche Weise die Zeit und die Geschichte angeeignet hat, haben ihre Aufgabe erfüllt. Rudolf II. ist ein einsamer Kaiser geworden inmitten seiner sagenhaften Anhäufung von Gegenständen, auf dem Weg zu den unheilvollen Gestaden von Wahnsinn, Mord und Selbstmord.

»Vertumnus« oder Die Transmutation durch den Pinsel

Unter allen Absonderlichkeiten der Sammlungen ist das einzigartige, groteske Werk eines in Mailand erzogenen Malers besonders hervorzuheben, der in seiner Jugend an der Ausschmückung des Doms von Como beteiligt gewesen ist, an Kirchenfenstern gearbeitet, Entwürfe für Wandteppiche gezeichnet hat, der Ferdinand I. aufgefallen ist und auf Wunsch Maximilians II. Italien verlassen hat, um nach Prag zu gehen, wo er Rudolf II. begegnet ist. Er stand also in der Gunst von drei aufeinanderfolgenden Kaisern: Giuseppe Arcimboldo.

Zu Unrecht wird er als der erste Surrealist bezeichnet. Er hat durch und durch traditionelle Porträts der kaiserlichen Familie hinterlassen, von denen aber niemand spricht, weil sie nur als Wiedergabe der historischen Realität interessant sind, und Gesichter aus Früchten, Blumen, Gemüse, Fischen, Tieren und Menschenleibern, die auch heute noch Anlaß zu immer neuen Interpretationen geben.

Das Charakteristische Arcimboldos besteht darin, die Karikatur, der sich selbst Leonardo da Vinci gewidmet hat, mit Obstarrangements zu verknüpfen. Sein Werk hat sich vom Zauber Prags, von den Hexereien und Beschwörungen und von den Herrlichkeiten genährt. Als

Rudolf II. den Thron besteigt, bekleidet Arcimboldo bereits seit zwei Regierungszeiten offizielle Funktionen, und was er an besonders Außergewöhnlichem hervorgebracht hat, hat schon Ferdinand und Maximilian eingenommen, bevor ihr Nachfahre daran Gefallen fand.
Unter Ferdinand I. übernimmt Arcimboldo 1560 die Stelle von Jakob Seisenegger, der das Augenlicht verliert, als offizieller Hofmaler in Wien ein. Als Sproß einer Familie, die selbst hochrangige Prälaten zu ihren Mitgliedern zählt, besitzt Arcimboldo die für die großen Künstler seiner Zeit typische universelle Bildung, kennt sich in alter Geschichte genauso aus wie in der Theologie, ist in den Wissenschaften, in der Musik und der Literatur bewandert, lebt im direkten Umkreis des Hofs und darf sich der Freundschaft Maximilians rühmen.
In einer Zeit, in der Feste dem Volk vom Adel dargebrachte, prunkvolle Vernügungen sind, inszeniert Arcimboldo Paraden, Bälle und Reiterspiele, die immer populärer werden. Er entwirft die allegorischen oder mythologischen Kostüme und verleiht der Darbietung den Charakter einer Verteidigung und Illustration der Habsburger Monarchie, die ihren Völkern den Frieden sichert und dafür sorgt, daß eine Jahreszeit die andere ablöst.
Er organisiert die Vergnügungen in Prag anläßlich der Vermählung Elisabeths mit Karl IX. von Frankreich, und er sorgt auch für den Ablauf der Krönungsfeierlichkeiten für Rudolf, den König von Ungarn.
Er ist kein Alchimist, teilt aber mit Rudolf II., zu dessen Hofmaler er wird, den Berater und einen der Kunstlieferanten, die Vorliebe für das Anormale und Seltsame, für Zwitterwesen und Mißgeburten.
Nach einem Vierteljahrhundert im Dienst von drei Kai-

sern – zwei Jahre unter der Herrschaft Ferdinands I., zwölf unter Maximilian II. und elf unter Rudolf II. – verspricht Arcimboldo Rudolf, als er sich nach Mailand zurückzieht, daß er auch weiterhin für ihn arbeiten wird. Er hält sein Versprechen und malt im Jahre 1590 wie so oft ein Bildnispaar, das nebeneinander aufgehängt werden soll: *Flora* und *Vertumnus*, den römischen Gott der Vegetation und der Verwandlung.

Der *Vertumnus*, ein Porträt des Kaisers, trifft 1591, von einem Gedicht begleitet, in Prag ein.[1]

Vertumnus / Rudolf hat eine Melone mit dem Betrachter zugekehrtem Ansatz als Stirn, am Hals eine Rübe mit noch nicht abgeschnittener Wurzel. Die Nase ist eine Birne, die beiden Wangen ein Apfel und ein Pfirsich, der so eingefügt ist, daß man unweigerlich an ein Hinterteil denken muß. Beim näheren Hinsehen lassen sich in dieser Gesichtspartie die männlichen Geschlechtsteile erkennen.

Der Ansatz der Melone mitten auf der Stirn erweckt die beunruhigende Vorstellung eines dritten Auges, das mit den beiden anderen ein gleichschenkliges Dreieck bildet. Unter zwei dicken Augenbrauen aus Kornähren Lider aus Erbsenschoten, rechts eine Iris aus einer Brombeere, links aus einer schwarzen Kirsche; der Augapfel ist eine Stachelbeere; die Unterlider bestehen aus zwei kleinen Birnen, die so rot sind wie die Nase, denn Rudolf ist ein Trinker. Die linke Wange ist ein Pfirsich, und Gregorio Comanini, der Freund des Malers, schreibt in einem Gedicht:

> »Schau den Apfel, schau den Pfirsich,
> Wie sie rund und voller Leben
> Wange rechts und links mir geben.«

Der Schnurrbart: zwei noch von den Fruchtblättern umhüllte Nüsse. Die Oberlippe: zwei kleine Walderdbeeren, die Unterlippe: zwei dicke Kirschen. Unter dem von Hängebacken umrahmten Mund ein Kinn aus einer ungeschälten Kastanie.
Der *Vertumnus* trägt einen Helm aus gemischten Früchten: Weizen, Hirse, blaue und grüne Trauben, eine Pflaume, Vogelbeeren, rote Kirschen, Johannisbeeren, zwei grüne Oliven. Das Ganze von goldenen Ähren umstrahlt. Ein Maiskolben bildet das Ohr, an dem wie ein Gehänge eine große schwarze Feige baumelt.

»Schaue auch noch diese Feige,
Die, im Reifen aufgeklaffet,
Von dem Ohr herunterbaumelt
Daß du meinst, ich sei wohl gar
So ein höfliches Französlein,
Das am Strand des Seineflusses
In das Läppchen eines Ohres
Lichte Perlen steckt und also
Voller Stolz geschmückt einhergeht,
Und so lieblich wie ein Blümchen
Lauter Lieb und Anmut atmet.«

Bemerkenswerte Sätze für ein Gedicht, das mit den Worten beginnt:

»Wer du auch seist, der du beschaust
Mich seltsam mißgestaltet Bild,
Und Lachen auf den Lippen hast,
Das blitzend aus den Augen spricht
Und übers ganze Angesicht
Erneute Heiterkeit ergießt

Im Anblick neuen Ungetüms,
Das des Apolls gelehrte Söhne,
Die Alten einst in ihrem Dichten
Vertumnus zu benennen pflegten:
So du im Anschaun nicht gewahrst
Die Häßlichkeit, durch die ich schön,
Weißt du auch nicht, wie Häßlichkeit
Noch jede Schönheit übertrifft.«

Im Mittelpunkt der Halspartie aus Aubergine und Zucchini prangt als Adamsapfel eine dicke Rübe, die ihre Keimwurzel nach vorne streckt. Das Schlüsselbein rechts und links besteht aus Zwiebeln und Knoblauchknollen, die linke Schulter aus Frühlingszwiebeln und einer Artischocke, die rechte Schulter aus einem Kohlkopf, der Brustkorb aus einem Kürbis.
Dieses anzügliche Halbbild des Kaisers aus Gemüse trägt in Abwandlung der Ordenskette vom Goldenen Vlies eine Schärpe aus Blüten und Kräutern – Nelke, Rose, Ringelblume, Zinnie, Lilie, Passionsblume, Judenkirsche, Hibiskus, Winde, Zucchiniblüte und Tulpe. Die Karikatur und die Phallussymbole an Gesicht und Hals, dazu die kleinen Ähren, die wie zum Spott den Kopf in einer Art Strahlenkranz umstehen, tragen noch zur allgemeinen Obszönität bei. Die vom *ingeniosissimo pittor fantastico* zu einem »Porträt« Rudolfs II. arrangierten Früchte und Gemüse fügen sich zu einem monströsen und grotesken Gesicht zusammen. Mit Hilfe eines Taschenspielertricks werden die Elemente verfälscht, aus denen das »Gesicht« zusammengesetzt ist, um dann noch einmal dieses künstlich kombinierte »Gesicht« zu verfälschen. Eine gewisse Ähnlichkeit mit dem menschlichen Vorbild läßt sich nicht leugnen, aber sie neigt eher

ins Monströse. Was soll man von einem Kaiser halten, der mit einem solchen »Kunstwerk« einverstanden war? Rudolf II., der doch immer so darauf bedacht war, daß ihm in seiner Eigenschaft als kaiserlicher Majestät der nötige Respekt gezollt wurde, war mit dem *Vertumnus*, diesem Höhepunkt einer verheerenden Spielart der Kunst, die ein halbes Jahrhundert zuvor mit den *Jahreszeiten* ihren Anfang genommen hat, durchaus zufrieden und hat Arcimboldo mit der Palatinatswürde belohnt. Der Kaiser verfault bei lebendigem Leib; die Ostitis, die ihm den Kieferknochen weggefressen hat, zwingt ihn, eine Prothese zu tragen. Aber er hat genügend Sinn für schwarzen Humor und sieht sich immer noch lieber in Form von reifen, saft- und kraftstrotzenden Früchten in lebensvollen Farben. Ob Scherz oder Höllenwerk, soviel weiß Rudolf sicher: Der *Vertumnus* wird die ganze Welt in die Irre führen und den Blick auf alle anderen Porträts von ihm verändern.
Ferdinand hat nur den *Jahreszeiten-Zyklus* zu Gesicht bekommen und konnte die vier Bilder als beunruhigendes und bizarres Spiel hinnehmen. Für Maximilian gilt dies bereits nicht mehr; wie soll man also annehmen, daß Rudolf II. die Bedeutung der Arcimboldoschen Arbeiten entgangen wäre? Welche selbstzerstörerische Neigung hat ihn dazu verleitet, dem *Vertumnus* zuzustimmen?
Während eines halben Jahrhunderts künstlerischen Schaffens wird die zunächst zweideutige Aussage seiner Arbeiten mit der wachsenden Zustimmung der verschiedenen Kaiser immer klarer und perverser. Arcimboldo gewinnt von Regierung zu Regierung an Selbstsicherheit hinzu und läßt seiner systematischen Zerstörung der menschlichen Natur die der kaiserlichen Würde fol-

gen, wodurch er am Ende das Eigentliche vernichtet, nämlich die Natur Gottes. In Spanien würde er dafür auf dem Scheiterhaufen landen. Ohne die Unterstützung von drei Kaisern hätte der offizielle Hofmaler sein Vorhaben nie vollenden können.

Die Vorgeschichte des *Vertumnus* geht bis auf das Jahr 1563 zurück, die Entstehungszeit der *Jahreszeiten*. Die *Elemente* folgen wenige Jahre später. »Gesichter«, die aus Früchten, Blumen und Gemüse, exotischen oder heimischen Land-, Luft- und Wassertieren mit Fell oder Federn komponiert sind, fügen sich zu menschlichen Profilen zusammen. Es handelt sich um den ganz aus Blumen zusammengestellten *Frühling*, bei dem die Zähne aus Maiglöckchen bestehen. Dieses Bild ist nur aus der Nähe schrecklich, wenn die Blumen, aus denen Wangen und Stirn bestehen, ihre Blütenstruktur verlieren, ohne die menschlicher Haut zu gewinnen. Die als Lilienknospe dargestellte Nase ist obszön. Dem *Frühling* steht der *Winter* gegenüber, ein knochiger Greis, der aus realistisch dargestelltem Holz zusammengesetzt ist (ein knorriger Aststummel als Nase, ein weiterer als Ohr, ein Baumschwamm als Mund).

Die *Elemente*[3] entfernen sich so weit vom Normalen, daß es bei der *Luft* und der *Erde* nicht ganz leicht ist, überhaupt noch zu erkennen, daß Menschen dargestellt sein sollen. Rudolf II. kennt diese absonderlichen Bilder bis ins letzte Detail. Er sucht Pfau und Adler, die Habsburger Symboltiere, in der *Luft*, und entdeckt, noch lange bevor er den Thron besteigt, den Löwen in der *Erde*, das Symbol Böhmens. Maximilian II. hat sich den *Jahreszeiten-Zyklus* in seinem Schlafgemach aufhängen lassen. Das *Wasser*[4] ist ein Konglomerat aus widerlichen, wimmelnden Krustentieren, fauligen Muscheln und blauhäutigen Fischen, ein an Fäulnis gemahnendes Bild.

Anders als bei den übrigen Gemälden dieser Art verfälscht Arcimboldo die Proportionen, was die Verwirrung beim Betrachter nur erhöht. Die Garnele ist genauso groß wie der Seehund oder der Delphin, und der Wal ist nicht größer als der Rochen. Ein Riesenkrebs dient als Brustschmuck. Tentakeln ragen aus der Masse hervor: die Arme eines Seesterns auf der »Stirn«, auf der »Schulter« die gewundenen Arme einer Krake. Zwei schlängelnde Aale, die den Hals bilden, erwecken den Eindruck, als würden die Seetiere eine Leiche verschlingen, der der Krebs mit seinen Scheren die Brust aufreißt und der Heuschreckenkrebs das linke Auge aussaugt, während die vollgefressene Schildkröte schwankend das Unterwasser-Blutbad hinter sich läßt. Das »Ding« trägt eine Barockperle als Ohrgehänge und eine prächtige Perlenkette um den grauenvollen Hals, deren Schönheit den schändlichen Eindruck nur unterstreicht. Wurden Rudolfs zügellose Begierde nach schönen Frauenkörpern und der Drang, sie mit Juwelen zu bedecken, angesichts dieser Perlen geweckt, die etwas derart Entsetzliches schmücken?

Nachdem er Kaiser geworden ist, behält Rudolf II. Arcimboldo zusammen mit der übrigen Erbschaft an seinem Hof. Er hätte ihn nicht loswerden können, selbst wenn er gewollt hätte, denn die Argumentation des Malers ist von machiavellistischer Geschicklichkeit. Während er seine hybriden Werke malt, organisiert er gleichzeitig die glänzenden Feste zum Ruhm der kaiserlichen Familie und gibt vor, die Gemälde dienten demselben Zweck wie diese Feste.

Selbst als Jugendlicher hält Rudolf II. diese satirische,

karikierende und gewalttätige Darstellung, die sich geschickt der Zweideutigkeit bedient, nicht gerade für komisch.

Im 1566 gemalten *Feuer*[5] bildet eine brennende Öllampe das Kinn, der Schnurrbart besteht aus Streichhölzern, ein Feuerzeug dient als Nase. Eine erloschene Kerze ist das Auge, eine Zündschnur die Stirn. Die Brust setzt sich aus Kanonen und Pistolen zusammen, der Hals besteht aus Goldgefäßen, wie sie bei Plünderungen im Krieg erbeutet werden. Eine Krone aus lodernden Holzscheiten dient als Haartracht. Die Kette des Ordens vom Goldenen Vlies und die Patronentasche mit dem Doppeladler schmücken die Figur, die angeblich die Siege der Habsburger über die Türken symbolisiert. Daß die Habsburger Zufriedenheit geheuchelt haben, kann auch eine reine Vernunftreaktion gewesen sein, denn alles deutet darauf hin, daß die ikonoklastischen Bilder Arcimboldos als Kunstwerk getarnte Angriffe auf die Habsburger sind. Erst die Form macht die Satire erträglich, verdeckt den wahren Sinn des Bildes und offenbart sich nur im geheimen. Wenn die Kaiser Kopien zum Verschenken bei ihm bestellen, wollen sie auf diese Weise mit einigen wenigen Eingeweihten eine hermetisch abgeschlossene, geheime und den gewöhnlichen Menschen unzugängliche Welt teilen. Es ist wie in der Alchimie, wo auch nur die Adepten Zugang zu den Mysterien der Transmutation haben.

Arcimboldo ist schon vor dem *Vertumnus* beim Obszönen gelandet. Er wagt sich über Unbehagen, Furcht und Angst hinaus in eine Welt vor, in der die Schöpfung verspottet wird. In seinem von Monstern bevölkerten Universum wird die Bedeutung aller Dinge entstellt, und Lüge und Täuschung nehmen den Platz der Wahrheit ein, deren Namen man gar nicht mehr auszusprechen wagt.

In den Umkehrbildern[6] macht sich das Obszöne richtig breit: Der *Koch* von 1570 zeigt eine mit Lebensmitteln gefüllte Schale mit einer Zitronenscheibe auf dem Rand; wenn man das Bild auf den Kopf stellt, fügen sich die Lebensmittel zu einem anstößigen Gesicht zusammen, und die Zitronenscheibe wird zu einer Verzierung am Hutrand. Der zwanzig Jahre später, also 1590 entstandene Gemüsegärtner zeigt eine tiefe Schüssel mit Gemüse und andersherum einen lüsternen Kopf nach rabelaisscher Manier.

Der Eindruck von Tod und Zersetzung verstärkt sich mit dem 1566 gemalten Porträt *Der Jurist*, dessen häßliches Gesicht aus einem gerupften Hühnchen besteht, an dem sich eine Wachtel festklammert, deren Rücken mit dem Bürzel als Spitze die Nase bildet. Die Kinnpartie besteht aus einer mit dem Bauch nach oben gekehrten Forelle; als Mund fungiert das Maul eines weiteren Fisches, als Schnurrbart dienen die Wachtelkrallen. Ähnlich dem *Wasser*, das mit herrlichen Perlen geschmückt war, trägt diese widerwärtige Ansammlung eine kleine schwarze Kappe und einen prachtvollen Pelz.

Eva mit dem Apfel und Gegenüber[7] von 1578 bietet eine nicht zu übertreffende Vision des Schreckens. Eine Birne, die als Kinn dient, verliert ihre Identität als Birne, ohne die eines Kinns zu gewinnen. In diesem Fall aber ist der Auflösungseffekt, da die »Gesichter« hier aus Menschenfiguren zusammengesetzt sind, doppelt, ja sogar dreifach wirksam, weil Eva, die Mutter der Menschheit, das Bildmotiv ist. Eva ist in diesem Bild in lauter nackte, menschliche Miniaturkörper in allen möglichen Positionen zerlegt.

Neun kleine Figuren verknoten sich, um Eva zu bilden, fünfzehn sind für das Gesicht ihres Gegenübers miteinander verschlungen. Nur eine steht aufrecht. Sie umarmen sich in Gruppen mit bis zu fünf Beteiligten, küssen sich auf Mund oder Hinterteil, streicheln sich und versenken die Hände zwischen den Schenkeln. Diese Vision des Menschen als Versatzstück in einer morbiden Darstellung ist sozusagen ein Manifest: Es verneint den Ursprung des Menschen in der Schöpfung.
Zwei Kaiser haben die Blasphemie gegen Gott hingenommen. Rudolf II. erklärt sich mit der Verhöhnung des Kaisers einverstanden. Da aber der Kaiser der Gesalbte des Herrn ist, reicht die Blasphemie auch hier über seine Person hinaus bis hin zu Gott. Rudolf II. ist von einem Bild fasziniert, das wie der alchimistische Prozeß der Zersetzung eines Gesichtes wirkt, das sodann in blasphemischer Weise wieder zusammengesetzt wird. Lange vor dem kläglichen Ende seiner Herrschaft stellt der hellsichtige Arcimboldo in seinem *Vertumnus* die Entmachtung Rudolfs II. dar. Dieser Kaiser, der der Zerlegung seiner Person in Birnen und Knoblauchzehen zustimmt, wird seines Reiches beraubt werden und seine Krone verlieren.

Der Löwe von Böhmen

Der türkische Teufel

Nach dem Mord an Rudolfs Gesandtem und dem Massaker von Konstantinopel, bei dem sechshundert Christen der Kopf abgeschnitten wurde, hat sich die Türkengefahr, zwei Jahre nach dem *Vertumnus*, noch immer nicht gelegt – wenn auch Rudolf II. nach wie vor darauf hofft, daß sich die Kriegsgefahr von alleine wieder verflüchtigen werde. Da überschreitet Hassan, der türkische Statthalter in Bosnien, den Grenzfluß und belagert Sissek mit seinen Truppen, das frühere römische Siscia, den strategisch wichtigen Punkt am Zusammenfluß von Kulpa, Sawe und Odra, einen jener Orte auf der Welt, die unweigerlich immer wieder Zerstörungen zum Opfer fallen und wo Oktavius schon 35 v. Chr. gekämpft hat.

In seltener Einigkeit stellen sich die Einwohner von Sissek – Kärntner, Krainer und Kroaten – ihrem Angreifer und verteidigen sich mit allen Mitteln, während Rudolf ängstlich auf Nachrichten aus der belagerten Stadt wartet. Die Kämpfe toben so heftig, daß der Neffe des Sultans bei einem Handgemenge ums Leben kommt – die Türken müssen abziehen. Um ihrem Gott zu danken, umrunden die Christen dreimal die Stadt, und Rudolf, der den Frieden gewahrt glaubt, läßt ein Te Deum lesen.

Nur wenige Wochen später, am 13. August 1593, erklärt ihm der Sultan den Krieg, und eine gewaltige, von dem fanatischen Großwesir Sinan Pascha angeführte Armee fällt in Ungarn ein. Überall in dem verwüsteten Land läuten die Glocken Sturm. Die Massaker verbreiten sich wie eine Epidemie.

Die türkische Invasion bewirkt, wozu niemand den Zauberer, Alchimisten und Geisterbeschwörer bringen konnte: Rudolf II. bittet den Gott, in dessen Namen er getauft und gesalbt wurde, seine Länder vor dem Untergang zu bewahren und seine Völker zu verschonen. Dieser erstaunliche Wandel läßt neue Hoffnung bei seinen Untertanen aufkommen. Der Kaiser kehrt an seinen angestammten Platz zurück, endlich beugt er sich nicht mehr über Alchimistenöfen, sondern bekämpft den Feind mit Hilfe Gottes.

Um die Kriegssteuern einzutreiben, beruft Rudolf II. einen Landtag ein. Bevor es überhaupt zu irgendwelchen Erörterungen kommt, verkünden die Protestanten, nicht zum erstenmal, daß für sie nicht der geringste Grund besteht, gegen die Türken zu kämpfen, und daß die Schrecknisse dieser wilden Invasion, bei der sich der Eroberungsfeldzug mit dem Religionskrieg vereint, nur Gottes Willen verdeutlichen, das Haus Habsburg zu strafen. Es ist seit Luther immer das gleiche. Erst hat Karl V. sich diese Argumentation angehört, dann Ferdinand I. und nach ihm Maximilian II. Rudolf muß sie jedesmal über sich ergehen lassen, wenn er eine Steuer erheben will, um den Moslems zu widerstehen. Also leitet er die unvermeidlichen Geheimverhandlungen ein, um am Ende, wie üblich, mit Unterstützung der Katholiken die Protestanten zu überzeugen.

Diesmal aber sieht sich Rudolf II. als erstes von seinem

Bruder, Erzherzog Matthias, angegriffen, den er schließlich doch noch zum Statthalter über Oberösterreich gemacht hat. Matthias hat sich nicht verändert seit seinem Brüsseler Abenteuer, ist immer noch genauso bigott, starrsinnig und sektiererisch und hat eine Gegenreformation eingeleitet, die einen so gewalttätigen und wirren Bauernaufstand heraufbeschworen hat, daß die Protestanten die Waffen gegen ihre Glaubensbrüder erhoben haben. Um die Ordnung wiederherzustellen, hat Matthias Galgen errichten lassen. Jetzt ist bei ihm wieder Ruhe eingekehrt, er ist stolz auf seinen Erfolg und der Meinung, daß Rudolf sich nicht mit den Anmaßungen der Ketzer herumschlagen müßte, wenn er seinem Beispiel gefolgt wäre.
Rudolf II. mißtraut seinem Bruder so sehr, daß er ihn auch nicht zum Oberstburggrafen ernennen will, solange er noch keinen Vorwand gefunden hat, sich seiner zu entledigen. Lange hat Fürst Popel von Lobkowitz, der Anführer der Katholiken, auf den richtigen Augenblick gewartet. Jetzt glaubt er, seine Stunde sei gekommen. Mitten in einer Sitzung des Landtags, während Rudolf mit den Protestanten verhandelt, erhebt sich Lobkowitz von seinem Platz und bezichtigt den Kaiser, er verletze die Rechte des Adels und mißachte die Unabhängigkeit der Länder. Einer Reaktion des Kaisers, der zu langsam ist, um ihm eine schlagfertige Antwort zu geben, kommt er zuvor, indem er in der allgemeinen Aufregung und mit viel Getöse den Verhandlungssaal verläßt. Zwei Komplizen gehen mit ihm: sein Bruder Ladislaus und sein Freund, der böhmische Standesherr Wrzesowitz. Es herrscht höchste Bestürzung. Drei katholische Verhandlungsteilnehmer, die alle Welt für verläßliche Vertreter des Kaisers gehalten hatte, lassen ihn im Stich und streiten öffentlich.

Der Kaiser kann sich nicht mehr verständlich machen und verläßt den Verhandlungssaal. Lobkowitz hat die Auflösung der Versammlung herbeigeführt; er ist der Herr des Landtags. Durch ihn hat Rudolf II. seine Autorität verloren. Aber sein Gegner frohlockt zu früh.
Der Kaiser aber nimmt all seine Kraft zusammen, richtet sich auf und trifft, wie immer in Augenblicken der Gefahr, die richtige Entscheidung. Er läßt den Landtag wieder zusammentreten. Niemand wagt sich zu widersetzen. Rudolf II. erscheint erst, als alle sich versammelt haben, und verkündet, daß Fürst Lobkowitz, des Hochverrats gegen seinen Kaiser schuldig, von ihm, dem Kaiser, beschuldigt wird, sich zum Nachteil der Krone bereichert zu haben, und deshalb aller seiner Ämter enthoben, sein Besitz konfisziert und er selber in Gewahrsam genommen wird. Der Verräter wird sich vor Gericht für seine Verbrechen verantworten müssen.
Es ist ein Todesurteil. Niemand erhebt das Wort, um Lobkowitz zu verteidigen. Rudolf II. nimmt die Verhandlungen über Militärbeihilfen dort wieder auf, wo er sie abgebrochen hatte, denn hier ist nur einer der von den Kurfürsten gewählte und von Gott gesalbte und gekrönte Herr Böhmens: er, Rudolf II. von Habsburg. Der Landtag bewilligt ohne jede weitere Diskussion sämtliche vom Kaiser geforderten Kredite, die Protestanten stimmen zu, weil der eben aus Amt und Würde Gefallene der Anführer der Katholiken war, die Katholiken, weil der Verrat öffentlich stattgefunden hat und umgehend bestraft worden ist und sie deshalb keine Zeit hatten, eine Verteidigung aufzubauen.
Am 31. März 1594 wird Lobkowitz zum Tode verurteilt. Rudolf, der nicht gerne Blut fließen sieht, will ihn begnadigen, sofern er feierlich seine Vergehen bekennt.

Lobkowitz weigert sich. Rudolf läßt dennoch Gnade walten und verwandelt das Todesurteil in lebenslängliche Haft. Der Nuntius, die Jesuiten, der katholische Klerus und Eva von Lobkowitz, die Tochter des Verurteilten, bitten vergeblich um seine Freiheit oder zumindest um eine mildere Strafe. Der Kaiser lehnt ab. Daraufhin bittet die Tochter darum, die Gefangenschaft ihres Vaters teilen zu dürfen.
Während der vorbereitenden Verhandlungen zum kaiserlichen Reichstag zu Regensburg läßt Philipp II. von Spanien seinen Neffen wissen, daß die Frage der Reichsnachfolge geklärt werden muß. Philipp will seine Tochter noch immer als Kaiserin sehen, und da Rudolf II. nicht mehr zu den Heiratskandidaten gehört, plant er, sie Erzherzog Ernst, Rudolfs Lieblingsbruder und Statthalter der Niederlande, zur Frau zu geben und seinen zukünftigen Schwiegersohn zum Römischen König wählen zu lassen. Rudolf wird aber um nichts in der Welt einen Erben bestimmen, der zu seinem Ende führen wird. Während der Vorverhandlungen tut er also alles, um der Frage des Römischen Königs auszuweichen, spricht ausschließlich vom Krieg und läßt öffentlich wissen, daß er sich persönlich an die Spitze seiner Armee zu stellen gedenkt.
Am 13. Mai 1594 wird der Reichstag feierlich eröffnet. Im Festzug reitet der Kaiser, von Fahnen umringt, unter einem Baldachin aus gelbem Damast mit dem kaiserlichen Wappen, der von sechs Ratsherren getragen wird. Sein Weg durch die Stadt ist von zahllosen Menschen gesäumt. Der Bischof empfängt den Kaiser, der bald in den Krieg ziehen wird, vor der Kathedrale. Man singt ein Te Deum.
Am nächsten Tag verweigern die Katholiken den prote-

stantischen Vertretern aus Magdeburg das Sitzungsrecht. Die Protestanten lassen sich nicht abweisen. Damit sind die Verhandlungen blockiert. Der Kaiser versucht in diesem Streit zu vermitteln, aber die Katholiken hören nicht auf ihn. Zum Protest weigert sich nun der Kaiser, mit ihnen an der Pfingstmesse teilzunehmen, und beschwört die Protestanten, sich »dem Kaiser zu Ehren« zurückzuziehen. Sie lehnen ab.
Während dieser Dispute verwüsten die Türken Ungarn, und Gran und Raab, die beiden Festungen, die den Weg nach Wien versperren, fallen in türkische Hand.
Erschöpft macht Rudolf einen weiteren Versuch, den Reichstag zu überzeugen. Er erklärt, daß die Türken vorrücken, ganze Dörfer abbrennen und ihre Einwohner massakrieren, daß die Überlebenden sich zu Plündererbanden zusammenrotten, die zerstören, was von dem gepeinigten Land noch übrig ist, und er nicht siegen könne, wenn nicht alle seine Untertanen sich gemeinsam mit ihm gegen den Feind stellen.
Die Magdeburger verzichten auf ihr Teilnahmerecht, Rudolf bekommt seine Militärbeihilfen, setzt sich dann aber doch nicht an die Spitze seiner Armee, weil die Türken, obwohl sie unbesiegt sind und sich auch nicht aus dem von ihnen verwüsteten Land zurückziehen, weder Wien noch Prag bedrohen.
Am 25. Januar 1595 stirbt Ferdinand von Tirol in seinem Schloß in Ambras. Da seine aus morganatischen Ehen stammenden Söhne kein Recht auf das Erbe erheben können, gehen die byzantinische Achatschale und das Ainkürn auf Rudolf II. über. Doch auch diese Talismane, die ihm eigentlich Glück bringen sollten, können ein Unglück nicht verhindern: Am 15. Februar stirbt Erzherzog Ernst.

Ebenso schnell, wie er sich Ferdinands Schätze gesichert hat, beeilt sich nun der Kaiser, die Correggios, Parmigianinos und Bruegels seines verschiedenen Bruders aus Antwerpen kommen zu lassen. Es ist, als hoffe er, mit dieser Eile zu verdrängen, daß sein Nachfolger fortan Matthias heißt.
In der Familie kündigt sich ein dritter Tod an: Der König von Spanien wird bei lebendigem Leibe verfaulen und unter grauenvollen Schmerzen sterben. Bis dahin aber will er noch seine Tochter verheiraten. König Philipp übergeht Matthias und verlobt, ungeachtet der Chronologie, die Infantin mit dem Kardinal und Erzherzog Albrecht, der wie Rudolf und Ernst in Spanien erzogen worden ist, bevor er zum Kardinal von Toledo ernannt wurde, aber nur allzu bereitwillig das kirchliche Amt niederlegt, um Vizekönig von Portugal und Statthalter der Niederlande zu werden, die Philipp seiner Tochter als Mitgift vermacht.
Der Kaiser ist außer sich. Er duldet nicht, daß eine Frau, die ihm versprochen war, sich mit einem anderen vermählt. Der bereits vom Tode gezeichnete Philipp treibt daraufhin die Verlobung voran, die am 18. April 1598 gefeiert wird, und stirbt fünf Monate später, am 13. September desselben Jahres. Die Verlobten heiraten in aller Eile und machen sich nach den Niederlanden auf, um die Regierung anzutreten.
In seiner Eifersucht beschließt Rudolf, es ihnen gleichzutun, und wählt Maria von Medici, die Tochter seiner Tante Johanna von Österreich, zur Frau. Aber diese lehnt ab: Eine Wahrsagerin aus Siena hat ihr geweissagt, daß sie einst Königin von Frankreich sein wird. Sie kann den Antrag des Kaisers also nicht annehmen.
Der Kaiser ist nicht übermäßig verärgert, denn er hat

andere Sorgen. Verantwortlich dafür ist sein alter Feind, Kardinal Aldobrandini, der unter dem Namen Clemens VIII. zum Papst gewählt worden ist. Er stört sich an der Nähe Christoph Zelinskys zum Kaiser. Der Vizekanzler für kirchliche Angelegenheiten wirkt Wunder auf seinem schwierigen Posten: Lutheraner und Calvinisten schätzen ihn ebenso wie die Katholiken. Clemens VIII., der zu seinem großen Ärger hören muß, daß die böhmischen Katholiken zusehen, wie sich der Teufel in der Burg breitmacht, schickt Kardinal Filippo Spinelli, den Erzbischof von Canossa, nach Prag, um diesem empörenden Zustand ein Ende zu bereiten.
Rudolf II. ist aufs äußerste erbost über die Ankunft dieses Nuntius, der ihm Zelinsky nehmen will, und läßt ihn einen Monat warten, bevor er ihm eine Audienz gewährt. Als er endlich empfangen wird, hütet sich der Nuntius, den Vizekanzler zu kritisieren, und versucht statt dessen, Zweifel zu säen, indem er sich in Andeutungen ergeht, wie gefährlich es doch sei, sich auf einen einzigen Mann zu verlassen. Rudolf II., der nicht die geringste Absicht hat, mitten im Krieg seine Regierung umzustellen, behält Zelinsky und ernennt noch ein paar katholische Ratsherren, um den Nuntius zu besänftigen. Daraufhin deckt Spinelli die Karten auf und beschuldigt Zelinsky des Hochverrats, Matthias schließt sich ihm an. Der Kaiser stellt sich taub. Die Einsätze steigen. Clemens VIII. verspricht erhebliche finanzielle Unterstützung gegen die Türken, wenn der Kaiser Zelinsky entläßt. Rudolf II. lehnt ab. Seit langem ist der Staat nicht mehr so gut regiert und dem Kaiser so loyal gedient worden. In Böhmen leben viele Protestanten, es gibt keinen Grund, warum man ihre Fähigkeiten nicht nutzen sollte. Der Nuntius und Matthias sind da ganz anderer Mei-

nung. So viel böswilliger Eigensinn zehrt an Rudolfs Gesundheit, er wird krank, aber er gibt nicht nach.

Zelinsky seinerseits aber ist beunruhigt. Zwar wird er im Moment vom Kaiser geschützt, doch der Nuntius gibt nicht auf. Sollte Seine kaiserliche Majestät ihm seine Unterstützung entziehen, wäre es nicht nur um seine Laufbahn geschehen, sondern auch um sein Leben. Mit dem schmerzlichen Gefühl, seinen Herrn zu verraten, reicht Zelinsky seinen Rücktritt ein. Der Kaiser ist zu erschöpft, um ihn noch abzulehnen.

Da bricht die Pest aus. Rudolf II. verläßt Prag und zieht sich nach Pilsen zurück. Dort wohnt er am Hauptplatz, der Kirche gegenüber, und wartet, daß die Seuche vorübergeht.

Mit dem Ende der Epidemie trifft eine Nachricht ein, auf die der Kaiser schon lange gehofft hat: Tycho Brahe, dem er eigenhändig geschrieben hat, um ihn nach Prag zu bitten, nimmt seine Einladung endlich an.

»Denn ich habe gesündigt!«

Er trägt eine Ritterrüstung; die Brust gewölbt, mit spitz zulaufendem Bart und eiförmigem Gesicht hält er die Rechte über eine Armillarsphäre, während die Linke ein Schwert umfaßt. Der Ansatz der goldenen Nase, die die echte ersetzt, seit sie ihm bei einem Duell um eine Frau abgeschlagen wurde, ist nicht mehr zu sehen. In den roten Marmor von Slivenec gehauen, wacht Tycho Brahe über seinen Grabstein in der Kirche Unserer lieben Frau vor dem Teyn in Prag.

Als Tycho Brahe 1599 nach Prag aufbricht, ist er von Selbstzufriedenheit ganz erfüllt. Sein Hochmut ist unerträglich, aber er hat die Variation der jährlichen Mondgleichung entdeckt und die grundlegende Unausgeglichenheit der Mondumlaufbahn in bezug auf die Ekliptik bestimmt. Die Erde läßt er im Zentrum der Welt, gesteht aber zu, daß die Planeten sich um die Sonne drehen, einen Satelliten der Erde. Er hat ausgerechnet, daß die Entfernung der Fixsterne zur Erde 3458 Mal so weit sein muß wie die von der Erde zur Sonne.

Als der Kaiser, der seine Arbeit schon seit Jahren aufmerksam verfolgt hat, ihm seine Einladung schickte, ist Tycho Brahe lieber in Dänemark geblieben, in Uranienburg bei seinem Observatorium auf der Insel Ven im Øresund. Beim Tod Friedrichs von Dänemark aber hat man ihm einen Teil seiner Einkünfte genommen und seine Arbeit in Zweifel gezogen. Er ist nur knapp einem Inquisitionsprozeß entgangen. Der kaiserlichen Einladung ist er zu diesem Zeitpunkt nur deshalb nicht gefolgt, weil ihm die Horoskope eine Katastrophe in Böhmen voraussagten. Als er nun aber Dänemark verlassen muß, gerät er in eine unhaltbare Situation. Also schickt er seinen Sohn aus, um dem Kaiser ein Buch zu überreichen, in dem er die Position von 777 Sternen bestimmt, begleitet von einer Bittschrift, in der er erklärt, daß er sich in seinem deutschen Exil im Wandsbeker Schloß bei Hamburg unglücklich fühlt, und um Schutz und Unterstützung bittet.

Der Kaiser empfängt den Himmelszauberer unbedeckten Hauptes wie einen Monarchen und heißt ihn in lateinischer Sprache willkommen. Keinem Alchimisten ist je eine solche Ehre zuteil geworden. Tycho Brahe ist Astrologe und Mathematiker – und die Mathematik bildet einen sicheren Pol für einen Monarchen, der zwischen Exaltation und Depression hin und her gerissen wird, sich morbiden Träumereien hingibt und gegen eine beständige Melancholie ankämpft. Auf die Chemie ist kein Verlaß, das weiß Rudolf II. inzwischen nur allzu genau, die Mathematik aber läßt einen nicht im Stich. Tycho Brahe bearbeitet ein Feld, das auf wissenschaftlichen Tatsachen beruht. Außerdem regt es die Phantasie Rudolfs II. an, der davon überzeugt ist, daß die Sterne zu den Menschheitsträumen gehören, seit die Heiligen Drei Könige vom Stern von Bethlehem durch die Nacht geleitet wurden – und daß der Himmel mehr Geheimnisse, mehr Magie und ein viel größeres Terrain für die Träume und die Wissenschaften bereithält als die Retorten, in denen das Werk brodelt. Der Kaiser überläßt dem

Astronomen das Haus des verstorbenen Vizekanzlers Curtius, wo ein Observatorium eingerichtet wird, in dem Tycho Brahe seine Instrumente unterbringen kann. Rudolf II. besucht ihn häufig. Tycho Brahe beklagt sich, er könne hier nicht mit der nötigen geistigen Konzentration arbeiten. Der Kaiser schenkt ihm Benatek, ein Jagdschloß in Ostböhmen, und läßt es zu einem Observatorium ausbauen, das es mit Uranienburg aufnehmen kann. Brahe ist immer noch nicht ganz zufrieden, denn seine Familie langweilt sich auf dem Land, er kann aber in Prag nicht richtig arbeiten. Um die Geduld des Kaisers nicht übermäßig zu beanspruchen, beschließt er, seine Zeit zwischen den beiden Residenzen aufzuteilen.
Mit Tycho Brahe begründet Rudolf II. eine neue Art, die Unendlichkeit zu erforschen. Er fühlt sich vom Kosmos angezogen. Die Gelehrten seiner Zeit haben sich daran gemacht, nur mit ihren Berechnungen den unendlichen Himmel zu entdecken und zu erforschen. Rudolf II. unterstützt ihre Forschungen rückhaltlos. Seine Künstler erschaffen die Schönheit neu, seine Alchimisten lokken ihn mit Gold und Unsterblichkeit. Mathematiker und Astronomen aber sind reine Entdecker. Die Ergebnisse ihrer Bemühungen sind abstrakt: Es geht um die Kenntnis der Welt. Der Kaiser ist fasziniert und gibt enorme Summen dafür her.
Er vertraut Tycho Brahe als Astrologen (ein Mann, der die Position der Sterne bestimmen kann, muß auch die Zukunft in ihnen lesen können) und als Arzt. Brahe braut einen Heiltrunk aus Melasse, Korallentinktur und Blattgold, mit dem sich Rudolf II. zufrieden zeigt. Da ihm das Elixier gut tut, vertraut er auch auf seine Vorhersagen. Viele sind falsch, einige stellen sich als richtig heraus, aber sie sind alle ungünstig.

Tycho Brahe erzählt dem Kaiser, er werde wie Heinrich III. von Frankreich von der Hand eines Kirchenmannes sterben. Falsch. Er sagt ihm voraus, daß er seinen Löwen nicht lange überleben wird. Richtig. Aber anders, als es vielleicht aussehen mag, steht es damit nicht eins zu eins, denn wenn man einem ohnehin ängstlichen Kaiser einredet, daß er eines gewaltsamen Todes sterben werde, vermehrt man nur seine Ängste. Rudolf II. lebt in einer Zeit, in der die Religion einen bestimmenden Platz im täglichen Leben einnimmt. Die Priesterkutten sind allgegenwärtig und schon von ferne zu erkennen, aber er muß gezwungenermaßen engen Kontakt zum Klerus halten. Angesichts dessen macht man ihm mit einer solchen Vorhersage das Leben zur Hölle und bringt ihn völlig aus dem seelischen Gleichgewicht. Rudolfs spätere Wahnvorstellungen über die Kapuziner, deren Kloster man von der Burg aus sehen kann und deren Glokkengeläut immer und immer herüberklingt, hat keinen anderen Ursprung als die Angst, die Tycho Brahe hervorgerufen hat und weiter schürt, um seine Macht über den Kaiser zu sichern.
Tycho Brahe übt einen verheerenden Einfluß auf den Kaiser aus und verstärkt seine Schwächen. Brahe ist abergläubisch, und wenn er einen Hasen oder eine schwarze Katze sieht, ist er starr vor Schreck, flüchtet nach Hause und geht an diesem Tag nicht mehr fort. Statt nun aber gegen diese Schwäche anzukämpfen, erzählt er Rudolf II., an gewissen Tagen sei alles, was man beschließe, von vornherein hinfällig, und daß man sich über ganze Zeiträume hinweg jeder Initiative enthalten müsse. Der Mann mit der goldenen Nase gilt schon sehr bald als der schlechte Geist des Kaisers.
Im Februar 1600 lädt Tycho Brahe auf ein paar Tage

Johannes Kepler zu sich ein, der ihm folgendes schreibt:

»Man muß annehmen, daß der Kaiser eine gewisse, archimedische Art sich zu bewegen besitzt. Zunächst ist sie so wenig spürbar, daß man kaum etwas davon merkt, am Ende aber bewegt sie die Massen. Dieser Fürst ist in Prag, er weiß nichts von den Dingen des Krieges; er besitzt, so wie wir dieses Wort verstehen, keinerlei Autorität und vollbringt doch Wunder. Die Herren sind ihm untertan, er macht sich die Fürsten gefügig, nimmt den Sultan gefangen, der so schrecklich geherrscht hat, und läßt ihn sich in einem Kleinkrieg verausgaben, der ihm wenig anhaben kann.«

Tycho Brahe hat Kepler eingeladen, weil die erste Veröffentlichung des jungen, neunundzwanzigjährigen Mathematikers die Aufmerksamkeit aller Vertreter der Zunft erregt hat. Mit vierundfünfzig Jahren erfreut sich Brahe einer ruhmreichen öffentlichen Stellung als Mathematiker, Astronom und Arzt. Seine um sechs Jahre jüngere kaiserliche Majestät könnte Kepler verfallen, wenn er nicht von Natur aus eher zur Treue als zur Veränderung neigen würde. Indem er selbst die Begegnung des Kaisers mit dem brillantesten Vertreter der jungen Astronomengeneration herbeiführt, hofft Brahe, die Lorbeeren dafür einstreichen zu können.

Kepler ist armer protestantischer Herkunft und wurde als Stipendiat im Tübinger Stift erzogen. Die Priester haben ihn nicht zum Kirchenübertritt gezwungen und ihm einen Beruf ermöglicht. Er ist Mathematikprofessor in Graz, wohin er nach seinem Aufenthalt in Prag auch wieder zurückkehrt. Der Kaiser hat ihm gefallen,

aber die unheilvollen Schwingungen um ihn herum haben ihn doch irritiert. Von dem in Prag Erlebten noch immer aufgewühlt, wird Kepler, den sich die Gegenreformation zur Zielscheibe ausgesucht hat, so daß er seine Arbeit zu verlieren droht, krank. In seiner Verzweiflung bittet er einen Kaiser um seinen Schutz, der den Widrigkeiten des Lebens auf dieselbe Art begegnet wie er – und den er so sehr verehrt, daß er sich Caesareus nennen läßt –, der keine Ketzer verbrennt, Künstler adelt, Astronomen aushält und nicht schockiert ist, wenn er erfährt, daß die Erde sich dreht. Die Antwort des Kaisers läßt Kepler gesunden. Er verläßt Graz und begibt sich in der Hoffnung nach Prag, »Gott mit Händen zu greifen«. In Prag aber richtet Tycho Brahe sich schon mal darauf ein, ihn zu verstecken, um, wenn er schon einsehen muß, daß Kepler seinen Teil des Ruhms ernten wird, wenigstens die materiellen Vorteile für sich zu wahren, die mit seiner Stellung verbunden sind.
Kepler merkt schnell, daß er in allem nicht etwa vom Kaiser, sondern von Tycho Brahe abhängig ist. Er arbeitet unter seiner Anleitung, stellt ihm seine Aufzeichnungen zur Verfügung und wird von ihm entlohnt; er fristet also eine kümmerliche Existenz, während der reiche, mondäne und geizige Brahe ihm die Ergebnisse seiner Arbeit vorenthält und ihn halb verhungern läßt. Mitten im Winter fehlt Kepler das Holz zum Heizen. Seine seelisch angeschlagene Frau, die mit verwirrtem Geist enden wird, friert, wird immer fahler und sehnt sich nach Graz zurück. Sie fürchtet die Fallstricke in Prag. Kepler wendet sich an den Kaiser, der ihn aus dem Elend holt.

Tycho Brahes Feindseligkeit gegen Johannes Kepler läßt sich nur durch seine mit der Zeit immer schlimmer werdende Eifersucht und die grundlegend unterschiedliche Auffassung der beiden Männer erklären, wie man die Welt und Gott betrachten sollte. Diese Gegensätzlichkeit facht das Mißtrauen und den Haß zwischen ihnen immer neu an.

Auf dem Porträt im Strahov-Kloster ist Tycho Brahe eine mondäne und gepflegte, jedoch von einer düsteren Stimmung umgebene Erscheinung mit ovalem Gesicht, hellen Augen und Schnurrbart. Der Hofmantel fällt über einem kostbaren Wams auseinander, auf dem mehrere Ketten und ein großer runder Orden funkeln.

Im Gegensatz zu dieser entschlossenen Sattheit wird das gequälte und leidenschaftliche Gesicht Johannes Keplers von riesigen, von buschigen Brauen überschatteten schwarzen Augen unter einer hohen, eckigen Stirn beherrscht. Die knochige Nase steht im Widerspruch zu dem herabhängenden Oberlippen- und Vollbart, die, anders als bei Brahe, nicht etwa sorgsam gestutzt, sondern eher achtlos geschnitten sind. Kepler hat glattrasierte, eingefallene Wangen und abstehende Ohren. Statt der liebenswürdigen Grazie des Tycho Brahe begegnet einem bei Kepler verzehrende Leidenschaft. Er widmet seinem Äußeren ebensoviel Zeit wie unbedingt nötig. Seine Arbeit nimmt ihn unablässig gefangen, sie ist sein Leben.

Ihre Arbeit könnte die beiden Mathematiker einander näherbringen, wenn nicht die Schlußfolgerungen, die sie daraus ziehen, sie wieder entzweien würden. Es ist die Zeit, in der Mathematiker und Astronomen entdekken, daß die Erde sich dreht, aber nicht die nötigen Mittel zur Verfügung haben, um es zu beweisen. Diese für uns so selbstverständliche Weisheit spaltete die Gelehrten in zwei Lager: die Kopernikaner und die ”anderen”.

Die »anderen«, und zu ihnen gehört Tycho Brahe, irren sich.
Kepler hingegen ist überzeugt, daß Nikolaus Kopernikus, der im Jahre 1473 in Thorn geborene Astronom, recht hat. Kopernikus weist nur mit seinen Berechnungen und ohne jedes Hilfsmittel – weil das erste astronomische Fernrohr erst nach seiner Zeit von Galilei erfunden werden wird – die zweifache Bewegung der Planeten nach: um sich selbst und um die Sonne herum. Kepler hat *De revolutionibus orbium coelestium libri VI* (Sechs Bücher über die Umläufe der Himmelskörper) gelesen. Kopernikus ist 1543 kurz nach deren Veröffentlichung gestorben und hat damit das Heilige Offizium, das seine Fälle gründlich vorzubereiten pflegt, um die Freude gebracht, ihn zu verfolgen. Die Inquisition wird sich bis 1616 Zeit lassen, um seine Theorien zu verurteilen – dreiundsiebzig Jahre nach seinem Tod. Zu diesem Zeitpunkt ist auch Tycho Brahe längst gestorben, mit ruhigem Gewissen, weil er alles getan hat, die Unruhe von seiner Welt fernzuhalten, wodurch sich nun der ganze Ärger über die ihm nachfolgende Generation ergießt. 1633 muß der italienische Physiker und Astronom Galileo Galilei, nachdem er die Richtigkeit des kopernikanischen Systems nachgewiesen hat, auf Knien vor der Inquisition abschwören. Im Gehen aber murmelt er den berühmten Satz, der die Jahrhunderte überdauert hat: *Eppur si muove!* Und sie bewegt sich doch! Johannes Kepler, der ebenso davon überzeugt war wie er, ist zu diesem Zeitpunkt bereits drei Jahre tot.
Anders als Tycho Brahe, den allein die Vorstellung erschreckt, bestehende Überzeugungen ins Wanken zu bringen, glaubt Kepler mit jeder seiner Berechnungen

fester an dieses angebliche Sakrileg, die Bewegung der Erde.

Kepler, der bei seinen Forschungen die Frage nach Gott nicht aus den Augen verliert und dessen Genie ihn befähigt, wissenschaftliche und religiöse Gewißheiten gleichermaßen zu bedenken, erklärt die Inquisition schlicht für unfähig, über die Bewegung der Gestirne zu entscheiden. Seine ketzerischen Berechnungen strafen die aristotelische Weltsicht Lügen und werfen alles über den Haufen, woran man bis in seine Zeit hinein geglaubt hat. Kepler bekennt sich zu diesem System, das die ganze Welt, Luther ebenso wie die Inquisition, gegen ihn aufbringt, weil es die Welt aus dem Gleichgewicht und die Fundamente zum Schwanken bringt, auf denen Kirche und Wissenschaft sie seit der Antike fest verankert glaubten.

Bis ins 16. Jahrhundert hinein hält man die Welt für ein kleines, um die Erde als Mittelpunkt angeordnetes Gebilde, das von Gott für den Menschen erschaffen wurde. Es ist gefährlich zuzugeben, daß die Erde sich dreht, Gotteslästerung zu behaupten, sie sei nicht der Mittelpunkt des Universums. Die Tribunale der heiligen Inquisition verhängen auf derartige Blasphemien die Todesstrafe. Kepler ist ein Ketzer. Als guter Protestant liest er die Bibel und kann darin nichts finden, was es der Erde verbieten würde, sich zu drehen. Für den Astronomen sind sein christlicher Glaube und die Beschaffenheit der Welt wunderbar miteinander vereinbar. Er fürchtet sich weder vor der Bewegung der Gestirne noch vor der Entdeckung, daß die Erde nicht den Mittelpunkt der Welt bildet.

Tycho Brahe verweigert sich dieser Entwicklung; er kann gerade noch zugeben, daß die Planeten sich dre-

hen, aber die Erde wenigstens soll im Zentrum der Welt bleiben!
Kepler stört sich nicht an der Vorstellung von einem unendlichen Gott als Schöpfer eines unendlichen Universums. Er ist ja gerade dabei zu entdecken, daß die Welt kein Ende hat, daß der Mars eine elliptische Umlaufbahn mit der Sonne im einen Brennpunkt beschreibt und seine Geschwindigkeit dabei je nach der Entfernung zu diesem Stern variiert.
Brahe findet solche Überlegungen ketzerisch. Er ist jetzt vierundsechzig Jahre alt und wird vom Kaiser mit Aufmerksamkeiten überhäuft; er trägt einen Degen, nimmt am Hofleben teil und sitzt an zahllosen Festtafeln. Am 13. Oktober 1601 ißt und trinkt er bei einem Bankett bei Peter von Rosenberg über alle Maßen. Er erleidet einen Blasenriß, sechs Tage lang kämpft er unter fürchterlichen Schmerzen mit dem Tod. Da sein Ende naht und er sich für Keplers Entdeckungen verantwortlich fühlt, läßt er den Wissenschaftler zu sich kommen.
Zwei Wissenschaftler, die beide die Wahrheit zu besitzen glauben: Der Sterbende bittet den anderen zu lügen und die Ergebnisse seiner Arbeit zu unterdrücken, um die Welt nicht aus den Fugen geraten zu lassen, um ihr ihre christlichen Überzeugungen nicht zu rauben. Kepler will nicht für eine Welt verantwortlich sein, in der es keinen Gott mehr gibt. Aber er kann doch nicht die Ergebnisse seiner Forschungen geheimhalten.
Tycho Brahe versichert ihm, das sei durchaus möglich. Er hat dieselben Berechnungen angestellt wie Kepler und ist zu denselben Ergebnissen gekommen. Er weiß, daß Kopernikus sich nicht getäuscht hat. Aber gerade weil sie recht haben, müssen sie darüber schweigen und jenen Unbedarften, die vielleicht entsetzlichen Ge-

brauch davon machen könnten, die komplexen Ergebnisse ihrer Arbeit vorenthalten – eine für Kepler zugleich verstörende und mitreißende Wahrheit. Kepler erklärt sich zum Lügen bereit, um eine Idee zu retten. Er tut, was Einstein und Oppenheimer dereinst bedauern werden, nicht auch getan zu haben: Er will sein Wissen für sich behalten, um ein Ideal zu retten.

Allein zurückgeblieben, veröffentlicht Kepler, der inzwischen zum kaiserlichen Astronomen und Mathematiker avanciert ist, neun Jahre später, 1609, sein Hauptwerk *Astronomia nova, seu Physica coelestis tradita in commentariis de motibus stellae Martis ex observationibus G. V. Tychonis Brahe* (Neue Astronomie, oder Physik des Himmels, überliefert in den Abhandlungen über die Bewegungen des Sterns Mars nach den Beobachtungen des Tycho Brahe).

In der Einleitung beteuert er, daß nichts in seinem Buch im Gegensatz zur Bibel stehe außer dem Respekt, den er den Kirchenlehrern zu zollen habe, und legt dann die beiden ersten Gesetze dar, die es Newton ermöglichen werden, das Gesetz der allgemeinen Schwerkraft zu formulieren:

1. Die Planeten bewegen sich auf Ellipsen, in deren einem Brennpunkt die Sonne steht.

2. Die vom Zentrum der Sonne zum Zentrum eines Planeten gezogenen Verbindungslinien überstreichen in gleichen Zeiten gleiche Flächen.

Das dritte Gesetz: Die Quadrate der Umlaufzeiten der Planeten verhalten sich wie die dritten Potenzen der großen Halbellipsen ihrer Bahnellipsen, findet sich in *Harmonia mundi*, das nach Rudolfs Tod veröffentlicht wurde und mit einem bemerkenswerten Glaubensbekenntnis schließt:

»O Herr, der du in uns durch das Licht der Natur die Sehnsucht nach dem Licht deiner Gnade erweckst, auf daß wir von ihm ins Licht deines Ruhms getragen werden, ich danke dir, o Herr und Schöpfer, daß du mich mit der Betrachtung deiner Schöpfung erfreust und mich darin deiner Hände Werk bewundern läßt! Siehe, ich habe mit Hilfe des Geistes, den du mir gegeben, die mir bestimmte Arbeit getan; ich habe den Menschen, die diese Zeilen lesen werden, wenn auch mein beschränkter Geist deine endlose Erhabenheit nie ganz erfassen kann, gezeigt, wie herrlich du die Dinge beschaffen hast. Ich habe so korrekt zu denken versucht wie nur möglich. Und wenn ich armer Erdenwurm, der in Sünde geboren und alt geworden, etwas befördert haben sollte, das Deiner nicht würdig ist, bitte ich Dich: zeige es mir, damit ich es besser machen kann. Und wenn die Schönheit Deiner herrlichen Schöpfung mich verwirrt haben oder ich in der Ausarbeitung eines Werkes, das nur zu Deinem Ruhme bestimmt ist, meinen eigenen Ruhm verfolgt haben sollte, dann, o Herr, vergib mir in Deiner Größe und Güte meine Fehler. Und gewähre mir schließlich die Gnade, daß dieses Werk Deinem Ruhm und dem Seelenheil dienen und kein Unrecht tun möge.«

Und Kepler schreibt: »Im Grunde sehe ich mich gezwungen, wie einst Petrus auszurufen: Herr, weiche von mir, denn ich habe gesündigt!«

Ein hellsichtiger Gelehrter sieht, wie die Welt aus den Fugen gerät: Der Krieg, den die Türken gegen das Reich führen, nimmt kein Ende; ein bereits kranker Kaiser erlaubt Kepler, seine Forschungen weiter zu verfolgen. Aber welchen Gebrauch wird man von seiner

Arbeit und nach ihm von dem machen, was er erst ermöglichen wird? Wohin werden diese so erstaunlichen Entdeckungen, die die Pforten zu einer neuen Welt aufgestoßen haben, die Menschheit führen? Die Menschen der Zukunft werden anders sein als er und nicht mehr zum Ruhme Gottes arbeiten. Von dumpfen Vorahnungen niedergedrückt, wird Kepler sich bewußt, daß der Weg, den er der Wissenschaft eröffnet hat, ebensogut zum Teufel führen kann wie zu Gott.

Der 25. September 1600

Der Kaiser ist gealtert. Der Nuntius hat ihn um seinen Minister gebracht und läßt ihn noch immer nicht in Ruhe. Der Kaiser läßt ihn antichambrieren, aber eines Tages wird er ihn doch empfangen müssen. Der Gedanke läßt ihn vor Angst erzittern, am liebsten würde er flüchten. Die Regierung könnte auch ohne ihn auskommen, so ein aufgeblasener Apparat funktioniert ganz von allein: Geheimer Rat, kaiserliches Justizministerium, Hofkammer und kaiserlicher Kriegsrat.

Der Krieg dauert an. Die Türken bedrohen Wien. Rudolf kann nicht mehr schlafen, trinkt und versinkt dann in seinen Alpträumen.

Im Juli 1600 empfängt er eine Gesandtschaft aus Frankreich, obwohl er nicht gerne an Frankreich denkt, seit Heinrich III. am 1. August 1589 von dem Jakobinermönch Jacques Clément ermordet wurde. Der Mönch ist gevierteilt worden.

Vierzig Jahre hindurch hatte Frankreich unter dem Religionskrieg zu leiden. Rudolf II. hat sich wohlweislich immer herausgehalten und sogar versucht, die deutschen Söldner vom Eingreifen abzuhalten, aber sie haben auf beiden Seiten gekämpft und sich ohne irgendwelche Gewissensbisse gegenseitig umgebracht, denn sie wollten weder auf das Gold noch auf das Plündern verzichten. Der feierliche Übertritt Heinrichs IV. zum Katholizismus am 25. Juli 1593 in der Abteikirche von Saint-Denis hat einem über vierzig Jahre anhaltenden Morden ein Ende gesetzt. Der Papst hat es keineswegs eilig, diese Konversion anzunehmen – und sie hätte genausogut am Tag nach der Bartholomäusnacht 1572 stattfinden können. Damals war Rudolf II. zwanzig Jahre alt.

Normalerweise gewährt der Kaiser nur kurze Audienzen, diesmal aber unterhält er sich über eine Stunde lang mit dem Abgesandten Heinrichs IV., allerdings nicht ohne Hintergedanken, denn es ist für ihn von großer Bedeutung, daß Frankreich sich im Krieg gegen die Türken auch weiterhin neutral verhält. Beide Seiten sind mit dieser ersten Audienz hochzufrieden.

Die zweite verläuft sehr viel weniger glatt. Rudolf II. ist verärgert über die bevorstehende Heirat zwischen dem König von Frankreich und Maria von Medici, die eine Ehe mit ihm einst abgelehnt hat, und betrachtet diese bebänderte und geschwätzige Delegation, die sich in der Stadt bereits in den Ruf großer Verfressenheit und Frivolität gebracht hat, kritischen Auges und bricht die Unterredung nach einiger Zeit ab. Die Franzosen, die von Rudolf II. begeistert sind, verstehen nicht, daß ihre Zungenfertigkeit auf diesen verschlossenen und in sich gekehrten Monarchen einen verheerenden Eindruck gemacht hat.

Der Kaiser hat Regierungssorgen: Er hat schon immer das wilde Transsilvanien (Siebenbürgen) seinen Staaten einverleiben wollen – die einzige Möglichkeit, es regierbar zu machen. Noch immer hegt er gewisse Illusionen über Großfürst Sigismund Báthory, der ihm eine Allianz bietet und sich als sein Vasall bekennt. Um die geheime

Absprache zu besiegeln, erhält Sigismund die junge Erzherzogin Marie-Christine von Steiermark zur Frau, die wider Willen den Rohling heiratet. Sigismund entwikkelt aber eine unüberwindliche Abneigung gegen seine Frau und sein Fürstentum, verbannt sie in das klösterliche Damenstift zu Halle und überträgt Rudolf II. 1597 Transsilvanien im Tausch gegen zwei Fürstentümer, eine Rente und das formelle Versprechen, daß der Kaiser sich beim Papst für eine Annullierung seiner Ehe verwenden werde. Wenige Monate später hebt Sigismund Truppen aus, um sein Fürstentum wieder zurückzugewinnen. Von den Truppen des Kaisers geschlagen, flüchtet er sich nach Polen. Transsilvanien fällt an seinen Vater, Kardinal Andreas Báthory, der sich aber nicht lange hält.
Er wird von dem Woiwoden Michael im Kampf getötet, der sich Moldaviens und der Walachei bemächtigt und damit drei Jahrhunderte im voraus das Großrumänien von 1919 verwirklicht. Aber er führt eine Schreckensherrschaft, und die Transsilvanier rufen den Kaiser um Hilfe an. Rudolf II. schickt ihnen seinen Feldherrn Basta, der den Woiwoden Michael verjagt und eine friedlichere Regierung errichtet, die Rudolf zumindest vorläufig beruhigt, denn in dieser bewegten Region ist kein Friede von längerer Dauer.
Rudolf II. weigert sich noch immer, den Nuntius zu empfangen, fügt sich aber darein, dem Grafen Olivare, dem Konnetabel von Kastilien, eine Audienz zu gewähren. Der Graf unterrichtet ihn über die Thronbesteigung Philipps III. und nutzt die Gelegenheit, um auf die ungeliebte Frage der Nachfolge Rudolfs II. zu sprechen zu kommen. Die Spanier unterstützen Erzherzog Albrecht, der mit der Infantin verheiratet ist, Rudolfs

Oberstkämmerer Wolf Sigmund Rumpf Freiherr von Wülroß aber zieht ihm Matthias vor. Rudolf haßt seine beiden Brüder und kann es nicht ertragen, daß man ihn mit der Aufforderung bedrängt, er solle selbst bestimmen, wer von beiden ihm einmal nachfolgen werde. Er will keinen Nachfolger, keinen Erben; nach ihm soll es niemanden geben!

Der Papst und der Nuntius mischen sich auch in diesem Fall ein. Rom und Madrid verbünden sich und machen dem Kaiser gemeinsam das Leben schwer, zumal der alte Haß zwischen dem Kaiser und dem Papst mit der Zeit nur heftiger geworden ist. Für Gesandtschaften beim Kaiser wählt der Papst stets nur seine fürchterlichsten Kardinäle; außerdem hat er in Prag eine Kapuzinergemeinde gegründet, die von Lorenzo da Brindisi geleitet wird, der sich vorgenommen hat, den Kaiser dem Einfluß der Magier zu entziehen und den Teufel aus seinem Körper zu vertreiben. Rudolf II. hat ihn kurzerhand hinausgeworfen.

Nun aber ist Spinelli an seine Stelle getreten. Den Nuntius kann der Kaiser nicht hinausweisen wie einen einfachen Kapuziner. Endlich legt der Kaiser ein Datum fest, den 25. September 1600. Wie alle seine Folterknechte wird auch der Nuntius von ihm verlangen, daß er einen Nachfolger bestimmt.

An diesem Tag steht Rudolf II. unter einer unerträglichen Spannung. Überzeugt, daß wieder Monate vergehen werden, bevor er die nächste Audienz erhält, schleudert Spinelli dem Kaiser die Beschuldigung entgegen, daß er sich, auf seine Horoskopleser vertrauend, geweigert hat, legitime Erben in die Welt zu setzen, was seine erste Pflicht gewesen wäre, und daß er sich auch jetzt noch weigert, die Grundvoraussetzung für den Fortbe-

stand des Christentums zu regeln: seine eigene Nachfolge.
Rudolf II. haßt diesen Soutanenträger, der in sein Schloß eindringt, um ihn mit Schrecken zu erfüllen, und der wie Savonarola oder Torquemada auf ihn einredet; er sieht vor seinem geistigen Auge wieder Toledo vor sich, hört die Schreie aus der Menge, die inbrünstigen Gebete; er folgt der jämmerlichen Prozession der Verurteilten, Gefolterten und Blutenden; er weicht vor den gewaltsam festgeschmiedeten Körpern auf den Scheiterhaufen zurück, die sich in den Flammen winden, und vor den Gehenkten.
Spinelli kommt auf das Erbe Karls V. zu sprechen. Rudolf II. hat wieder die sagenhaften Beerdigungszeremonien für seinen Großvater vor Augen, die ihn als Knaben so beeindruckt haben, lebhafter noch erinnert er sich aber an das wilde Durcheinander auf der Karlsbrücke im Trauerzug für Maximilian, den er als junger Monarch selbst anführte. Und da wagt Spinelli, ihm den Tod des nächsten Kaisers des Heiligen Römischen Reichs vor Augen zu führen! Der nächste aber ist er, Rudolf II. von Habsburg! Diese schreckliche Erkenntnis lähmt ihn. Tycho Brahe hat ihm vorausgesagt, daß er von einem Kirchenmann ermordet werden wird. Spinelli wird ihn also umbringen. Der Kaiser erstarrt.
Spinelli bringt ihn in Bedrängnis. Später weiß Rudolf II. nicht mehr, wie er den Nuntius losgeworden ist. Der Schrecken hält aber an: Ein König von Frankreich kann unter dem Messer eines schlichten Jakobinermönches fallen; um aber einen Kaiser zu töten, braucht man schon einen Nuntius. Im antiken Rom fand jeder zweite Monarch einen gewaltsamen Tod. Wer wird Rudolf II. umbringen?

Spinelli hat ihn verhext. In dieser Nacht können auch die kostbaren Sammlungen den Kaiser nicht beruhigen. Plötzlich durchschaut er den Mechanismus des gegen ihn gerichteten Komplotts. Der Premierminister Sigmund Rumpf, der Matthias' Kandidatur unterstützt und Rudolf II. davon abgeraten hat, die Infantin zu heiraten, und der sich nun gegen ihn verschwört, um Matthias die Krone zu verschaffen, wird ihm den Todesstoß versetzen!
Um drei Uhr morgens gibt der Kaiser Befehl, seinen Minister kommen zu lassen. Als dieser vor ihm steht, schreit Rudolf II. ihm entgegen, daß er seinen Verrat mit dem Leben bezahlen wird, greift einen Dolch und stürzt sich auf ihn. Aber dann richtet der Kaiser den Dolch gegen sich selbst. Die Domestiken eilen herbei und nehmen ihm die Waffe ab. Er wirft sich gegen eine Glasscheibe und reißt eine Scherbe ab, um sich die Kehle durchzuschneiden. Die Domestiken überwältigen ihn ein zweites Mal. Da bricht der Kaiser zusammen.

Vier Bräute für den Kaiser

Rudolf II. ist überzeugt, daß der Premierminister der Anstifter eines Komplotts zu seiner Entthronung, wenn nicht gar Ermordung ist, und befiehlt darum Rumpf, Prag zu verlassen. Ein Rat versucht, sich für den Minister einzusetzen. Diese Tatsache beweist, daß der Missetäter über Unterstützung in der Regierung verfügt und der Staatsapparat verseucht ist. Darum tauscht der Kaiser ihn aus. Ohne Blutvergießen schafft er die Verräter aus dem Weg, setzt Unbekannte ein, von denen er hofft, daß sie mit der Konspiration nichts zu tun hatten und ihm treu sein werden. Rudolf II. läßt niemanden zu sich und läßt seine Privatgemächer Tag und Nacht von zwei Gardeoffizieren bewachen.

Anschließend verfällt er in Apathie; er kann die Einsamkeit nicht ertragen, die er selbst gewählt hat, und ertränkt seinen Kummer in Alkohol.

Als man ihm vorschlägt, Trost bei der Kirche zu suchen, reagiert er auf unvorhersehbare Weise: Die wahren Schuldigen sind die Kapuziner, ein Zweig des Ordens der Franziskaner. Diese Mönche, die sich selbst kasteien und geißeln, um ihr Fleisch abzutöten, ziehen seiner Überzeugung nach Unglück auf den Hradschin, darum will er sie vertreiben. Aber nur der Erzbischof könnte sie fortweisen; der Kaiser zieht es vor, Berka

einen Brief zu schreiben, statt ihn zu sich kommen zu lassen.
Die Kapuziner sind in Aufruhr. Der Nuntius Spinelli schreibt in seiner Rolle als Inquisitor dem Papst und denunziert Rudolf II. ein zweites Mal. Er hegt keinen Zweifel mehr daran, daß der Kaiser, der Spiritisten, Astrologen, Magiern und Geisterbeschwörern Obdach gibt, in seiner Burg Ketzer aufnimmt, die den Gefängnissen des heiligen Offiziums entronnen und in die Geheimnisse der Kabbala eingeweiht und besessen sind, denn auf sie sei das Vorhaben, die Kapuziner auszuweisen, zurückzuführen.
Der Erzbischof von Prag verfolgt völlig andere Interessen als der Nuntius. Weniger beflissen dem Papst gegenüber und voller Respekt für Rudolf II. spürt er im Kaiser eine tragische Erschütterung, Hoffnungslosigkeit und an Wahnsinn grenzende Angst. Wenn der Kaiser besessen ist, wie der Nuntius behauptet, sollte man seiner Meinung nach eine Katastrophe, die nur das Versagen der Kirche offenbart, nicht publik machen. Der Erzbischof weiß, daß der Papst bemüht war, dem Kaiser zu schaden und seine Macht zu schwächen. Dennoch hat der Kaiser auch in seinen schrecklichsten Entgleisungen, wenn er die Seelen der Toten beschwor und sich lieber mit Sukkuben oder Inkuben unterhielt als mit seinem Beichtvater, nie mit der Kirche gebrochen und sich immer noch eine Möglichkeit zum Rückzug offengelassen. Diese Hintertür hat Spinelli nun zugeschlagen. Dennoch hat der Erzbischof keine Handhabe, die Mönche zu vertreiben. Berka schreibt also einen beschwichtigenden Brief, in dem er sich zu zeigen bemüht, daß die Kapuziner den Gehorsam nicht gebrochen haben, zu Gott beten, ihre Armuts- und Keuschheitsgelübde einhalten und sich der Armen annehmen.

Diese Antwort versetzt Rudolf II. endgültig in Todesangst. In einem pathetischen Schreiben an den Erzbischof bekennt der Kaiser, daß er keine Ruhe finden wird, solange die Kapuziner in ihrem Kloster bleiben.
Die Kapuziner, die vermeintlich Anlaß zu dieser Aufregung geboten haben, verfallen auf die Idee, dem Kaiser ein Geschenk zu machen, um ihn zu beschwichtigen: Sie geben bei Cosimo di Castelfranco eine *Anbetung der Könige* in Auftrag – ein Sujet, das dem Kaiser besonders viel bedeutet.
Als Rudolf II. das Bild erhält, erlischt sein Widerstand. Dieses sorgsam gewählte Werk von erlesener Schönheit ist für ihn der Beweis dafür, daß Kapuziner auch gute Mönche sind – und sie dürfen bleiben.
Der Erzbischof von Prag und die römische Kurie sind dennoch in Aufruhr. Clemens VIII. sieht ein, daß es ein Fehler war, Spinelli zum Kaiser zu schicken. Er hatte zwar beabsichtigt, den Kaiser zu verstören, um ihn außer Gefecht zu setzen. Aber Rudolf II. verteidigt sich mit bemerkenswerter Intelligenz, indem er sich in seine Gemächer wie in ein Militärlager zurückzieht und niemanden an sich heranläßt – auch nicht die Kirche. Der Papst kann nicht einmal eine Protestnote aufsetzen, weil die kaiserliche Anweisung nicht nur den Nuntius betrifft. Unter diesen Umständen ist Spinelli nicht mehr von Nutzen. Clemens VIII. ruft ihn zurück und präsentiert diesmal den richtigen Vermittler, einen erleuchteten und empfindsamen Mann, der Lutheraner und Calvinist war, bevor er zum Katholizismus konvertierte.
Rudolf II. versteht sich sofort mit Johannes Pistorius, dem Arzt, Juristen und Theologen, der einen Brief an den Papst sendet, in dem er ihm versichert, daß der Kaiser keineswegs besessen sei, aber auch »nicht leugnet,

daß sich böse Geister seine Leiden zunutze machen, um ihn in die Irre zu führen«.

Im Zusammensein mit Pistorius, der so viele Sünden vergibt, die Spinelli unerbittlich verdammte, findet der Kaiser sein inneres Gleichgewicht wieder. Im neuen Nuntius findet er einen Mann, der bereit ist, ihm zu helfen. In der Osterwoche des Jahres 1601, kaum ein paar Monate nach dem Mord- und Selbstmordversuch, legt Rudolf II. die Beichte ab und geht am Ostertag zum erstenmal seit vielen Jahren zur Kommunion. Von nun an empfängt er jedes Jahr zu Ostern die Sakramente, solange Pater Pistorius am Leben sein wird.

1602, ein Jahr nach der Ankunft von Johannes Pistorius, wird Rudolf II. fünfzig Jahre alt; er regiert seit dreißig Jahren, und um dieses Doppeljubiläum angemessen zu feiern, gibt er bei den Ateliers auf dem Hradschin eine Krone in Auftrag. Er hat schon mehrere Kronen getragen: die Stephanskrone, als er dreißig Jahre zuvor König von Ungarn wurde; die Wenzelskrone, als er König von Böhmen wurde, vor siebenundzwanzig Jahren; und die des Römischen Reiches, bei der Krönung zum deutschen Kaiser vor sechsundzwanzig Jahren. Jetzt will er seine eigene Krone – ein Symbol seiner langen Regierungszeit und ein Unterpfand gegen seine Angst vor Entmachtung. Der Form nach steht sie in der Tradition der kaiserlichen Privatkronen: ein Kronreif unter einer Mitra, denn nur der Kaiser darf sich als einziger Laie mit diesem bischöflichen Symbol schmücken[1].

Der völlige Verzicht auf das Sakrale bestätigt sich in dem auf Kleinstformat geschrumpften Kreuz am Kronreif. Bei allen Kronen, die Rudolf bisher getragen hat, bildet das Kreuz den Blickfang; es sitzt vorn am Mittelreif, dominiert das Diadem oder thront am höchsten Punkt und betont die Zugehörigkeit des Monarchen zu Gott, weist darauf hin, daß der Herrscher seine Macht von Gott empfangen hat und ihm für die Regierung über die Völker Rechenschaft ablegen muß. Rudolf II. macht das Kreuz unsichtbar, erniedrigt es und weist ihm die bescheidene Rolle als Träger zu. Am Stirnpunkt des Kronreifs macht ihm eine Lilie aus Gold und Perlen mit einem riesigen Rubin den Rang streitig. Das Kreuz, halb erdrückt von dem großen Stein, geht regelrecht in dem kräftigen Hochbügel aus Gold und Edelsteinen unter, der zum Kronreif hinunterführt und hinter der Lilie verschwindet.

Von den Hinweisen auf das Göttliche und den Symbolen für die Verantwortung des Herrschers gegenüber Gott und seinen Untertanen befreit, kann Rudolf II. endlich seine eigene Botschaft verkünden lassen: Die Lilie am Fuß des Hochbügels ist eine von vieren gleicher Größe und Schönheit, die die vier Himmelsrichtungen symbolisieren – ein Ausblick auf das Herrschaftsgebiet des Kaisers; in den Zwischenräumen erheben sich vier weitere, etwas kleinere Lilien. Im Bügel ist Rudolfs Name eingraviert. Die Seiten feiern den siegreichen Rudolf II. in vier Reliefs, die Traum und Realität der Regierung beschreiben: die Krönung, der Ritt gegen die Türken, den Lorbeerbekränzten und den Triumphzug. Jede Szene, in der Rudolf II. so dargestellt ist, wie er sich gerne sieht, als mythischer Herrscher und würdiger Nachfahre der Kaiser der römischen Antike, wird von einem schmalen Emailleband mit Vögeln, Blumen und farbigen Emblemen auf weißem Grund betont. Der Kronreif, der die seltsame Mitra trägt, ist aus Gold und wird von einem Doppelstrang von Perlen begrenzt, der viele kostbare Edelsteine umschließt.

Die Krone ist ein Meisterwerk[2], das Jahrhunderte überdauern wird, und 1804 wird sie zur Kaiserkrone Österreichs werden.
Durch dieses greifbare Zeichen seiner Macht gewinnt Rudolf II. seine Selbstsicherheit zurück: Auf den Goldpartien des Helms ist sein Triumph dargestellt, die Inschrift im Bügel trägt seinen Namen. Wer sollte es noch wagen, einen gewählten und gesalbten Monarchen zu entthronen?
Aber der Kaiser hat einen teuflischen Mechanismus in Gang gesetzt, als er die Hand gegen sich und seinen Minister erhob. Es war von Wahnsinn die Rede und von Besessenheit. Sechs Jahre nach dem Austausch der Verwaltung und vier Jahre nach der Anfertigung der Krone sind seine Gegner erneut bis in seine engste Umgebung vorgedrungen und verbreiten das Gerücht, er sei nicht mehr bei klarem Verstand.
Am 26. Februar 1603 stirbt Rudolfs Mutter im Alter von fünfundsiebzig Jahren in einem spanischen Kloster. Der Kaiser hat keine legitimen Nachkommen, mit denen er seinen lauernden Brüdern den Weg zum Thron versperren könnte. Er hat zwar erwogen, seinen Sohn Don Julio zu legitimieren, aber die bei der Geburt seines ältesten Sohnes erstellten Horoskope bieten katastrophale Aussichten. Die Zeit wird die Weissagungen nur bestätigen: Don Julio ist fallsüchtig und wird sich als Erwachsener zu einem bösartigen, perversen Menschen entwickeln. Die einzige Lösung wäre die, eine Heirat einzugehen. Für den Sohn, den er zeugen wird, gibt Rudolf Familienporträts bei Adriaen de Vries in Auftrag: eine Büste Karls V. und eine von ihm selbst. Hans von Aachen malt Rudolf II. vor gefesselten Sklaven, die die unterworfenen Völker und den besiegten Unglauben repräsentieren.

Wer die Mutter dieses legitimen Sohnes sein soll, steht noch in den Sternen. Fürs erste gibt der Kaiser den Künsten neue Impulse; er holt Paulus van Vianen aus den Gefängnissen der Inquisition, um ihn für sich arbeiten zu lassen. Caspar Lehmann, der große Edelsteinschleifer, wendet seine Technik auch bei der Bearbeitung von Glas an und verhilft damit der böhmischen Kristallindustrie zu lebhaftem Aufschwung. Roelant Savery, der auf Tierdarstellungen spezialisiert ist, insbesondere Löwen, Kondore, Einhörner und ungewöhnliche Pferde, malt einen Einsiedler in karger Landschaft. Der Kaiser ist begeistert, denn dieser Einsiedler ist er selbst, gefangen in der Einsamkeit der Macht, und die sonderbare Landschaft ist das Land der Schimären.

Die *Triumphkanne* aus vergoldetem Silber, auf der in vier Relieffeldern der Triumph des Todes, der Zeit, des Ruhms und der Wahrheit dargestellt sind, stammt aus dieser Zeit. Im Triumph des Todes sieht man den Sensenmann die Lebenden dahinraffen; der Triumph der Zeit zeigt Chronos, der eine Sanduhr emporstreckt; im Triumph des Ruhms sieht man Rudolf II. selbst auf einem von Elefanten als Symbol der Weisheit gezogenen Wagen, gefolgt von Leonardo, Michelangelo, Petrarca, Dante, Dürer, Tizian, Ghiberti und Hans von Aachen. Im Triumph der Wahrheit ziehen Genien mit Palmwedeln über einen Scheiterhaufen hinweg – eine unmißverständliche Anspielung auf den Kaiser, der Gelehrte und Künstler unterstützt, denen der Scheiterhaufen droht. Die Prager Steinschneidekunst begründet der Mailänder Ottavio Miseroni, dessen Werk von seinem Vetter Alessandro und seinem Sohn Dionysio weitergeführt wird. Sie fertigen Behältnisse aus Kristall und aus Gold, Goldpokale und Schalen aus Achat, goldene, mit Edelsteinen, Perlen und Emaillearbeiten verzierte Kannen. Der Schweizer Mathematiker Jost Bürgi befaßt sich weiter mit dem Uhrenbau.

Dieser Aufschwung der Künste dient den Hochzeitsvorbereitungen des Kaisers, der vier Maler ausgesandt hat, um vier heiratsfähige Prinzessinnen zu porträtieren: Giulia d'Este, Erzherzogin Anna, die Tochter seines Onkels Ferdinand von Tirol, die Prinzessin von Württemberg und die Prinzessin Margarethe von Savoyen.

Hans von Aachen kehrt mit dem Porträt der Giulia d'Este aus Italien zurück und beschreibt die Prinzessin als schön, intelligent und kultiviert. Kardinal Alessandro d'Este, der Onkel der Braut, macht sich eilends nach Prag auf, als sich die verlockende Aussicht einer Verbindung seiner Familie zum Kaiserhof eröffnet. Rudolf II. empfängt mit Ehren den lasterhaften Kardinal, der gerne flucht und sich betrinkt, läßt ihn aber doch wieder fahren, ohne ihm irgend etwas über seine Heiratspläne anvertraut zu haben.

Der Kaiser besitzt nun die Porträts von vier begehrenswerten Prinzessinnen, warum sollte er eine davon wählen und sich so der Freude berauben, von allen vieren zu träumen?

Die Falle

Matthias, der seit über dreißig Jahren als Benachteiligter im Schatten des kaiserlichen Throns lebt, vereitelt den Traum Rudolfs II. Seine Brüder haben sich dem väterlichen Willen wohl oder übel gebeugt und die Rudolf gemachten Versprechungen widerwillig eingehalten. Jetzt naht der Augenblick, da er sich gewaltsam holen kann, was ihm schon lange rechtmäßig zustehen sollte. Er redet sich ein, daß er nur der Gerechtigkeit zum Sieg verhilft. Kronen lassen sich teilen: Wenn Rudolf II. erst einmal aus dem Weg geräumt ist, bleiben drei Brüder und drei Kronen. Genau das hat ihr Vater bei seinem Tod vermeiden wollen, der ein intaktes, festes, von einer einzigen Macht regiertes Reich wollte, das von verfeindeten Brüdern nicht aus dem Gleichgewicht gebracht werden sollte.

Genauso wie Karl der Große sein Reich aufgeteilt hatte, wird auch Matthias es mit Maximilian und Albrecht teilen, der Rudolfs Braut geheiratet hat und mit ihr die Niederlande regiert. Ohne ihre Unterstützung kann er nichts ausrichten, mit den Erzherzögen aber wird er zum Anführer einer kleinen Koalition, der man nur ein wenig Glaubwürdigkeit verschaffen muß.

Die notwendigen Voraussetzungen sind gegeben. Rudolf II., der keine legitimen Kinder hat, die ihn unterstützen und sein Erbe fordern können, wird zu einem entrückten Monarchen, der mehr Zeit mit seinem Löwen als mit seinen Untertanen verbringt. Er verschließt sich in seiner Burg, anstatt die Länder zu bereisen, die im Krieg stehen, der kämpfenden Bevölkerung Sicherheit zu geben und aller Welt das Bild eines streitbaren Herrschers zu bieten.

Matthias hat bereits die Unterstützung des Bischofs von Wien, Melchior Khlesl, denn es drängt ihn, ebensosehr mit den Protestanten abzurechnen wie mit den Türken. Der Bischof ist überzeugt, daß ihm eine große politische Rolle bevorsteht, und sieht sich schon als graue Eminenz. Matthias flüstert ihm ein, daß dem nichts mehr im Wege stehe, sobald man den Kaiser gewechselt haben werde – er selbst sei, im Unterschied zu seinem Bruder, ein frommer Sohn der römisch-katholischen Kirche, und er werde sich für den Bischof verwenden. Einen weiteren Parteigänger findet er im Grafen Barbiano di Belgiojoso, der den Feldzug gegen die Türken leitet. Ein verbitterter Erzherzog, ein ehrgeiziger Bischof und ein waghalsiger General werden Rudolf II. zerstören.

Der Krieg bringt den Glauben der Menschen an ihren Kaiser ins Wanken und schwächt die zentrale Macht. Solange Ernst noch am Leben war, hatte Matthias nie ernsthaft erwogen, Rudolf II. abzusetzen, weil er nicht darauf hoffen konnte, daß sich gleich zwei Hindernisse auf einmal beiseite schaffen lassen würden. Aber seit Ernsts Tod im Jahre 1595 ist Matthias der legitime Erbe. Er muß nur noch die Interessen zweier Rivalen berücksichtigen, seiner Brüder Maximilian und Albrecht. Die drei Brüder vereinigen sich also gegen Rudolf II., ihren Kaiser und ältesten Bruder.

Matthias nutzt die Stunde, da seine eigene Position

gestärkt ist, weil er dem ungarischen Landtag in Preßburg vorstehen wird, während Rudolf II. wegen des sich ausbreitenden Türkenkriegs und des Blutbads in Transsilvanien geschwächt ist, um Maximilian sich für ihn verwenden zu lassen. Maximilian erklärt in einem Brief, daß Matthias nicht für das Zölibat geschaffen sei. Kurz darauf gibt Matthias seine Verlobung mit Anna, der Tochter Ferdinands von Tirol, bekannt, einer von Rudolfs Bräuten, deren Bildnisse seine Wände zieren. Der Kaiser reagiert nicht, denn eine Verlobung bedeutet noch nicht viel. Er haßt zwar seinen Bruder, schickt ihm aber für Anna eine Schmuckgarnitur aus Diamanten und Rubinen, die einer Kaiserin würdig wäre.

Während in Preßburg der Landtag stattfindet, verläßt Rudolf II. seine Burg nicht; dem Landtag läßt er einen Text übermitteln, in dem er in zweiundzwanzig Artikeln seine Absicht bekundet, die Anhänger der römisch-katholischen Kirche gegen die Türken und zugleich gegen die Ketzer zu vereinen. Dieser Text, der den Papst beruhigen und Rudolf II. mehr Kredite verschaffen soll, gibt den Befürchtungen der Protestanten neue Nahrung. Ohne sie hätte der Kaiser 1594 nicht genug Geld für den Krieg zusammengebracht, und nun geht Belgiojoso gegen sie ebenso unerbittlich vor wie gegen die Türken.

Matthias versucht den aufsteigenden Unmut nicht zu besänftigen, ganz im Gegenteil. Mit etwas Glück wird Belgiojoso ihn von den Türken, den Ketzern und auch von seinem Bruder befreien. Doch da tritt jemand auf den Plan, der die Pläne des Erzherzogs durchkreuzt: Stephan Bocskay sammelt die versprengten Grüppchen von zu Plünderern gewordenen protestantischen Bauern um sich, setzt sich an ihre Spitze, läßt sich zum Fürsten von Ungarn und Transsilvanien ausrufen und schließt einen Vertrag mit dem Sultan. Dann jagt er die Kaiserlichen aus dem Land. Belgiojoso weicht zurück, die Türken rücken nach. Das Schlachtfeld erstreckt sich über Österreich, die Steiermark und Mähren. Die Länder sind verwüstet. Nach Ungarn droht nun auch Österreich ein Aufstand, und Bocskay verpflichtet sich als Gegenleistung für eine Krone, die ihm vom Sultan versprochen wird, das Haus Österreich zehn Jahre lang unermüdlich zu bekämpfen.

Angesichts dieser Ereignisse, die seinen bevorstehenden Sturz ankündigen, erstarrt Rudolf II. Er trauert um sich und um seine Länder und Kronen, um das Land, das verwüstet wird, seine Untertanen, denen er sein Leben lang den Krieg zu ersparen gewußt hat und die jetzt hingemetzelt werden, ohne daß er die Energie aufbrächte, dagegen anzugehen. Er müßte sich jetzt an die Spitze seiner Truppen setzen, wie er es bereits vor Jahren angekündigt hat, denn es ist die einzige Möglichkeit, die Türken wieder loszuwerden, Heinrich IV. von Frankreich zu entmutigen, sich mit der Pforte zu verbünden, und Bocskay zur Aufgabe zu zwingen.

Die Seuche, die ihn vernichten wird, lauert in seinem Inneren und nagt an ihm seit fünfundzwanzig Jahren. Nach Schanker und Venushalsband geht die Syphilis nun ins dritte Stadium: Sie greift auf die Gelenke über. Wie soll er in diesem Zustand im Sattel sitzen? Hinzu kommt die heillose Niedergeschlagenheit.

Matthias schickt wieder einmal Maximilian vor, um einen Familienrat einzuberufen, der Rudolfs Widerstand endgültig brechen und ihn dazu auffordern soll, Matthias die Herrschaft über Ungarn zu übertragen und ihn zu seinem Nachfolger zu bestimmen.

Aber noch wird das Reich nicht zerstückelt. Die Astrologen haben dem Kaiser vorhergesagt, daß ihm die Krone entrissen werden soll. Er verweist die Familiendelegation aufs Land, seine Brüder dürfen die Burg nicht betreten, sich überhaupt nicht in Prag sehen lassen. Sie haben Befehl, die kaiserliche Entscheidung abzuwarten. Als der Kaiser seine Brüder schließlich empfängt, läßt er sie in ein Vorzimmer führen, verkündet ihnen, daß alle ihre Forderungen zurückgewiesen sind, und verabschiedet sie wieder. Die Erzherzöge, die gar nicht erst zu Wort gekommen sind, entfernen sich ohne Protest.
Dieser Besuch ruft in Rudolf II. den Wunsch hervor, zurückzuschlagen, denn er, der Löwe von Böhmen, ist noch nicht tot! Klarsichtig ergreift er die richtigen Maßnahmen, um die Situation umzukehren. Matthias' Spione, die überall in der Burg lauern, schickt er ins Exil statt aufs Schafott und wählt kompetente und ergebene Männer als Ersatz. Dann wendet er sich Matthias' Anhänger Belgiojoso zu, der für seine Niederlage verantwortlich ist. Er läßt ihn festnehmen und den Kaiserlichen Feldmarschall Hermann Christoph Graf von Ruswormb an seiner Stelle die Heeresleitung übernehmen, einen aufrechten, Rudolf treu ergebenen Tatmenschen, der offen seine Meinung sagt und sich dadurch Feinde verschafft.
Während der neue Oberbefehlshaber die Armee umorganisiert, nimmt der Kaiser den alten Plan Iwans des Schrecklichen wieder auf: Ein Bündnis mit England, Spanien, den italienischen Staaten, Persien, Polen und Rußland gegen die Türken scheint die einzige Möglichkeit, Wien vor der Invasion zu bewahren.[1]
Die Horoskope sind günstig, die politische Situation

ebenfalls. Der neue Papst, Paul V., mit bürgerlichem Namen Camillo Borghese, möchte wieder zu einer Seemacht gelangen, die die Türken im Mittelmeer in Schach halten kann. Persien schickt eine Gesandtschaft nach Prag; Rudolf sendet seine Gesandten nach England und Rußland aus, wo Zar Boris Godunow ermordet worden ist. Der falsche Dmitri, der ihm nachfolgt, wird von Polen unterstützt, das Rudolf II. wieder mit Rußland zu versöhnen hofft, um gemeinsam gegen die Türken vorzugehen.
Während dieses diplomatischen Hin und Her nehmen die Türken am 8. Oktober 1605 erneut die Festung Gran ein. Nachdem sie den Widerstand der Christen gebrochen haben, erobern die Türken die Stadt, verüben furchtbare Greuel, vergewaltigen, kastrieren, verbrennen und massakrieren die Überlebenden.
Rudolf II. läßt sich nicht entmutigen, der Krieg ist noch nicht verloren. Der Nuntius bewundert die Haltung des Kaisers, aber der Papst läßt ihn trotzdem im Stich. Er befindet, daß der Krieg, der sein Geld verschlingt, bisher zu nichts geführt hat, und verringert seine finanzielle Beteiligung. Rudolf, dem schon die Mittel fehlen, seine Söldner zu bezahlen, kämpft gegen die Depression an und widersteht auch noch Matthias, der ihn bedrängt, einen Vertrag mit den Türken zu unterschreiben.
Nun begeht Matthias Verrat, denn sonst wird er den Thron nie erlangen: Ruswormb muß erledigt werden. Das ist die einzige Möglichkeit, Rudolf II. zu stürzen. Wenn man ihm seinen besten General entreißt, wird er den Türken weichen müssen, und dann wird Matthias ihm fürs erste die ungarische Krone nehmen.
Um den Offizier aus dem Weg zu räumen, erkauft sich Matthias die Mitarbeit von Philipp Lang von Langen-

fels, Rudolfs diebischem Kammerherrn, und stellt mit ihm seinem Bruder eine Falle.

Der geschlagene General Belgiojoso, den Ruswormb nicht hat exekutieren lassen und der im Gefängnis einsitzt, sinnt auf Rache; er wird als Köder dienen. Wenn man ihn freiläßt, werden die beiden Rivalen unweigerlich aufeinander losgehen. Unglücklicherweise wird Belgiojoso dabei sein Leben lassen, weil sein Gegner ein hervorragender Duellant ist, aber wenn es darum geht, Rudolf II. zu zerstören, läßt sich der Erzherzog auch nicht von Freundschaft aufhalten. Auf kaiserlichen Befehl dürfen aber in Prag bei Todesstrafe keine Waffen geführt oder Duelle ausgetragen werden.

Der Kaiser wird so lange bedrängt, Belgiojoso freizulassen, bis er nachgibt. Als er das Gefängnis verlassen hat, fordert Belgiojoso Ruswormb zum Duell, erliegt ihm aber. Langenfels' Büttel stehen schon bereit und nehmen Ruswormb in Gewahrsam. Am 24. Juli 1605 wird er zum Tode verurteilt.

Ohne die Unterschrift des Kaisers wird kein Todesurteil vollstreckt, und niemand glaubt, daß Seine Majestät in diesem Fall seinen Namen darunter setzen wird. Rudolf gedenkt, Ruswormb eine Weile über sein Schicksal im ungewissen zu lassen und ihn dann zu begnadigen. Langenfels verbreitet aber die Kunde, daß der Gefangene sich der Majestätsbeleidigung schuldig gemacht habe, indem er sich »kaiserliche Frauenzimmer« ins Bett geholt habe. Dieses »Verbrechen« findet Gnade vor den Augen des Kaisers. Also erzählt Langenfels, der Beschuldigte hätte sich, anstatt seine Zuwiderhandlung zu bereuen, vor dem versammelten Gericht damit gebrüstet, fünfzehn Männer ins Jenseits befördert zu haben, die ihn gefordert hatten.

Rudolf II. erklärt, daß auf einen derartigen Meister des Duells nicht verzichtet werden dürfe.
Langenfels erfindet neue Angriffspunkte und behauptet, Ruswormb sei unverletzbar, weil er ein Zauberschild besitze, das ihn schütze. Nach weiteren Anschuldigungen unterzeichnet der zermürbte Kaiser am 29. November das Todesurteil seines treuesten und fähigsten Marschalls.
Rudolf II. wird aber die Tragweite dieser Tat bald klar. Er annulliert den Hinrichtungsbefehl und gibt Anweisung, den Verurteilten holen zu lassen. Der Bote mit dem Begnadigungsschreiben erreicht sein Ziel, nachdem der Henker das Todesurteil bereits vollstreckt hat. Dem Kaiser werden die letzten Worte Ruswormbs überbracht: »Ich habe keine Hoffnung, daß das Unglück einen Fürsten verschonen wird, der seinen besten Diener sterben läßt, ohne ihn angehört zu haben.«
Der Kaiser hat das Spiel seines Bruders, seines schlimmsten Feindes, gespielt. Er versinkt in tiefe Verzweiflung und läßt sich die Abdankungsurkunde Karls V. bringen.

Von Feinden umstellt

Rudolf II. weiß, daß es für ihn an der Zeit ist, auf den Thron zu verzichten. Wenn er abdankt, profitiert Matthias, der ihn haßt, die Interessen des Reichs verrät, mit den ungarischen Rebellen verhandelt, in Wien einen Vertrag mit dem Rebellen Stephan Bocskay unterzeichnet und ihn zum Fürsten des Heiligen Reichs zu machen wagt, nachdem er seine Souveränität über Transsilvanien anerkannt und ihm weite Gebiete in Ungarn zugestanden hat. Somit gäbe er seine Zustimmung zum Zerfall und damit zur Amputation des Reichs. Darum läßt der Kaiser seine Abdankungsidee wieder fallen, weigert sich, den von Matthias vorbereiteten Vertrag zu ratifizieren, und sieht, wie sein Plan eines Zusammenschlusses der christlichen Monarchien gegen die Türken vereitelt wird. England hat ihm lediglich moralische Unterstützung zugesagt, auf Rußland, wo die Ermordung Dmitris blutige Unruhen heraufbeschworen hat, kann er nicht mehr zählen.

Matthias nutzt die Gelegenheit, um die Unabhängigkeit Ungarns anzuerkennen. Am 11. November 1606 überläßt er im Friedensvertrag von Zsitwa-Torok den Türken die von ihnen besetzten Gebiete und erklärt sich damit einverstanden, daß der Kaiser dem Sultan eine Abgabe von zweihunderttausend Gulden in Silber,

Gold, Edelsteinen und anderen Preziosen zu zahlen hat. Der Kaiser weigert sich, derlei beschämende Abmachungen zu ratifizieren.

Aber da ist immer noch Langenfels, der über Matthias' Interessen wacht. In einem von Rudolfs II. schwachen Momenten nutzt er sofort die Situation und erzwingt von ihm die Unterschrift. Wieder einmal übermannt Rudolf der Schmerz, sobald er die Dokumente unterzeichnet hat; er bezichtigt seinen Bruder des Betrugs, verbietet, den Türken die Papiere zu übergeben, und beschließt, zu den Waffen zu greifen, um Bocskay, die Türken und Matthias zu vertreiben.

Für diesen Kampf braucht er Geld, aber seine Kassen sind leer. Im Juli 1607 beruft er den Landtag in Prag ein; dort wird ihm gleich zu Anfang der Verhandlungen bewußt, daß Matthias, der darauf wartet, sich Ungarns zu bemächtigen, sich bereits Österreich einverleibt hat. Er verläßt den Reichstag – und genau diesen Augenblick wählt Lorenzo da Brindisi, um gegen ihn loszuwettern, weil er dem lutherischen Geistlichen Christians II., des Kurfürsten von Sachsen, erlaubt, auf dem Hradschin zu predigen. Er erhebt die heftigsten Anschuldigungen gegen einen Kaiser, der sich in drei Monaten nur zu drei kurzen Aussprachen mit dem päpstlichen Legaten herbeigelassen hat, während er einem Ketzer erlaubt, seine satanischen Verkündigungen über die Burg zu posaunen.

In Österreich hebt Khlesl eine Armee für Matthias aus. Das ist Hochverrat, darum zitiert der Kaiser Khlesl zu sich. Statt sich zu fügen, fordert der Priester einen Geleitbrief, den Rudolf II. ihm gewährt.

Mitten in diesen durch die Situation in Siebenbürgen verschärften Konflikt hinein soll der Reichstag zu

Regensburg eröffnet werden. 1606 stirbt Bocskay, sein Nachfolger wird Sigismund Rákóczy, der aber schon hochbetagt ist und sich nur zwei Jahre hält. Dann stürzt Gabriel, der letzte Nachfahre der Bàthorys, das Land in Angst und Schrecken und erwirbt sich damit die Beinamen »Pest von Siebenbürgen« und »Räuberseele«. Seine Schwester Elisabeth, verwitwete Gräfin Nàdasdy, ist die legendäre »Blutgräfin«, die als Vorbild für die Figur des weiblichen Vampirs gilt. Der Legende nach hatte ihr eine Hexe einmal gesagt, sie müsse in frischem Blut baden, um ewige Jugend zu erlangen, und um sich diese zu sichern, steckte Elisabeth ihre Opfer in die »eiserne Jungfrau von Cachtice«, die ein Schlosser des Herzogs von Braunschweig geschmiedet hatte.
Der Reichstag zu Regensburg wird nur eine weitere Enttäuschung für den Kaiser sein, der zusehends verfällt und sich immer mehr zurückzieht.
Am 12. Januar 1608 wird der Reichstag zu Regensburg eröffnet. Rudolf II. durchlebt eine der schwärzesten Phasen seines Lebens, er trinkt und schließt sich ein mit all den unheilvollen Vorzeichen, den Todesgedanken und Vorahnungen schrecklicher Ereignisse, von denen ihn nicht einmal die Betrachtung seiner Schätze ablenkt. Die verzweifelten Signale kommen aus Český Krumlow, seine grauenvollen Vorahnungen sind berechtigt, er kämpft umsonst dagegen an, denn es geht hier nicht um einen Schwermutsanfall, sondern um ein übersinnliches Phänomen, das den Vater medial mit seinem ältesten Sohn verbindet.
Rudolfs illegitime Söhne haben schlechte Veranlagungen, besonders Don Julius oder Giulio, Cesare d'Austria. Der Kaiser hat ihn auf die legendäre Burg Rosenberg geschickt, die lange mit der von Prag konkurriert

hat. Hier hat es von Alchimisten und Künstlern gewimmelt, die Engländer Dee und Kelley haben ihre ersten Schritte in Böhmen getan, Florine wurden in der Erde vergraben, um Gold wachsen zu lassen. Wie in Prag bildet die Burg eine richtiggehende Stadt für sich, die aus vierzig Gebäuden besteht, deren größtes dem Inventar aus dem Jahr 1600 zufolge neunundachtzig Zimmer hat.[1] Von der Stadt aus erreicht man die Burg, die sich um fünf Höfe herum gruppiert, zu Fuß, zu Pferde oder mit der Kutsche. Es ist eine ebenso abgeschlossene Welt wie Rudolfs Hradschin mit dem Veitsdom, den Stallungen für fünfhundert Pferde und den Nebengebäuden: Werkstätten, Scheunen, Eishäuser, eine Apotheke, ein Krankenhaus für die Dienstboten, eine Schmiede, eine Meierei, eine Käserei, eine Brauerei, verschiedene Lagerräume, eine Pulverkammer und eine Waffenkammer. Sie ist außerdem ein riesiger Wirtschaftsbetrieb, von dem zahlreiche Ländereien mit Karpfen- und Hechtteichen abhängen, Mühlen, Silberminen. Im Mittelalter gehörte die Burg den Herren von Vítkovic, die den Adelssitz Krumlow gründeten, danach den Rosenbergs, die ihr ab 1302 zu gewaltigem Aufschwung verhalfen.

Dem Alchimisten Wilhelm ist es zu verdanken, daß das Kastell zum reichsten und mächtigsten Herrensitz Böhmens wurde. Im Jahre 1591, ein Jahr vor seinem Tod, besaß Wilhelm dreizehntausend Hörige, die kleine Bauernhöfe bewirtschafteten; er unterhielt einen regelrechten Hofstaat und ließ ausländische Künstler und Alchimisten für sich arbeiten. Wilhelm ließ die mittelalterliche Festung in ein Renaissanceschloß nach italienischem Stil umwandeln und neue Gebäude errichten, und auf ihn geht auch die Umgestaltung in eine um quadratische Höfe mit ockerfarbenem und schwarzem Bossenwerk in Trompe-l'œuil-Malerei herumgruppierte, regelmäßige Flügelanlage zurück. Aber der mit dem Orden vom Goldenen Vlies ausgezeichnete ruhmreichste unter den Prager Burggrafen starb kinderlos trotz seiner vier Ehen, und so kaufte Rudolf II. 1601 Peter Wok, dem Bruder Wilhelms und letzten derer von Rosenberg, die Burg ab.

Indem er Don Julius auf dieses außergewöhnliche Besitztum schickt, gibt der Kaiser diesem degenerierten Sohn die Möglichkeit, in fruchtbaren Wettstreit mit ihm zu treten.

Zur Zerstreuung geht Julius mit seinen wilden Hunden zur Jagd. Das Töten gefällt ihm, die Kunst des Tierezerlegens beherrscht er meisterlich, er liebt den Geruch von Blut. Er hat sich in den Kopf gesetzt, Tiere auszustopfen, und besitzt bereits Hunderte von Häuten. Aber so geschickt er sich beim Zerlegen einer Hirschkuh anstellt, wenn er sie häutet und abzieht, das Fleisch von den Knochen trennt, mit der Messerspitze die Gelenke freilegt, Schultern und Becken und Beine entbeint, Stücke zurechtschneidet und mit chirurgischer Präzision Keulen auslöst, so wenig versteht er von der Konservierung der Teile. Die Tiere verwesen und werden fortgeworfen, er beginnt von neuem. Wenn er am Abend von der Jagd nach Hause kommt, widmet er sich beim Feuer anderen Spielen, und seine Jagdgenossen leisten ihm bei seinen Ausschweifungen Gesellschaft. Die Bevölkerung fürchtet sich vor der Burg, seit der Sohn des Kaisers darin wohnt.

Eines Tages begegnet Don Julius der Baderstochter Markéta, die über die fürchterlichen Gerüchte Bescheid weiß, die über ihn im Umlauf sind. Sie läßt sich auf ihn

ein, er nimmt sie mit auf sein Pferd und reitet mit ihr zur Burg.
Der Sohn des Kaisers zieht die Baderstochter in ein dunkles Zimmer hinter sich her, das mit Messern und Gewehren und stinkenden, dilettantisch gegerbten Häuten angefüllt ist.
Der Sohn des Kaisers reißt Markéta die Kleider vom Leibe. Sie entkommt ihm, er fängt sie wieder ein, sie wehrt sich, widersteht ihm mit aller Kraft, dann verlassen sie ihre Kräfte. Sie betet nicht mehr, bittet nicht mehr um Gnade, ruft nicht mehr um Hilfe, denn niemand wird ihr zu Hilfe kommen. Er, der Herr von Krumlow, kann sie im Turm anketten, dem Hungertod ausliefern, sie irgendwo in den zwölf Stockwerken seiner Verliese ihrem Schicksal überlassen, sie in die Moldau werfen, in einem Tümpel ertränken, sie zerlegen und ausstopfen.
Er wirft sie auf eine der gegerbten Häute, stürzt sich wild auf sie und vergewaltigt sie. Als Julius bei Morgengrauen einschläft, flieht Markéta in den eisigen Morgen hinaus. Julius erwacht und verfolgt seine Beute wütend mit seinen Hunden, er wird die Flüchtige zur Rache von ihnen zerfleischen lassen. Schließlich findet er sie ohnmächtig bei einem Teich, nimmt sie mit zurück und bestraft sie.
Die Bediensteten hören die Schreie, aber sie zögern, den Kaiser zu unterrichten. Nach einem Monat befinden sie, daß ihr Herr der gewalttätigen Wollust genug gefrönt hat, und helfen ihr zu entkommen. Es gelingt ihr, das Haus ihrer Eltern zu erreichen, in dem sie sich versteckt.

Als Julius sie trotz aller Anstrengung nicht finden kann, nimmt er den Bader als Geisel, den er bluten lassen wird, wenn die Tochter nicht zu ihm zurückkommt. Um ihren Mann zu retten, beschwichtigt Markétas Mutter ihre Tochter, es gebe viele Frauen, die Schläge bekämen, und bei ihr stammten diese immerhin vom Sohn des Kaisers. Markéta fügt sich in ihr Schicksal, steigt zur Burg hinauf und liefert sich ihm aus. Wie versprochen läßt Don Julius ihren Vater wieder frei, und Markéta folgt ihrem Henker die Treppe hinauf, die durch den überwölbten Korridor zu dem Zimmer führt.

Als am nächsten Tag die Tür aufgebrochen wird, findet man Markéta zerlegt, mit ausgestochenen Augen, zerbrochenen Zähnen, abgeschnittenen Ohren in Stücken über das ganze Zimmer verteilt, und der nackte, von Blut und Exkrementen bedeckte Julius sitzt dazwischen, weint, brüllt und umarmt ihre Überreste.

Die Bediensteten sperren ihn in ein Zimmer und lassen Gitterstäbe vor den Fenstern anbringen. Niemand hat den Mut, dem Kaiser die Wahrheit mitzuteilen, darum beschönigen sie die Tat: Der Markgraf hat bei einem epileptischen Anfall seine Mätresse umgebracht.

Am 8. März, einige Wochen nach der Tragödie von Krumlow, spricht Bischof Khlesl in Prag vor. Rudolf II. hat ihn zu sich gerufen, als sein Bruder Anspruch auf die ungarische Krone erhob und der Bischof Truppen mobilisierte, um seine Forderung zu unterstützen. Damals fühlte der Kaiser sich stark genug, den Bischof zur Umkehr zu bewegen. Nachdem aber sein Sohn seine Geliebte ermordet und seinen Verstand verloren hat, fühlt er sich außerstande, Khlesl gegenüberzutreten. Die Audienz findet erst am 17. Juni statt.

Der Kaiser bittet ihn um Mitgefühl und Milde, aber Khlesl erwidert, daß die Ungarn sich nicht mehr als seine Untertanen betrachten und er deshalb Matthias die

Krone überlassen müsse, wenn er einen Krieg vermeiden wolle.
Rudolf II. erklärt, daß Matthias, der in den Niederlanden gescheitert ist, den Krieg gegen die Türken verloren und unter Unterzeichnung entwürdigendster Verträge kapituliert hat, nicht in der Lage ist zu regieren.
Der Krieg ist also unvermeidlich. Matthias führt seine Truppen an.
Der Regensburger Reichstag geht auseinander, nachdem Rudolf II. die geforderten Kredite verweigert worden sind. Die protestantischen Fürsten schließen sich zur Protestantischen Union zusammen, die Katholiken antworten mit der Katholischen Liga. Es ist alles bereit für den Religionskrieg.
Matthias fällt in Moravien ein und zerstückelt das Reich.
Rudolf II. hat kein Geld mehr und keine Truppen, er will fliehen, obwohl er weiß, daß niemand einen gefallenen Monarchen aufnimmt und selbst der treue Kurfürst von Sachsen sich weigert, ihm Asyl zu gewähren.
Der Kaiser versucht, Matthias aufzuhalten, und schickt ihm Geld durch den Spanischen Botschafter. Matthias will aber kein Geld, sondern die Kronen. Rudolf überläßt sie ihm, mit Ausnahme der Krone von Böhmen.
Matthias rückt einmal mehr mit seinen Soldaten vor.
Im Geheimen Rat auf dem Hradschin wollen die einen den Widerstand vor den Toren der Hauptstadt organisieren, die anderen weigern sich, ihren Platz zu räumen.
Währenddessen stellt Matthias, der seinen Vormarsch für Verhandlungen unterbrochen hat, immer unverschämtere Forderungen. Zusätzlich zu den Kronen will er jetzt vierhunderttausend Gulden; ohne die Zustimmung des böhmischen Landtags kann er aber seinem Bruder die Wenzelskrone nicht entreißen.

Rudolf II. glaubt, daß der Adel ihm treu sein und der Landtag Matthias Einhalt gebieten wird. An diese Hoffnung klammert er sich und beruft am 23. Mai 1608 den Landtag ein. Man jubelt ihm zu, verspricht den Protestanten, die Frage der Religionsfreiheit zu überdenken, und verweigert Matthias die Krone von Böhmen.
Kurz darauf erfährt Rudolf vom Selbstmord seines Sohnes, dem es gelungen ist, sich trotz aller Sicherheitsvorkehrungen aus dem Fenster zu stürzen.
Ein Jahr später greifen die Protestanten, die in der Frage der Religionsfreiheit keine Genugtuung bekommen haben, zu den Waffen. Zur großen Enttäuschung von Leopold, dem jungen Erzherzog und Bischof von Passau und Straßburg, gibt Rudolf II. ihnen nach.

Der Enteignete

Leopold, der ehrgeizige und unternehmungslustige Vetter Rudolfs II., träumt davon, an seiner Seite eine ähnliche Rolle zu spielen wie der Bischof von Wien bei Matthias: Am liebsten möchte er den Harnisch über sein Chorhemd stülpen und den eisernen Handschuh des Kriegsherrn über den Bischofsring streifen. Die passende Gelegenheit, um dies in Angriff zu nehmen, bietet sich mit dem Tod von Johann Wilhelm dem Guten, Herzog von Kleve, Jülich und Berg, Graf von Mark und Ravensberg, Freiherr von Ravenstein. Diese Gebiete sind der neuralgische Punkt für das Gleichgewicht des Abendlandes und lebenswichtig für Frankreich, das seit der Hunnenzeit immer wieder Einfälle über die Rheingrenze erleiden mußte und bestrebt ist, diese kleinen Besitztümer nicht den Habsburgern zufallen zu lassen, die bereits in Spanien und den Niederlanden herrschen. Eben dieses Herzogtum will Leopold unter Zwangsverwaltung stellen und bittet Rudolf II., ihm die nötigen Mittel für sein Vorhaben zu gewähren.

Der Kaiser dagegen hält diese Idee für gefährlichen Leichtsinn, ausgerechnet zu dem Zeitpunkt, da Heinrich IV. seine Truppen zusammenzieht in der Überzeugung, daß die religiösen Unruhen in den deutschen Landen einer großen nationalistischen Bewegung vorausge-

hen, die die Hegemonie der Habsburger in Europa bestätigen wird. Leopold verspricht, ihm die vergangene Größe zurückzugeben, und bietet ihm die Kraft, die die Jahre ihm geraubt haben. Rudolf II. erkennt in ihm nicht den ehrgeizigen Bischof und Hitzkopf, gibt sich dem Traum hin und gewährt Leopold die Hilfsgelder.
Leopold hebt eine kleine Armee aus und marschiert in Jülich ein. Heinrich IV. zieht seine Truppen zusammen.
Rudolf begreift zu spät, daß Leopolds Unternehmen selbstmörderischer Wahnsinn ist, der den Krieg beschleunigen könnte wie das Quecksilber das Meisterwasser bei der Transmutation. Darum schickt er den Grafen von Hohenzollern aus, um dem König von Frankreich zu versichern, daß er keinerlei kriegerische Absichten nährt. Heinrich IV. scheint sich mit dieser Erklärung zufriedenzugeben und sammelt gleichzeitig weiterhin seine Truppen um sich.
Der Befehlshaber der französischen Vorhut, der Herzog von Pouillon, marschiert auf Kleve. Heinrich IV. konzentriert seine Nordarmee in Châlons: zwanzigtausend Mann und viertausend Pferde, eine Spende, die England am 20. März 1610 noch dadurch unterstreicht, indem es zusätzlich viertausend Männer zur Verfügung stellt.
Am 22. März hält Heinrich IV. Kriegsrat.
Rudolf II. sucht mit seinen letzten Getreuen nach einer Möglichkeit, den König von Frankreich auf diplomatischem Weg aufzuhalten, denn im bewaffneten Kampf wird er ihm wohl kaum standhalten können.
Heinrich IV. kündigt an, daß er sich am 19. Mai 1610 an die Spitze seiner Truppen setzen und angreifen wird. Am 14. Mai lassen die spanischen Agenten der Habsburger den König von Frankreich durch Ravaillac ermorden.
Der Tod des Königs bringt den Vormarsch seiner Armee

zum Halten, aber die Truppen der Protestantischen Union greifen Leopold an, der nach Passau flieht, um von dort aus zum Kaiser zu eilen und ihm nahezulegen, sofort eine Armee auszuheben, denn er kennt zwei Offiziere, die bereit wären, Soldaten anzuwerben. Rudolf II. gibt nach. Oberst Ramée, einer der beiden Werber, treibt zwölftausend Säufer in Passau zusammen.
Die Protestanten haben nicht vergessen, daß Belgiojoso in Ungarn ebensoviele Ketzer wie Moslems massakriert hat. Diesmal sind sie sich ausnahmsweise einig mit Matthias und bitten den Kaiser, die Söldner wieder fortzuschicken. Leopold versucht mit aller Macht, Rudolf II. zu beweisen, daß sie sein einziger Schutz sind, und der Kaiser gibt erneut nach.
Die böhmischen Stände verweigern der Armee hartnäkkig die Genehmigung zum Einmarsch, und der Herzog von Braunschweig erhält Erlaubnis, sie zu entlassen. Ramée erwidert, daß er seine Leute verabschieden wird, sobald er sein Geld erhalten habe. Aber der Kaiser hat kein Geld. Unruhe kommt unter den Soldaten auf, und Ramée führt die Truppe nach Österreich, wo er ihr das Land zum Plündern freigibt.
Matthias beschuldigt Rudolf II., ohne Kriegserklärung gegen ihn zu kämpfen, und droht gegen Prag zu marschieren. Um einen Krieg zu vermeiden, lassen die Stände die Söldner nun doch ins Land, und im Februar 1611 schlägt Ramée am Weißen Berg vor Prag sein Lager auf, wo Leopold zu ihm stößt. Nun zweifelt der Kaiser nicht mehr daran, daß der ehrgeizige Bischof mit den Söldnern insgeheim seine Krönung zum König von Böhmen plant.
Mit wachsender Unruhe beobachten die Protestanten, wie auch in der Stadt immer mehr Soldaten auftauchen.

Der Kaiser kann nichts mehr zu ihrem Schutz tun. 1609 hat er ihnen einen Majestätsbrief gewährt, in dem er ihnen Religionsfreiheit zugestand, aber nun hat er diese von einem gierigen Säufer und einem fanatischen Bischof angeführte Armee von Halsabschneidern zusammengezogen. Selbst in Gefahr, hat er sich vor der Welt in seine Burg verkrochen und ist nicht mehr imstande, sie zu verteidigen.

Die Protestanten greifen zu den Waffen. Ramée bereitet sich zum Angriff vor. Die Ständevertreter steigen zum Schloß hinauf und unterbreiten dem Kaiser ihre Bitte, er möge Ramée fortschicken. Rudolf geht darauf ein, aber es ist zu spät, die Söldner gehorchen weder den Ständen noch dem Kaiser. Sie haben ihre Rüstungen wieder angelegt, verlassen das Lager und ziehen zur Brücke über die Moldau, um den Turm am linken Ufer zu überfallen. Die Protestanten verteidigen ihn mutig und werfen die Angreifer zurück, aber es gibt Verletzte. Aus Rache greifen sie die Klöster an, ermorden die Mönche von Maria Schnee, plündern die Kirche und brennen sie nieder.

Als die Schlacht vorbei ist, steigt Leopold zum Hradschin hinauf, versichert, daß Prag bald in seiner Hand sein werde und daß man den Söldnern die Stadttore öffnen müsse, um ein Blutbad zu vermeiden. Rudolf II. weigert sich. Die Stände erklären sich bereit, Ramée auszuzahlen, damit er seine Leute abzieht; aber Ramée will das Lager nicht abbrechen. Der Kaiser weiß nicht, wie er der selbstgelegten Falle noch einmal entkommen soll.

Der Nuntius und der spanische Botschafter ziehen mitsamt Gefolge aus ihren Palais aus und laufen zu Matthias über, Oberst Ramée wird nun klar, daß Leopold niemals

König sein wird. Am 8. März 1611 macht er sich unter Mitnahme der Kasse mit seiner Kavallerie davon. Am 10. zieht auch Leopold mit den übrigen Soldaten ab.

Der Kaiser hat seine Macht verloren, alle haben ihn verlassen. Matthias setzt sich an die Spitze seiner Truppen. Aus Respekt vor dem Kaiser bemüht sich der Herzog von Braunschweig, ihn aufzuhalten. Aber Rudolf II. hat jegliche Unterstützung verloren; der Nuntius und der spanische Botschafter verbünden sich mit Matthias, der gegen Prag zieht.

Nun beginnt der eigentliche Leidensweg des Kaisers. Völlig vereinsamt und von seinen Ministern und Gesandten im Stich gelassen, bereitet er sich darauf vor, Prag ebenfalls zu verlassen.

Kepler, Hans von Aachen und eine Handvoll Künstler und Astrologen, die in Prag geblieben sind, sehen mit Bestürzung der Zukunft entgegen. Was wird aus ihnen werden, wenn man den Kaiser entthront? Rudolf II. hat sie stets mit Zeichen seines Wohlwollens überhäuft, bei ihm durften sie ihre Künste ausüben, er übertrug ihnen zahllose Aufträge, verteidigte sie gegen ihre politischen und religiösen Feinde. Kein anderer Monarch wird sie je wieder so behandeln, darum wollen sie nicht, daß diese Herrschaft zu Ende geht.

Rudolf II. will es auch nicht. Die Hofschranzen, Speichellecker und Spione haben das Weite gesucht, um ihn sind nur noch die wenigen Menschen, die er liebt. Er beschließt, weder sie noch Prag zu verlassen.

Matthias marschiert in Böhmen ein und schlägt vor Prag sein Lager auf. Rudolf II. kann ihm keinerlei Widerstand entgegensetzen, und da er nicht behalten kann, was sein Bruder ihm entreißen will, schickt er seinen Knappen zu ihm, um ihn in die Stadt zu laden.

Matthias reagiert darauf nicht. Er läßt sich von den Ständen huldigen, als gäbe es keinen Kaiser mehr, und am 24. März 1611 hält er in einem scharlachroten Gewand im ungarischen Stil feierlichen Einzug.
Rudolf II. hat sich in seinen Gemächern eingeschlossen und verfolgt das Herannahen des Zugs über die Karlsbrücke und die Anhöhe zum Schloß hinauf. Reglos wie ein in die Enge getriebenes Tier sieht er zu, wie die glitzernde Eskorte den Hradschin erklimmt und sich über die Gärten und Höfe und Gebäude verteilt. Matthias läßt an allen strategisch wichtigen Punkten Schildwachen und Soldaten aufstellen, die Rudolf II. wie einen Gefangenen bewachen. Wie bei seiner »Einladung« an Matthias beweist der Kaiser noch einmal den Mut der Verzweiflung und schlägt ihm nun vor, ihm »in aller Freundschaft« die böhmische Krone zu überlassen. Soviel Edelmut läßt die allgemeine Einstellung noch einmal umschwenken; Matthias steht plötzlich als Grobian da, der sich nicht damit zufriedengibt, den Kaiser zu besiegen, sondern ihn auch noch erniedrigen will.
Nachdem er wieder die Sympathie seiner Untertanen genießt, gibt sich Rudolf der allerletzten Illusion hin. Er muß den Reichstag wieder einberufen und redet sich ein, daß der ihm treue Adel sich auch diesmal weigern wird, Matthias die Krone zu übertragen.
Am 12. April tagt der Reichstag in seiner Abwesenheit und erkennt Matthias als König von Böhmen an. Rudolf II., der Entthronte, fällt in eine tiefe Ohnmacht. Um einen König seiner Krone zu berauben, muß man ihn töten. Prag, das einen Usurpator ins Amt berufen hat, bringt also seinen legitimen Herrscher um.
Wien hat sich an Rudolf II. gerächt, Prag verrät ihn, und er ruft Gottes Zorn auf diese Stadt herunter.

Am 23. Mai, zu Pfingsten, setzt sich Matthias die Krone aufs Haupt. Danach heiratet er Anna von Tirol.
Rudolf II. zeigt sich bei keiner der Festlichkeiten. Er verläßt nicht mehr seine Gemächer, denn er will nicht seiner eigenen Tötung beiwohnen. Er haßt den Lärm, und Matthias, der von nun an im Hradschin regieren wird, hat den Befehl erteilt, sämtliche Bewegungen in den Gärten mit Gewehrsalven anzukündigen. Der Hradschin hat sich in eine Kaserne verwandelt, und der gefangene Kaiser flüchtet sich in seine Schatzkammer, nun regiert er nur noch über seine Galerien.
Der Leidensweg ist noch nicht zu Ende. Rudolf II. redet sich ein, daß sein Bruder vergessen wird, ihm das Kaiserreich abzuverlangen, wenn er sich nur klein genug macht. Matthias bestimmt, daß ein vorläufiger Reichstag über die Rechtmäßigkeit seines Anspruchs entscheiden soll. Obwohl alle das Zusammentreten des Reichstags begrüßen, weigert sich Rudolf, Matthias zu seinem Nachfolger zu bestimmen, und er erkrankt bei der Aussicht, daß man ihn dazu zwingen könnte. Matthias weiß, daß sein Bruder an den Gelenkproblemen leidet, die mit dem dritten Stadium der Syphilis auftreten, daß seine Nieren zerstört sind, seine Ostitis unheilbar ist und er nicht mehr lange leben wird.
Aber Matthias, der sein Leben lang gewartet hat, wird vom Haß zerfressen und beschuldigt seinen Bruder, er versuche ihn zu behexen und sich den dunklen Praktiken der schwarzen Magie hinzugeben, um ihn in seinen Bann zu schlagen. Erzählt man sich nicht auch, daß er in einer künstlichen Grotte im Königlichen Hof eine Sammlung ganz anderer Art aufbewahrt, daß er sich nämlich dort Mädchen hält, die seine Kammerdiener in der ganzen Welt für ihn zusammenrauben, sie, hinter

einem Musselinvorhang versteckt, wie ein richtiger orientalischer Satrap beobachtet, während sie nackt in einem mit Mosaiken verzierten Becken baden? Diesen ehemals sinnenfrohen Bruder haßt Matthias ebenfalls. Tag und Nacht verfolgt Rudolf II. die Angst, selbst die Sitzung eröffnen zu müssen, bei der man ihn enteignen wird.

Das Metall Saturns

Karl V. hat einst seinen Nachfolger selbst bestimmt und, obwohl er freiwillig abdankte, darunter gelitten, seine Besitztümer abgeben zu müssen. Rudolf aber, der unter Zwang auf seine Ämter verzichtet, leidet um so mehr, als Matthias ihm vor den Augen der Öffentlichkeit seinen Purpur dreifach entreißt.

Man schreibt den 16. November 1611. Es ist der Totenmonat, in dem einst auch die Krönung stattfand. Der Löwe von Böhmen ist nur noch ein armseliger Stier in der Arena, der auf den Todesstoß wartet.

Das Erscheinen des Kaisers in Trauerkleidung nach spanischem Zeremoniell löst mitleidiges Gemurmel aus, aber Matthias hat die Situation im Griff, und der Kurfürst von Mainz erklärt, daß die unausweichliche Wahl eines römischen Königs keinesfalls eine Beeinträchtigung der Ehre des Kaisers darstelle.

Als Rudolf II. ohnmächtig zu Boden fällt, verkünden mehrere Zuschauer, daß sie nicht gekommen seien, um einem Totschlag beizuwohnen. Als der Kaiser wieder zu sich kommt, murmelt er, es sei ihm bewußt, daß niemand seine Souveränität verletzen wolle, daß er sich in seiner jetzigen Verfassung aber lieber zum Nachdenken zurückziehen würde.

Diese Taktik hat schon öfter funktioniert; um dem Unvermeidlichen zu entgehen, beschwört er die Fürsten der Protestantischen Union, sich gegen Matthias zu stellen, und verspricht ihnen, eine protestantische Prinzessin zu heiraten – ein letztes klägliches Aufbäumen von traumwandlerischer Zielsicherheit, denn der Papst fürchtet, er könnte am Ende noch konvertieren.

Rudolf II. wohnt nicht mehr im Königsschloß, er ist ins Belvedere verbannt, den Sommersitz der Königin Anna, und wird von nun an durch die tiefe Schlucht des Hirschgrabens von seinem Bruder getrennt sein. Er regiert nur noch über die Blumenbeete des Sommergartens, den Tattersall, das Ballhaus und die Löwengrube.

Wo ist der sechzehnjährige Erzherzog geblieben, der er einmal war, dieser in Spanien erzogene junge Prinz, der von Alonzo Sánchez Coello für die Ahnengalerie gemalt wurde? Der rassige, elegante Erzherzog von damals ist zu einer Karikatur, zu einem schmerbäuchigen Wesen verkommen, das die Künstler nicht geschont haben.

Hans von Aachen[1] hat ihm das Gesicht eines Fauns gemalt, mit weicher Haut, einer langgezogenen Nase, die linke Hand auf der Krone, den Oberkörper in einen Harnisch gezwängt, den er nur bei Paraden getragen hat, die geschwollenen Beine in schwarzer Strumpfhose und dazu helle Satinschuhe mit Schleifen, die den burlesken Eindruck perfekt machen. In der *Allegorie auf die Türkenkriege*[2] ist sein Gesicht noch aufgedunsener, die Nase droht nach innen zu sacken, und die Haut scheint als Tasche für das zusammengefallene Fleisch zu dienen. Rudolf II. will auch die Büsten von Adriaen de Vries nicht mehr sehen, bei denen sein birnenförmiges Gesicht in die Hängebacken hinabzutropfen scheint.[3] Arcimboldos magischer Pinsel, der ihn aus Birnen und Melonen bestehen ließ, hat recht behalten. Aber auch ihn haßt Rudolf jetzt, er will nicht mehr an diese Porträts erinnert werden, die seinen Niedergang dokumentieren. Die einzige Darstellung von sich, die er noch ertragen kann, ist das bronzene Reiterbildnis von Giovanni da Bologna, in dem sein Gesicht barock verfremdet und beinahe martialisch schön erscheint.

Im Winter wird Rudolf II. krank, seine Beine schwellen an.

Er weigert sich, das Bett zu hüten, denn er will trotz des Verbots der Ärzte noch einmal seine Sammlungen betrachten und dem sterbenden Löwen einen Besuch abstatten.

Das ist das Ende. Am Abend sind seine Beine so stark angeschwollen, daß er die Stiefel nicht mehr abstreifen kann; am nächsten Morgen kann er nicht aufstehen. Das Leder schneidet ihm in die Waden, die immer mehr aufquellen, das Blut zirkuliert nicht mehr, die Schmerzen sind unerträglich.

Rudolf II. weist die ärztlichen Verschreibungen zurück und schluckt nur ein paar Tropfen eines von dem schottischen Alchimisten Alexander Sethon gebrauten Elixiers, eine Mischung aus Bernstein und Bezoar, die er in einem kleinen Silberflakon über der Brust verwahrt. Plötzlich verstummen seine Schmerzensschreie, der Sterbende lächelt und weigert sich, einen Priester kommen zu lassen. Er empfiehlt selbst seine Seele seinem Gott.

Am 20. Januar 1612 stirbt er im Alter von sechzig Jahren. An seinem Totenbett wachen nur zwei Kammerdiener.

Die Nachricht von seinem Tod wird zunächst zurückgehalten, aber dann sickert sie doch nach draußen. Nun erinnert sich Prag daran, daß man Rudolf einst den »guten Herrn« nannte; der Verlust dieses Kaisers, der seiner Kronen beraubt und ein Gefangener im eigenen Schloß war, ist ein grauenvolles Vorzeichen. Man weiß auch, daß der verstorbene Kaiser seine Hauptstadt verwünscht und seinen Fluch nicht mehr zurückgenommen hat.

In der Bevölkerung wächst die Angst, als sie erfährt, daß Matthias Rudolfs Schatten fürchtet und sich nicht in die Nähe des Leichnams traut. Anna von Tirol, seine Frau, setzt sich über die Feigheit ihres Ehemanns voller Verachtung hinweg und betet lange in der Kapelle für den Seelenfrieden des Verstorbenen. Auch der Klerus betet. Der Kaiser wird feierlich in einem Sarg aus Blei, dem Metall Saturns, zu Grabe getragen werden.

Sein Treubruch hat Matthias nicht viel eingebracht. Er starb im Jahre 1619 unter der Last der usurpierten Kronen und in dem Wissen, daß nach dem Prager Fenstersturz im Jahre 1618 der Religionskrieg, der Dreißigjährige Krieg mit all seinen Verheerungen, der Entvölkerung ganzer Landstriche und mit den damit einhergehenden Grausamkeiten die Länder verwüsten würde, die er ihrem legitimen Herrscher entrissen hatte.

Anna war gestorben, ohne ihm einen Erben zu hinterlassen.

Anhang

Anmerkungen

Der Tod des Löwen

1 Das Goldmacher- oder Alchimistengäßchen ist zu Rudolfs Lebzeiten so schmal, daß man mit den Schultern an die Wände stößt. Da hier früher die Goldschmiede gewohnt hatten, nannte man diese Gasse Gold- oder Goldschmiedegäßchen, was zu der Verwechslung mit den Goldmachern führte. Seither ist die Gasse erweitert worden, damit die Touristen ungehindert den Burgkomplex besichtigen können.

2 Der Ritter Dalibor von Kozojedy hatte die aufständischen Leibeigenen in der Gegend von Leitmeritz unterstützt. Der Legende nach fand er die Einsamkeit und Stille in seinem Turmverlies so unerträglich, daß er verrückt zu werden glaubte und sich deshalb eine Geige bringen ließ. Anderen Quellen zufolge ist er mit seinem Geigenspiel für seinen Unterhalt aufgekommen. Wieder andere aber versichern, daß die Geige nichts mit den nächtlichen Konzerten zu tun hat, die sein Geist bei Vollmond im verzauberten Turm zu geben pflegt: Im Henkersjargon nämlich wird die Bank als Violine bezeichnet, auf der man die Gefangenen für die Folter festschnallt. Im Jahre 1498 fiel der Kopf des Ritters unter dem Beil des Scharfrichters.

3 Einer aufschlußreichen Variante nach hat der Mörder selbst um die Erlaubnis gebeten, Birgittas Überreste nachbilden

zu dürfen, auf daß sie allen, die sein Werk betrachten, zur Warnung vor der Eifersucht dienen mögen.

4 Diese beiden Gegenstände gehören zu den beachtetsten Kunstkammerstücken. Sie wurden 1988 bei der Essener Ausstellung »Prag um 1600« und 1995 bei der Ausstellung »Eros und Mythos« im Kunsthistorischen Museum Wien gezeigt, zu dessen Bestand sie auch gehörten (Inventar-Nr. 3259 und 6872). In Prag hat im Sommer 1997 die Ausstellung »Rudolf II. und seine Sammlungen« stattgefunden.

Die Geburt eines Erzherzogs

1 A. Morel-Fatio, Bulletin hispanique, Band XV, 1913, in Charles Quint, Collection Le Mémorial des siècles, Albin Michel, 1969, S. 80.

2 In seinen Memoiren erzählt Karl V. selbst, wie er die Ehe zwischen den Eltern Rudolfs II. arrangiert hat:
»Der Reichstag faßte also alle nur möglichen Beschlüsse, und da er bereits seit langer Zeit tagte, ergriff der Kaiser das Wort und machte ihm im Namen seines königlichen Bruders und der besagten Stände einen guten Vorschlag; danach ging der Reichstag zu Ende und jeder machte sich auf den Heimweg.
Bevor sich der König und Bruder des Kaisers (Ferdinand I.) auf den Weg machte, beschlossen Ihre Majestät die Heirat zwischen der ältesten Tochter des Kaisers (Doña Maria) und dem ältesten Sohn seines königlichen Bruders, der sich zur Zeit König von Böhmen nennt (der zukünftige Kaiser Maximilian II.); und da nun der Kaiser die Absicht und den Wunsch hegte, seinen Sohn, den Prinzen von Spanien (der zukünftige Philipp II.), holen zu lassen, auf daß er seine Länder kennenlerne und von seinen Vasallen erkannt werde, bat er seinen königlichen Bruder und seinen königlichen Neffen, sich wohlgeneigt zeigen zu wollen, daß besagter Neffe nach Spanien gehe, um zu heiraten und im Namen

des Kaisers dort bleibe, während sein Sohn, der Prinz, fort sei, um seine Königreiche zu regieren. Dem stimmten sie zu. Der erwähnte König von Böhmen verließ alsbald Augsburg, durchquerte Italien, um in Genua an Bord zu gehen, ging in Barcelona an Land und ließ sich mit der Postkutsche nach Valladolid bringen, wo die Hochzeit begangen wurde. Kurz darauf machte sich auch der römische König auf den Weg, um nach dem rechten zu sehen; der Kaiser verweilte noch einige Tage, um zu regeln, was es sonst noch zu tun gab.

Als aber alles beendet war, verließ der Kaiser die Stadt Augsburg unter Zurücklassung von zweitausend Soldaten, die in drei württembergischen Festungen in Garnison lagen, und nachdem er seine Truppen abgezogen hat, die nach Augsburg beordert worden waren. Nachdem er auf diese Weise für das allgemeine Wohl und Ordnung in den öffentlichen Angelegenheiten gesorgt hatte, machte er sich nach Ulm auf, wo er ebenfalls die Garnison auflöste, um einen Teil davon mit sich zu führen, danach zog er weiter nach Speyer und von dort aus am Rhein entlang nach Köln. Zum neunten Mal unternahm er nun schon diese Reise, und er kehrte zum achten Mal in die Niederlande zurück.

Der Kaiser stattete seiner Schwester, der Königin, einen Besuch ab und begab sich dann nach Brüssel, um sich um seine wie um die Angelegenheiten der niederländischen Stände zu kümmern.« (a. a. O., S. 266 f.)

Das Erbe Karls V.

1 Am 22. Februar 1530 empfängt Karl V. die eiserne Krone der Lombardei, und zwei Tage später setzt ihm Papst Clemens VII. die Krone des Heiligen Römischen Reiches deutscher Nation auf (man wird auf Napoleon I. warten müssen, damit erneut ein Papst einen Kaiser krönt). Der Konflikt zwischen Papst und Kaiser wird immer neue Nahrung

finden, vor allem, wenn es um die Einheit der Christen geht.

2 a. a. O., S. 343 ff.

Bestattungsfeierlichkeiten

1 Über den Tod Karls V.: Bruder Prudencio de Sandoval. *Historia de la vida y hechos del emperador Carlos V.*, hg. von Carlos Seco (1955) in der Biblioteca de Autores Españoles, Bd. LXXIX–LXXXII.

2 a. a. O.

Auf dem Weg zur Ketzerei

1 Ferdinand I., der Bruder Karls V., ist der Enkel Ferdinands II. von Aragon, des Katholischen, und der Sohn von Johanna der Wahnsinnigen und Philipp von Österreich, dem Schönen. Ferdinand ist mit Anna verheiratet, einer Jagellonin und Schwester und einzigen Erbin des Königs von Böhmen und Ungarn. Als sein Schwager im Kampf gegen die Türken bei der Schlacht von Mohács getötet wurde, folgte Ferdinand ihm als König nach. 1531 wurde er zum römischen König gewählt und konnte fortan auf die Nachfolge auf dem Kaiserthron hoffen.

Die spanische Schule

1 *Auto pública*, offizielle Bezeichnung des gebräuchlicheren Autodafé. Der Terminus ist portugiesischen Ursprungs. Zwischen dem 12. Mai 1314 und 1820, als das Heilige Offizium aufgelöst wurde, sind schätzungsweise 31 912 Personen verurteilt und befreit worden (d. h. im Sprachgebrauch der Inquisition, daß sie verbrannt wurden); 17 659 wurden in effigie verurteilt und verbrannt, 291 021 Menschen

schweren Strafen unterworfen. Das ergibt nach Llorente, der zum ersten Sekretär und Historiker des Tribunals wurde, eine Gesamtzahl von 340 592. Bartolomé Benassar hält diese Zahlen für weit übertrieben. In: *L'Inquisition espagnole, XVe–XIXe siècle*, Hachette, Paris 1979.

2 Zwischen 1555 und 1596, also auch zu der Zeit, als Rudolf in Spanien lebte, hat es fünfundvierzig Prozesse gegen Altchristen und etwa hundertzehn gegen ausländische Ketzer gegeben. Die meisten dieser Prozesse wurden gegen Menschen geführt, die ungeschickte Äußerungen getan hatten. Während der betreffenden Jahre wurden kaum ein halbes Dutzend Personen verbrannt. Philipp hat seinen Neffen wahrscheinlich zum Autodafé vom 17. Juni 1567 geschickt, weil sich die Inquisition schon im Jahr darauf nur noch mit der großen Revolte der Mauren in Granada beschäftigte und die Lutheraner in Ruhe ließ.

3 Brief Karls V. über die Inquisition, a. a. O.

4 Die Inquisition ist gegen alles vorgegangen, was der religiösen und politischen Einheit Spaniens schaden konnte: »Judaismus, Mohammedanismus, Protestantismus, Illuminismus/Molinismus, Hexerei, Aberglaube, Verbreitung von Behauptungen, Bigamie, sexuelle Vergehen, Vergehen gegen das Heilige Offizium«. Jean-Pierre Dedieu (*L'Administration de la foi. L'Inquisition de Tolède, XVIe–XVIIIe siècle*, Madrid 1989, S. 77) hat eine vereinfachte Liste der von der Inquisition verfolgten Delikte aufgestellt.

5 In: Henry Kamen, *Die spanische Inquisition*, München 1969.

6 Zwischen 1575 und 1610 wurden beim Tribunal von Toledo nur zweiunddreißig Prozent derjenigen, deren Vergehen die Folter gerechtfertigt hätten, ihr unterworfen. Vgl. Kamen, a. a. O.

Das Ketzergericht

1 Das Heilige Offizium von 1478, Synonym für die neuerstarkte spanische Inquisition, war ein Tribunal zur strafrechtlichen Verfolgung der Häresie, nicht zu verwechseln mit dem Heiligen Offizium der Kurie zur Verteidigung des Glaubens, das erst 1542 gegründet wurde. Hierbei handelt es sich um ein allgemeines Tribunal, das über die verschiedensten Lehrmeinungen entschied. Die Aufgabe dieses zweiten Heiligen Offiziums bestand darin, Schlimmeres zu verhindern, indem es neue Lehren verdammte und die Bestrafung ihrer Verbreiter an die jeweiligen Vertreter der Inquisition vor Ort delegierte.

Zwei Königreiche für Rudolf

1 Das Schwert Maximilians I. wurde 1496 von Hans Sumersperger geschaffen.
2 Utraquisten, vom lateinischen *utraque*, das eine wie das andere. In dem Begriff kommt die Forderung nach dem Abendmahl in beiderlei Gestalt zum Ausdruck.

»Caesar germanicus«

1 Der Mantel, den Friedrich II. aus dem Schatz der Könige von Sizilien auswählte, wurde 1133/34 in den königlichen Werkstätten zu Palermo für Roger II. geschaffen. Die Stikkereien zeigen einen Löwen über einem Kamel als Symbol königlicher Macht und eine Palme als Lebensbaum. Im 14. Jahrhundert kamen die deutsche Dalmatika und die italienische Stola hinzu, deren außergewöhnliche Form, die an eine römische Toga erinnert, auf die byzantinische Schärpe zurückgeht. Wien, Kunsthistorisches Museum.

2 Die Krone Ottos II. ist eine deutsche Arbeit aus der zweiten Hälfte des 10. Jahrhunderts aus acht abgerundeten Platten. Über der Stirnplatte, die etwas größer ist als die anderen, erhebt sich ein großes Kreuz, das unter Otto III. oder Heinrich II. hinzugefügt wurde. Der Fuß des Kreuzes ist durch einen unter Konrad II. ergänzten Hochbügel mit dem hinteren Teil der Krone verbunden. Das Oktogon ist das Symbol des himmlischen Jerusalem, in dem das Reich Christi Gestalt annehmen wird. Die zwölf großen Steine der Stirnplatte stehen für die zwölf Apostel gegenüber den zwölf Provinzen Israels. Am unteren Rand der Schläfenplatten wurden Gehänge befestigt. Wien, Kunsthistorisches Museum.

3 Der Reichsapfel ist eine Arbeit aus Köln vom Anfang des 13. Jahrhunderts.

Ein des Regierens müder Kaiser

1 Ferdinand wurde 1529 geboren und starb 1595.

2 Das Ainkürn gehört zum Bestand des Kunsthistorischen Museums in Wien.

3 Im Kunsthistorischen Museum in Wien.

4 In den Erinnerungen Karls V., a. a. O.

Der Moskowiter

1 Die orthodoxe Kirche richtet sich auch heute noch nach dem Julianischen Kalender. Weihnachten fällt demnach auf den 7. Januar.

2 Bis ins Jahr 809 sprechen alle Christen das Credo nach den Regeln des Konzils von Nizäa.
»Ich glaube (...) an den Heiligen Geist, den Herrn, den Spender des Lebens, der ausgeht vom Vater und wie der Vater und der Sohn angebetet und verehrt wird und der gesprochen hat zu den Propheten.«

Unter Karl dem Großen verändert das Aachener Konzil den Wortlaut in: »Ich glaube (...) an den Heiligen Geist, den Herrn, den Spender des Lebens, der ausgeht vom Vater und dem Sohn ...«
Selbst Päpste protestierten. Leo III. ließ das Credo auf Griechisch und Latein und ohne Zusatz auf Silbertafeln eingravieren, die er an der Fassade von Sankt Peter in Rom anbringen ließ (dem Vorgängerbau des heutigen Petersdoms).
In den Augen der östlichen Kirche stellt dieser Zusatz einen Widerspruch dar und verfälscht die einzelnen Funktionen der Dreieinigkeit, indem sie dem Heiligen Geist einen doppelten Ursprung zuspricht. Damit wird der Sohn selbst zum Vater und müßte selbst wieder einen Sohn zeugen.
Das »filioque« verbreitet sich auf dem Gebiet des Abendlandes.
Im 9. Jahrhundert beansprucht Nikolaus I. die Oberhoheit über alle Bistümer des Orients und Okzidents. Die Kirche von Konstantinopel stellt sich gegen diese monarchischen Ansprüche, die dem Geist der Heiligen Schrift und den Kirchenvätern widersprechen. Im Jahre 1054 kommt es zum Bruch, als die östliche und die westliche Kirche sich gegenseitig mit dem Bann belegen.
Das Schisma von 1054 wird durch andauernde Desinformation unterstützt, die durch die klare geographische Trennung erleichtert wird, die die Christen auf zwei abgegrenzte Territorien verteilt und zwei undurchlässige Blöcke entstehen läßt: Ein vorweggenommener eiserner Vorhang trennt das römische Papsttum von der russisch-orthodoxen Kirche, das gegenseitige Unwissen nimmt zu.
Diese Teilung macht die Christenheit verwundbarer für Angriffe von außen. Sie bildet keine gemeinsame Front mehr gegen den gemeinsamen Feind, den Islam.
Als zeitlich begrenzte Macht wird das Papsttum in einige katastrophale Unternehmungen hineingezogen. 1204 neh-

men die Kreuzfahrer Konstantinopel ein, plündern die Stadt und metzeln ihre Bewohner, alles griechische Christen, hin. 1231 richtet das Papsttum das Inquisitionstribunal ein, eine Rechtsinstanz, die bei den Orthodoxen unbekannt ist.

1378 wird die westliche Kirche vom großen Schisma verunsichert. Es gibt nun zwei Päpste, einen in Rom (Urban VI.) und den anderen in Avignon (Clemens VII.), und bald wird es sogar drei geben.

Hermes Trismegistos

1 In der *Traumnovelle* von Arthur Schnitzler, erschienen 1925.

2 Thomas Medicus gibt eine von morbider Lust nicht ganz freie Beschreibung einzelner Stücke in diesem Museum. In *Städte der Habsburger*.

3 Der zweite Prager Fenstersturz hatte damals noch nicht stattgefunden.

4 Der Veitsturm, der damals noch nicht fertiggestellt war. Rudolf II. hat zu seiner Errichtung beigetragen, ihn aber nie vollendet gesehen.

Scottos magischer Spiegel

1 Nach Philippe Erlanger hätte Rudolf II. Scotto mit sich nach Prag gebracht. Angelo Ripellino erklärt, der Magier sei erst am 14. August 1590 dort angekommen.

Das Große Werk oder »Asche bist du«

1 Die beiden Gemälde von Joris Hofnaegel befinden sich in der National Gallery of Art in Washington.

2 Hans Hoffmanns *Hirschkopf* hängt in Berlin-Dahlem in der Stiftung Preußischer Kulturbesitz, Kupferstichkabinett.

Der Herr der Schatten

1 Rudolfs Rüstung wird im Kunsthistorischen Museum Wien aufbewahrt.

Sammlungen

1 Die *Dame mit dem Hermelin* von Leonardo hängt heute in Krakau, der Correggio in Wien, Berlin und Rom; Parmigianinos *Selbstbildnis im konvexen Spiegel* in Wien. Sieben der neun Wiener Werke Dürers stammen aus Rudolfs Sammlung; die *Rosenkranzmadonna* von Dürer in Prag und sein Allerheiligenbild in Wien. Rudolfs Sammlung gotischer Kunst bildet den Grundstock der Sammlung in der Albertina.

2 Der von Rudolf so überaus teuer erkaufte *Ilioneus* geht bei der Auktion von 1783 für dreißig Groschen weg. Heute gehört er zu den bedeutendsten Stücken der Glyptothek in München.

3 Die *Gemma Augustea* befindet sich im Kunsthistorischen Museum Wien.

4 Wien, Kunsthistorisches Museum.

»Vertumnus« oder Die Transmutation durch den Pinsel

1 Der *Vertumnus* entstand um 1591 und hängt im Schloß Skokloster in Schweden. Übersetzung des Gedichts zitiert aus: Werner Kriegeskorte, *Giuseppe Arcimboldo*, Köln 1994.

2 Die *Vier Jahreszeiten*, von denen mehrere Versionen gemalt wurden, hängen heute in verschiedenen großen Museen oder sind in Privatbesitz. Eine komplette Serie besitzt der Louvre, Paris.
3 Die *Vier Elemente* wurden zuerst um 1566 gemalt. In Wien hängen sie in Privatbesitz in einer Version um 1570.
4 *Das Wasser*, 1566, Wien, Kunsthistorisches Museum.
5 *Das Feuer*, 1566, Wien, Kunsthistorisches Museum.
6 Die Umkehrbilder: *Der Koch*, um 1570, Stockholm, Privatbesitz; *Der Gärtner*, um 1590, Museo Civico, Cremona.
7 *Eva mit dem Apfel und Gegenüber*, 1578, Privatbesitz, Basel.

Vier Bräute für den Kaiser

1 Ein Privileg ähnlicher Art erlaubt dem Zaren, durch die Königspforte das Sanktuarium zu betreten und am Tag der Krönung die Kommunion zu feiern wie die Priester.
2 Rudolfs Krone trägt die Signatur Jan Vermeyens. Wien, Kunsthistorisches Museum.

Die Falle

1 Als Wien 1683 vor den Türken gerettet wurde, womit der große Rückzug der Türken aus Europa begann, war es Johann Sobiesky, dem König von Polen, endlich gelungen, dieses Bündnis von kaiserlichen Polen, Spaniern, Franzosen, Engländern, Italienern und Deutschen zu bilden. Der Adel dieser Länder setzte sich an die Spitze einer einzigen Armee, hielt die Türken auf und vertrieb sie schließlich.

Von Feinden umstellt

1 Das Inventar von Schloß Krumlow vom 14. März 1600 wurde von Wenzeslaus Brĕzan, dem Archivar und Historiker der Rosenbergs, aufgestellt.

Das Metall Saturns

1 Hans von Aachen, *Kaiser Rudolf II.*, Wellington Museum, Victoria and Albert Museum, Asplet House, London.
2 Hans von Aachen, Porträt Rudolfs II. in *Allegorie auf die Türkenkriege*, Germanisches Nationalmuseum, Nürnberg.
3 Adriaen de Vries, *Rudolf II.*, Bronzeguß 1607, Wien, Kunsthistorisches Museum. Die Gesichtszüge sind zunehmend entstellt.

Auswahlbibliographie

Im folgenden werden nur die in deutscher Sprache erhältlichen Titel aufgeführt:

Benno Geiger, *Die skurrilen Gemälde des Giuseppe Arcimboldo (1527–1593)*, Wiesbaden 1960.
Henry Kamen, *Die spanische Inquisition*, München 1969.
Werner Kriegeskorte, *Giuseppe Arcimboldo*, Köln 1986.
Juan Antonio Llorente, *Kritische Geschichte der spanischen Inquisition, von ihrer Einführung durch Ferdinand V. an bis zur Regierung Ferdinands VII.* Übersetzt und mit Anmerkungen von Johann Karl Hoech, Bd. 1–4, Gmünd 1819–1822.
Thomas Medicus, *Städte der Habsburger*, Hain 1991.
Karl Vocelka, *Rudolf II. und seine Zeit*, Wien 1985.

Außerdem:
Briefe und Acten zur Geschichte des dreißigjährigen Krieges in den Zeiten des vorwaltenden Einflusses der Wittelsbacher, Bd. 10: *Der Ausgang der Regierung Rudolf II. und die Anfänge des Kaisers Matthias. Bearbeitet von Anton Chroust*, München 1906.
Anton Gindley, *Rudolf II. und seine Zeit* 1600–1612, 2 Bde., Prag 1863 und 1868.
Robert A. Kann, *Geschichte des Habsburgerreiches 1526–1918*, Wien/Köln/Graz 1977.
Katalog: *Prag um 1600*. Kunst und Kultur am Hofe Rudolfs II. Ausstellung Kulturstiftung Ruhr, Villa Hügel, Essen 10. 6.–30. 10. 1988.

Katalog: *Rudolph II and Prague: The Court and the City*, Thames and Hudson, London 1997.
Joseph Maria Schneidt, *Vollständige Geschichte der römischen Königswahl Rudolph II. Beitrag zur Geschichte der Churfürstentage und von Königswählern*, Würzburg 1792.
Gertrude von Schwarzenfeld, *Rudolf II: Der saturnische Kaiser*, München 1961.
Ferdinand Seibt, *Karl V. Der Ketzer und die Reformation*, Berlin 1990.

Glossar

Adept: In die Formel des Großen Werkes eingeweihter Alchimist

Athanor: Destillationsapparat oder Verbrennungsofen

Basilisk: sagenhaftes Fabelwesen mit Schlangenschwanz. Es schlüpfte aus einem Ei, das von einem Hahn gelegt und von einer Kröte ausgebrütet wurde. Sein Blick war so tödlich, daß sogar das Untier selbst starb, wenn es sich im Spiegel betrachtete.

Katoptrik: die Lichtreflexion betreffender Teilbereich der Optik

Ei der Philosophen: Symbol für das Fruchtbarkeitsprinzip der Natur

Großes Werk: Transmutation von Metallen in Gold

Homunkulus: im Labor künstlich erzeugter Mensch. Paracelsus rühmte sich, einen Homunkulus geschaffen zu haben.

Inkubus: männlicher Dämon, der die Frauen mißbraucht – vorzugsweise im Schlaf

Alraune: mit keiner anderen Pflanze sind so viele abergläubische Vorstellungen verbunden. Es handelt sich um eine zweigeteilte, fleischige Wurzel, die an einen stehenden menschlichen Körper erinnert. Es gibt fünf verschiedene Sorten. Nach alter rabbinischer Tradition sprießt sie im irdischen Paradies. Griechen und Römer benutzten sie zur Herstellung von Liebeselixieren, um Sterilität zu heilen oder sich Reichtümer zu verschaffen. Im Mittelalter schnitzten Hexen sich die Alraunen für ihre Beschwörungen zurecht und rieben sich den Körper mit Alraunensalbe ein, bevor es zum Sabbat ging. Die Alraune wirkt nachhaltiger pupillenerweiternd als Belladonna.

Matras: sphärisches oder eiförmiges Behältnis aus Ton und Glas mit einem langen Hals

Mumie: natürliche Salbe, die nach Paracelsus das Gewebe erneuert

Nekromantie: Geisterbeschwörung. Anrufung der Toten, um durch sie die Zukunft zu erfahren. Nach mosaischem Recht ist es verboten, die Toten anzurufen. In Griechenland rief man die Toten mit Opferungszeremonien und Zaubersprüchen an. Dabei wurden Gebeine, Öl, Mehl, Honig und Blut eingesetzt zum gemeinsamen Mahl für die Lebenden und die Toten. Im kaiserlichen Rom gab es ähnliche Riten. Im Mittelalter wurden sie verboten und die Nekromanten verfolgt.

Stein der Weisen: Tinktur, die Metalle bei Kontakt in Gold verwandelt, wenn sie rein ist, in Silber, ist sie von minderer Qualität. Angeblich ist sie auch ein Heilmittel und wirkt lebensverlängernd. Die Tinktur wird aus einer Schwefel-Quecksilber-Verbindung gewonnen. Der Schwefel steht für Gold und ist männlich und ein Element der Sonne. Das Quecksilber entspricht dem Silber, ist weiblich und dem Mond zugeordnet. Jedes für sich genommen ist steril. Erst ihre mit Salz unterstützte Verbindung läßt Metalle entstehen. Deshalb begehen die Adepten die Operation wie eine Hochzeitszeremonie, bei der ein rot gekleideter König und eine weiß gekleidete Königin von einem Priester vereint werden.

Salamander: Im Mittelalter glaubte man, diese Lurche könnten im Feuer überleben.

Spagyrik: das bei alchimistischen Prozessen entstandene Quecksilber, das zur Erschaffung von Metallen diente

Medium: eine Person, die angeblich mit den Geistern in Kontakt treten läßt

Spiritismus: okkulte Wissenschaft, die die Lebensbedingungen des Geistes vor, während und nach seiner Inkarnation in einem irdischen Körper und die Regeln untersucht, nach denen sich die Geister den Lebenden eröffnen. Der Grundthese des Spiritismus zufolge besteht zwischen den Lebenden und den Geistern der Toten eine Verbindung. Die Geister treten in Erscheinung, um die Lebenden zu leiten und ihnen Rat zu spenden. Als Antwort auf die Fragen der Lebenden lassen leblose Gegenstände ein Klopfen vernehmen, der Geist malt etwas auf ein Stück Papier, fährt in den Körper des Mediums; sehende Medien haben Visionen, hörende Medien hören Stimmen, etwas materialisiert sich.

Sukkubus: Dämon, der weibliche Gestalt annimmt, um sich einem Mann hinzugeben

Transmutation: das Ziel des Großen alchimistischen Werkes. Sie beruht auf dem Prinzip der Einheit der Materie. Der Alchimist ging nach der trockenen und der nassen Methode vor. Ziel war die Erschaffung eines neuen Stoffes, des Steins der Weisen, der die Transmutation minderwertiger Metalle in Gold ermöglichte.

Turbith: Reizmittel mit abführender Wirkung

HABSBURG

Die Angaben (1), (2), (3) beziehen sich auf die Ehe, aus der das Kind hervorgegangen ist.
Die *kursiv** gesetzten Daten geben das Jahr der Eheschließung an und verweisen auf den Partner.

Leopold III. (1351 - 1386)
Herzog von Steiermark, Kärnten, Krain u.a.
∞ Viridis Visconti († 1414), Tochter von Bernabo Visconti,
Herzog von Mailand und Regina della Scala

Friedrich IV. (sic!) (1383 - 1439)
Graf von Tirol
∞ (1) Elisabeth von der Pfalz
∞ (2) Anna von Braunschweig

(2) Sigismund (1426 - 1496)
Herzog von Tirol (1439 - 1490)
∞ (1) Eleonore Stuart von Schottland
∞ (2) Katharina von Sachsen

Ernst (1377 - 1424)
Herzog
∞ (1) Margarete von Pommern († 1407)
∞ (2) Zimburg von Masowien (1394 - 1429)

(2) Friedrich V. (1415 - 1493)
Erzherzog von Österreich (1453),
als Friedrich IV. deutscher König (1440 - 1486) und als
Friedrich III. Kaiser des Heiligen Römischen Reiches (1452 - 1493)
∞ Eleonore von Portugal

Maximilian I. (1459 - 1519)
Herzog von Tirol (seit 1490), röm. König (1486 - 1519), Kaiser (1508 - 1519)
∞ (1) Maria von Burgund (1457 - 1482), Tochter Karls III.,
des Kühnen, Herzog von Burgund ∞ (2) Bianca Maria Sforza († 1510)

(1) Philipp I., der Schöne (1478 - 1506)
Erzherzog von Österreich, König von Kastilien (1504 - 1506)
∞ Johanna die Wahnsinnige von Aragon und Kastilien (1479 - 1555)
Königin von Kastilien (1504 - 1555) und Aragon (1516 - 1555)

Eleonore von Spanien
(1498-1558)
∞ (1) Emanuel I. (1469-1521)
König von Portugal
∞ (2) Franz I. (1494-1547)
König von Frankreich

Karl V. (1500-1558)
König von Spanien
(1516-1556)
Kaiser (1519-1558)
∞ Isabella von Portugal
(1503-1539)

6 Kinder, darunter:

Philipp II. (1527-1598),
König v. Spanien (1556-1598)
König v. Portugal (1580-1598)
∞ Maria v. Portugal (1527-1545)
∞ Maria I. die Katholische
(1516-1558)
Königin von England
∞ Elisabeth v. Valois (1545-1568)
∞ Anna v. Österreich (1549-1580)

Johanna
(1535-1573)
∞ Johann v. Portugal
(1537-1554)

Sebastian
(1554-1578)
König v. Portugal
(1557-1578)

Maria
(1528-1603)
*1548**

Isabella von Burgund
(Elisabeth von Dänemark)
(1501-1526)
∞ Christian II.
(1481-1559)
König von Dänemark

Ferdinand I. (1503-1564)
König von Ungarn (1526-1562) und
Böhmen (1527-1563), röm. König
(seit 1531), Kaiser (1558-1564)
∞ Anna von Ungarn-Böhmen
(1503-1547)

15 Kinder, darunter:

Maximilian II. (1527-1576)
Kaiser (1564-1576)
*1548**

Ferdinand (1529-1595)
Herzog v. Tirol (1563-1595)
∞ (1) Philippine Welser
∞ (2) Anna-Katharina Gonzaga

(2) Anna von Tirol
(1585-1618)
∞ Kaiser Matthias
(1557-1619)

Anna (1528-1590)
∞ Albrecht V.
von Bayern
(1528-1579)

Maria-Anna
(1551-1608)
*1571**

Karl von der Steiermark
(1540-1590)
*1571**

Johanna (1547-1578)
∞ Franz I. Medici
von Toskana, † 1587

Maria von Medici
(1573-1642)
∞ Heinrich v. Navarra
Heinrich IV. v. Frankreich
(1553-1610)

Maria von Spanien
(1505-1558)
∞ Ludwig II. (1506-1526)
König von Ungarn und Böhmen

Katharina von Spanien
(1507-1557)
∞ Johann III. (1502-1557)
König von Portugal

8 Kinder, darunter:

- (1) Don Carlos (1545-1568)
- (3) Isabella Clara Eugenia (1566-1633) ∞ Albrecht von Österreich (1559-1621)
- (3) Katharina (1567-1597) Karl Emanuel I. von Savoyen (1562-1630)
  - SAVOYEN
- (4) Philipp III. (1578-1621) König v. Portugal (1598-1621) ∞ Margarethe von Österreich (1584-1611) Habsburg-Spanien (Linie 1700 erloschen)

16 Kinder, darunter:

- Ferdinand II. (1578-1637) König von Böhmen (1617-1627) König von Ungarn (1618-1625) Kaiser (1619-1637) ∞ (1) Maria Anna v. Bayern (1574-1616) ∞ (2) Eleonore Gonzaga (1598-1655)
  - HABSBURG-ÖSTERREICH (in der männlichen Linie 1740 ausgestorben)
- Margarethe (1584-1611) ∞ Philipp III. von Spanien (1578-1621)
- Leopold V. von Tirol (1586-1632) ∞ Claudia von Medici (1604-1648)
  - HABSBURG-TIROL (erloschen 1664)
- Marie Christine (1574-1612) ∞ Sigismund Bàthory (1572-1613) Großfürst von Siebenbürgen
- Anna (1573-1598) ∞ Sigismund III. König von Polen

- Anna (1549-1580) ∞ Philipp II. von Spanien (1527-1598)
- Ferdinand (1551-1552)
- Rudolf II. (1552-1612) König von Ungarn (1572-1608), König von Böhmen (1575-1611) Kaiser (1576-1612)
- Ernst (1553-1595) Statthalter der Niederlande (1593-1595)
- Elisabeth (1554-1592) ∞ Karl IX. v. Frankreich (1540-1574)
- Maria (1555-1556)
- Matthias (1557-1619) Kaiser (1612-1619) ∞ Anna von Tirol (1585-1618)
- Maximillian (1558-1618) Statthalter von Tirol (1595-1618)
- Albrecht VII. (1559-1621) Statthalter der Niederlande ∞ Isabella Clara Eugenia von Spanien (1566-1633)
- Wenzel (1561-1578) Großprior des Johanniterordens in Kastilien
- Friedrich (1562-1563)
- Maria († 1564)
- Karl († 1565)
- Margarethe (1567-1645) Sr. Margarita de la Cruz im Klarissinnenorden (Descalzas Reales) in Madrid
- Eleonore (1568-1600)

SPANIEN (Haus Trastamare)

ARAGON

Johann II (1397-1479), König von Aragon (1458-1479)
∞ (1) Blanche d' Evreux, Erbin von Navarra († 1441),
∞ (2) Johanna Enriquez (1425-1468)

(1) Eleonore Blanka
∞ Gaston IV. von Foix,
König von Navarra

(1) Karl, Fürst von Viana

(1) Blanka (1425-1481),
∞ Heinrich IV. (1425-1474),
König von Kastilien

(2) Ferdinand II.,
der Katholische (1452-1516)
König von Aragon (1479-1516)
*1469**

Isabella (1470-1498),
∞ (1) Alfons von Portugal
(† 1480),
∞ (2) Emanuel I. (1469-1521)
König von Portugal

Johann (1478-1497),
∞ 1496 Margarethe von Österreich
(1480-1530)

Johanna die Wahnsinnige (1479-1555),
Königin von Kastilien, ∞ 1496, Philipp I.,
der Schöne (1478-1506),
König von Kastilien
(1504-1506)

6 Kinder, darunter:

(2) Emanuel (1498-1500),
Erbe der Königreiche
von Kastilien, Aragon
und Portugal

Ferdinand I. (1503-1564),
König von Böhmen (1527-1563),
König von Ungarn (1526-1563),
Kaiser (1558-1564)
∞ 1521 Anna von Ungarn-Böhmen (1503-1547)

Karl V. (1500-1558)
König von Spanien (1516-1556),
Kaiser (1519-1558), *1526**

15 Kinder, darunter:

Karl von der Steiermark
∞ 1571 Maria Anna
von Bayern (1551-1608),
Tochter seiner Schwester
Anna von Österreich

Maximilian II. (1527-1576),
König von Böhmen (1562-1575),
König von Ungarn (1563-1572),
Kaiser (1564-1576), *1548**

Maria (1528-1603), *1548** →

16 Kinder, darunter:

Ferdinand II. (1578-1637),
König von Böhmen (1616-1627),
König von Ungarn (1618-1625),
Kaiser (1619-1637)

Margarethe (1584-1611), *1598**

15 Kinder, darunter:

Rudolf II (1552-1612),
König von Böhmen (1575-1611),
König von Ungarn (1572-1608),
Kaiser (1576-1612)

Annna (1549-1580),
*1570**

KASTILIEN

Johann II (1405-1454), König von Kastilien (1406-1454)
∞ (1) Maria von Aragon,
∞ (2) Isabella von Portugal (1431-1496)

(2) Isabella I., die Katholische (1451-1504),
Königin von Kastilien
(1474-1504), *1469**

(2) Alfons (1452-1467)

(1) Heinrich IV. (1425-1474),
König von Kastilien (1454-1474)
∞ (1) Blanka von Aragon und Navarra,
∞ (2) Johanna von Portugal (1438-1474)

(2) Johanna (1462-1530), La Beltraneja

Maria (1482-1517)
∞ Emanuel I. (1469-1521),
König von Portugal

Katharina von Aragon (1485-1536),
∞ (1) Arthur, Prinz von Wales,
∞ (2) Heinrich VIII., König von England

10 Kinder, darunter:

Isabella (1503-1539), *1526**

Johann III. (1502-1557),
König von Portugal
(1521-1557),
∞ Katharina von Österreich
(1507-1578),
Schwester Karls V.

(2) Maria Tudor (1516-1558),
Königin von England
(1554-1558), *1554**

Johanna (1535-1573),
∞ Johann Emanuel von Portugal, Sohn ihrer Tante
Katharina von Österreich und ihres Onkels Johann III.

Philipp II. (1527-1598), König von Spanien (1556-1598),
König von Portugal (1580-1598),
∞ (1) Maria von Portugal (1527-1545),
Tochter seiner Tante Katharina von Österreich
und seines Onkels Johann III. von Portugal,
∞ (2) *1554**,
∞ (3) Elisabeth von Valois (1545-1568),
∞ (4) *1570**

Sebastian (1554-1578), König von Portugal (1557-1578)

(1) Don Carlos
(1545-1568)

(3) Katharina (1567-1597)
∞ 1585, Karl Emanuel I.
von Savoyen (1562-1630)

(3) Isabella Clara Eugenia (1566-1633),
∞ 1598, Albrecht VII. (1529-1621), den Bruder Rudolfs II.

(4) Philipp III. (1578-1621),
König von Spanien (1598-1621),
König von Portugal (1598-1621), *1598**

PORTUGAL (Haus d'Aviz)

Johann I. (1358-1433), König von Portugal (1385-1433),
natürlicher Sohn König Peters I.,
∞ Filippa Lancaster (1360-1415), Tochter Johanns von Gent,
Herzog von Lancaster, und Blankas von Lancaster

10 Kinder, darunter:

Isabella (1397-1472),
∞ 1430 Philipp der Gute, Herzog von Burgund

Eduard (1391-1438), König von Portugal (1433-1438),
∞ Eleonore von Aragon († 1445)

6 Kinder, darunter:

Karl III. der Kühne (1433-1477), Herzog v. Burgund
∞ (1) Isabella von Bourbon
∞ (2) Margarethe von York

Alfons V. (1431-1481),
König von Portugal
∞ Elisabeth v. Portugal
(Tochter seines Onkels Dom Pedro)

Eleonore (1436-1467)
∞ 1452 Friedrich III.
Erzherzog v. Österreich,
Kaiser

(1) Maria von Burgund
(1457-1482), *1477**

Johann II. (1455-1495),
König von Portugal (1481-1495),
∞ Eleonore von Portugal

Maximilian I. (1459-1519),
Kaiser, *1477**

Philipp I. der Schöne (1478-1506),
Erzherzog von Österreich,
König von Kastilien (1504-1506), *1496**

6 Kinder, darunter:

Ferdinand I. (1503-1564),
König von Böhmen (1527-1562),
König von Ungarn (1526-1563), Kaiser (1558-1564),
∞ 1521 Anna von Ungarn-Böhmen (1503-1547)

Karl V. (1500-1558),
König von Spanien (1516-1556),
Kaiser (1519-1558), *1526**

Katharina (1507-1578)

15 Kinder, darunter:

Karl von der Steiermark
(1540-1590),
∞ 1571 Maria Anna
von Bayern

Maximilian II. (1527-1576)
König v. Böhmen (1562-1576),
König v. Ungarn (1563-1572),
Kaiser (1564-1576), *1548**

6 Kinder, darunter:

Maria (1528-1603),
*1548**

Philipp II. (1527-1598),
König von Spanien (1556-1598),
König v. Portugal (1580-1598),
∞ 1 *1543**
∞ (2) Maria Tudor, die Blutige (1516-1558),
∞ (3) Elisabeth von Valois (1545-1568),
∞ 4 *1570**

15 Kinder, darunter:

Ferdinand II. (1578-1637),
König von Böhmen (1617-1627),
König von Ungarn (1618-1625),
Kaiser (1619-1637)
∞ (1) Maria Anna von Bayern,
∞ (2) Eleonore Gonzaga

HABSBURG-ÖSTERREICH

Rudolf II. (1552-1612),
König v. Böhmen (1576-1611),
König v. Ungarn (1572-1608),
Kaiser (1576-1612)

Anna (1549-1580), *1570**

Philipp III. (1578-1621),
König von Spanien (1598-1621),
König von Portugal (1598-1621),
∞ 1598, Margarethe von Österreich (1584-1611),
Schwester Ferdinands II.

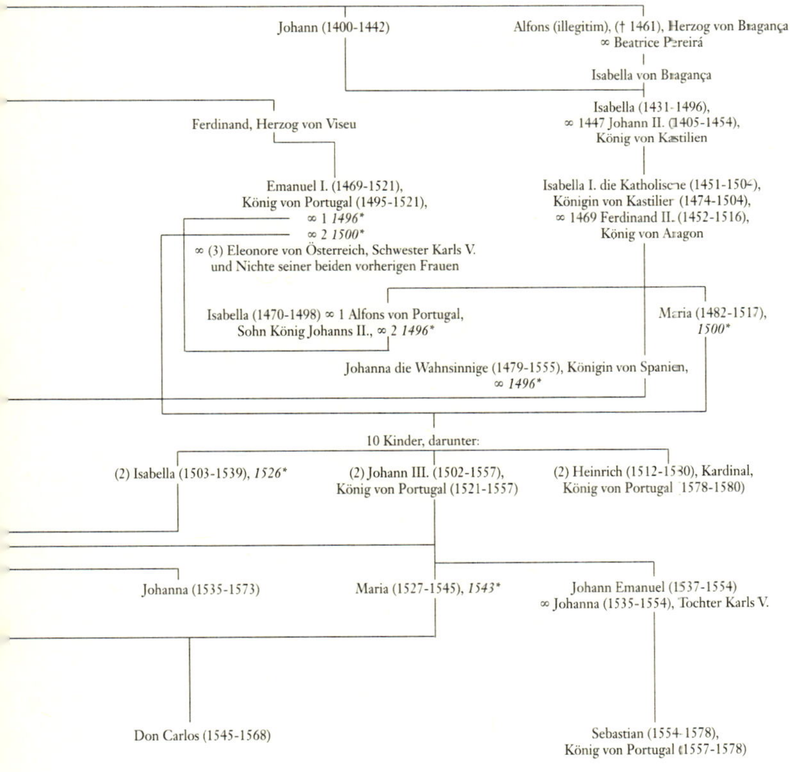

Johann (1400-1442)
Alfons (illegitim), († 1461), Herzog von Bragança
∞ Beatrice Pereirá
Isabella von Bragança
Ferdinand, Herzog von Viseu
Isabella (1431-1496),
∞ 1447 Johann II. (1405-1454),
König von Kastilien
Emanuel I. (1469-1521),
König von Portugal (1495-1521),
∞ 1 *1496**
∞ 2 *1500**
∞ (3) Eleonore von Österreich, Schwester Karls V.
und Nichte seiner beiden vorherigen Frauen
Isabella I. die Katholische (1451-1504),
Königin von Kastilien (1474-1504),
∞ 1469 Ferdinand II. (1452-1516),
König von Aragon
Isabella (1470-1498) ∞ 1 Alfons von Portugal,
Sohn König Johanns II., ∞ 2 *1496**
Maria (1482-1517),
*1500**
Johanna die Wahnsinnige (1479-1555), Königin von Spanien,
∞ *1496**
10 Kinder, darunter:
(2) Isabella (1503-1539), *1526**
(2) Johann III. (1502-1557),
König von Portugal (1521-1557)
(2) Heinrich (1512-1580), Kardinal,
König von Portugal (1578-1580)
Johanna (1535-1573)
Maria (1527-1545), *1543**
Johann Emanuel (1537-1554)
∞ Johanna (1535-1554), Tochter Karls V.
Don Carlos (1545-1568)
Sebastian (1554-1578),
König von Portugal (1557-1578)